CURSUS LATINUS

für Latein als zweite Fremdsprache

herausgegeben von Dr. Karl Bayer

TEXTE und ÜBUNGEN

von
Dr. Gerhard Fink
Kurt Benedicter

unter Mitwirkung von
Richard Bauer
Hartmut Grosser
Dr. Friedrich Maier

C. C. BUCHNERS VERLAG · BAMBERG
J. LINDAUER VERLAG (SCHAEFER) · MÜNCHEN
R. OLDENBOURG VERLAG · MÜNCHEN

CURSUS LATINUS für Latein als zweite Fremdsprache
herausgegeben von Dr. Karl Bayer und verfaßt von einem Autorenteam:
Richard Bauer – Kurt Benedicter – Dr. Gerhard Fink – Hartmut Grosser
Rudolf Hotz – Rolf Jena – Manfred Kessler – Hubertus Kudla
Dr. Friedrich Maier – Heinz Mickisch – Konrad Raab

Einband, Vorsatz und 4 Abbildungen von Fritz A. Schubotz, München

Das Umschlagbild verdanken wir dem Kohlhammer Verlag, entnommen aus dem Buch von H.A. Stützer, Das alte Rom

Zum lernmittelfreien Gebrauch an den Gymnasien Bayerns zugelassen
gemäß KMS A/11-8/117 635/72 vom 30. 8. 1972
ferner genehmigt in Baden-Württemberg, Hamburg,
Niedersachsen, Nordrhein-Westfalen, Rheinland-Pfalz, Schleswig-Holstein

1. Auflage   1 ^{6} ^{5} ^{4} 1977 76 75
Die letzte Zahl bedeutet das Jahr dieses Druckes.

C.C. Buchners Verlag   ISBN 3–7661–**5942**–9
J. Lindauer Verlag   ISBN 3–87488–**942**–4
R. Oldenbourg Verlag   ISBN 3–**486–0942** 1–1
(die fettgedruckten Ziffern sind die jeweiligen Bestellnummern)

© 1972 by C.C. Buchners Verlag, J. Lindauer Verlag und R. Oldenbourg Verlag
Alle Rechte vorbehalten
Gesamtherstellung: Graphischer Großbetrieb Friedrich Pustet, Regensburg
Printed in Germany

Mit dem CURSUS LATINUS stellen wir ein neues Unterrichtswerk vor. Die Vorüberlegungen zu diesem Werk nahmen ihren Ausgang von dem Wunsch, für Latein als zweite Fremdsprache ein Lehrmittel zur Verfügung zu stellen, das die Fortschritte von Methodik und Didaktik für die Unterrichtspraxis nutzbar macht. Dazu wurden die Ergebnisse von weitgestreuten Umfragen bei Kolleginnen und Kollegen aufgearbeitet, die über unmittelbare, vielfach langjährige Erfahrung im Umgang mit der Altersstufe verfügen, an die sich Latein als zweite Fremdsprache wendet.

Zu den besonderen Absicherungen des Unterrichtswerkes gehört eine sorgfältige statistische Erhebung des Wortschatzes derjenigen Autoren, denen der Schüler im weiteren Verfolg des Kurses mit hoher Wahrscheinlichkeit begegnet. Der so gewonnene Wortschatz wurde um einen nicht unerheblichen Anteil an sogenanntem Kulturwortschatz erweitert; dadurch sollen die Gefahren, die einem einseitig statistischen Prinzip anhaften können, ausgeschlossen werden. Ein Novum stellt die darüber hinausgreifende Erhebung auf dem Gebiet der Syntax dar, durch die die Häufigkeitswerte all der Erscheinungen festgestellt wurden, die eine systematische Grammatik aufführen muß, während ein Übungswerk sie dem Lernziel entsprechend zu dosieren hat.

Auf solcher Grundlage erhebt sich der Bau des Unterrichtswerks, das eine entschlossene Neugestaltung der Inhalte ebenso wagt wie einen Neuzuschnitt in der Anordnung der Stoffe. Hierbei blieb man nicht beim bloßen Vermeiden von vielfach beklagten Mängeln stehen, sondern entwickelte eine methodische Neukonzeption, die sich wie folgt darstellt: Der jeweilige Stoff, ausnahmslos in zusammenhängenden lateinischen Texteinheiten vorgestellt, wird in einem exakt zugeordneten Übungsteil Lernschritt für Lernschritt kontrollierbar und trainierbar gemacht. In einem wiederum exakt koordinierten Grammatischen Beiheft sind die erarbeiteten Erkenntnisse unter den gleichen Signalmarken auffindbar. Aus dem Zusammenwirken von Darbietungsteil und Übungsteil des eigentlichen Übungsbuches mit dem Grammatischen Beiheft erwächst dem Lernenden durch vielseitige Abstützung des Lernprozesses eine Sicherheit, die durch Lösung von Tests, die einem gesonderten Arbeitsheft zu entnehmen sind, evident gemacht werden kann.

INHALTSVERZEICHNIS

	TEXTE Themenkreis		ÜBUNGEN			
			Formenlehre		Satzlehre und Stilistik	
		Seite		Seite		
1	Im Colosseum	9	ā-/ē-Konjugation Dritte Person Singular (Ind. Präs. Aktiv) ā-/o-Deklination Nominativ Singular	51	Satzglieder Prädikat Subjekt Adverbiale	1
2		9	Dritte Person Plural (Ind. Präs. Aktiv) Bestandteile des Verbums Nominativ Plural (ā-Deklination) Bestandteile des Nomens	52	– Fehlen des Artikels	2
3		9	Nominativ Plural (o-Deklination)	53	Negation Groß- und Kleinschreibung	3
4		9	–	54	Abfragen des Satzes	4
5	Besuch bei einem Gemäldesammler	10	Akkusativ (Singular und Plural)	55	Akkusativobjekt	5
6		11	Indikativ Präsens Aktiv Infinitiv Präsens Aktiv	56	Infinitiv als Subjekt Infinitiv als Objekt Pluralwörter	6
7		11	–	58	Stellung des Objekts	7
8	Das liebe Geld	12	Neutrum (Nominativ und Akkusativ der o-Deklination)	59	–	8
9		12	Adjektiv (auf -us, -a, -um)	60	–	9
10		12	Vokativ	62	Adjektiv als Attribut Adjektiv als Prädikatsnomen Gliedsätze	10
11	Götter als Exportartikel	13	Genitiv Neutrum Plural der Adjektive	65	Genitivattribut Genitivobjekt	11
12		14	Dativ Besonderheiten der Deklination von DEUS	67	Dativobjekt Zur Kongruenz	12
13	Man sollte ein Mädchen nicht warten lassen!	15	–	70	Apposition Übersetzung des Genitivattributs	13

TEXTE		ÜBUNGEN	
Themenkreis	Formenlehre	Satzlehre und Stilistik	
Seite	Seite	Seite	
14 Ob Götter Spaß verstehen?	15 Ablativ (ā-/o-Deklination)	71 Ablativ im Präpositionalgefüge Präp. mit Ablativ	14
15	16 –	72 Ablativ: Funktionen	15
16	16 Personal-Pronomen	73 Dativ des Besitzes	16
17 Ein ungastliches Gasthaus	16 Substantive und Adjektive auf -(e)r	74 –	17
18	17 Imperativ I Possessiv-Pronomen	76 **Modi**	18
19	17 Futur (Futur I Aktiv der ā-/ē-Konjugation und von ESSE)	78 –	19
20	18 –	79 Bei- und unterordnende Konjunktionen	20
21 Abschied von Marcus	18 *Wiederholung*	*Wiederholung*	21
22 Besiegte Sieger	18 Imperfekt: Indikativ Aktiv (ā-/ē-Konjugation und ESSE)	80 Akkusativ der zeitlichen Ausdehnung Prädikatsnomen im Akkusativ	22
23	19 Perfekt: Bildung mit -v- (dritte Person) FUIT / FUERUNT	82 **Tempora** Perfekt bei POSTQUAM Imperfekt / Perfekt Grammatisches / natürliches Geschlecht	23
24	19 Perfekt: Bildung mit -v- (erste und zweite Person) FUI / FUIMUS – FUISTI / FUISTIS	84 –	24
25	19 Interrogativ-Pronomen	85 –	25
26 Ein erbitterter Gegner der ,Graeculi': Marcus Porcius Cato	20 Partizip Perfekt Passiv (PPP)	86 **Partizip** Geschlossene Wortstellung	26
27	20 Perfekt: Bildung auf -u-	87 Auslassung der Copula ESSE	27
28	20 –	88 Akkusativ im Präpositionalgefüge Präp. mit Akkusativ	28
29 Hannibal	21 **Dritte Deklination** Konsonantenstämme (Singular)	89 Anreihende Konjunktionen	29
30	21 Konsonantenstämme (Plural)	91 –	30

TEXTE Themenkreis		ÜBUNGEN Formenlehre		Satzlehre und Stilistik	
		Seite		Seite	
31		22 Konsonantenstämme auf -(e)r **Passiv:** Indikativ Perfekt		92 --	31
32		22 –		93 Interrogativ-Sätze Ablativ: weitere Funktionen	32
33		22 *Wiederholung*		*Wiederholung*	33
34	**Triumphzug des Scipio**	23 Konsonantenstämme auf -ō, -ōnis und -ō, -inis		95 Kongruenz (Ergänzung)	34
35		23 Konsonantenstämme auf -men, -minis und -us, -oris		96 –	35
36		24 Konsonantenstämme auf -ās, -ātis und -ūs, -ūtis sowie auf -us, -eris **Perfekt:** Bildung durch Reduplikation (DEDI)		98 Ablativ des Mittels (Ergänzung)	36
37	**Menaechmi** (Eine Komödie des Plautus) –Die Vorgeschichte–	25 Demonstrativ-Pronomen: IS / EA / ID Futur von POSSE		100 Akk. der Richtung Tempus im DUM-Satz	37
38		25 Personal-Pronomen der dritten Person: IS / EA / ID Plusquamperfekt: Indikativ Aktiv		101 Verschiedene Pronomina zur Angabe des Besitzverhältnisses	38
39		25 Plusquamperf.: Indikativ Passiv		103 –	39
40	–Verwechslung–	26 Perfekt: Bildung durch Dehnung		104 –	40
41	–Wiedererkennung und Happy-End–	26 *Wiederholung*		*Wiederholung*	41
42	**Falsche Edelsteine** (Eine Anekdote aus der röm. Kaiserzeit)	28 Relativ-Pronomen		106 **Gliedsätze** Relativ-Sätze Relativ-/Demonstrativ-Pronomen: DESSEN	42
43		28 Konjunktiv: Imperfekt Aktiv Perfekt-Stamm von POSSE		107 –	43
44		28 Konjunktiv: Plusquamperfekt Aktiv und Passiv		109 Kondizional-Sätze Irrealis	44
45		29 –		110 Konjunktiv Gliedsätze/Zeitenfolge	45
46	**Römischer Witz**	29 *Wiederholung*		*Wiederholung*	46
47	**Ulixes**	30 Passiv: Indikativ Präsens		112 AB mit Ablativ Wahlfragen	47

TEXTE		ÜBUNGEN	
Themenkreis	Formenlehre		Satzlehre und Stilistik

Seite		Seite		Seite		
48		31	Passiv: Infinitiv Präsens, Indikativ Imperfekt, Futur I	113	–	48
49		31	Passiv: Konjunktiv Imperfekt **Dritte Deklination:** i-Stämme	115	–	49
50	Aeneas	32	Demonstrativ-Pronomen: HIC/HAEC/HOC – ILLE/ILLA/ILLUD	116	Passiv: Übersetzungsmöglichkeiten	50
51		32	**Dritte Deklination:** Mischklasse (ungleichsilbige Substantive)	117	–	51
52		32	Dritte Deklination: Mischklasse (gleichsilbige Substantive und Ausnahmen)	119	–	52
53		33	*Wiederholung*		*Wiederholung*	53
54		34	Interrogativ-Pronomen: adjektivischer Gebrauch	120	–	54
55		34	Dritte Deklination: Dreiendige und zweiendige Adjektive	121	–	55
56		35	Dritte Deklination: Einendige Adj. Pluralbildung von LOCUS	123	–	56
57		35	*Wiederholung*		*Wiederholung*	57
58	Seemannsgarn –Berg ohne Wiederkehr–	35	Dritte Deklination: i-Stämme (Ergänzung)	124	–	58
59		36	Komparation des Adj.: Komparativ	125	–	59
60		36	Komparation des Adj.: Superlativ	127	–	60
61		37	*Wiederholung*		*Wiederholung*	61
62	–Arion und der Delphin–	37	DIVES, PAUPER, VETUS	128	–	62
63		38	Partizip Präsens Aktiv	129	–	63
64		39	Grundzahl UNUS/UNA/UNUM	131	Partizip: attributiver Gebrauch Geschlossene Wortstellung	64
65	–Unglaubliche Entdeckungen–	39	Grundzahlen: DUO ... DECEM	132	–	65
66		40	Unregelmäßige Komparation des Adjektivs	133	Partizip: prädikativer Gebrauch Genusausnahmen der dritten Deklination	66

	TEXTE	ÜBUNGEN		
	Themenkreis	Formenlehre	Satzlehre und Stilistik	
		Seite	Seite	
67	Die ‚Meerfahrt' der Trinker (Eine weitere ‚fabula maritima')	41 DOMUS	134 –	67
68		41 Adverb	135 –	68
69		42 Adverb: Komparation	137 –	69
70	Ein unverschämter Angeber	42 Adverbiale Sonderbildungen: DOMI, DOMUM, DOMO	138 –	70
71		43 Konjunktiv: Präsens Aktiv u. Passiv	138 Hortativ	71
72		43 ESSE: Konjunktiv Präsens Perfekt: Bildung mit -s-	140 CUM: verschiedene Funktionen und Bedeutungen	72
73	Die Abergläubische	43 Konjunktiv: Perfekt Aktiv und Passiv	141 Prohibitiv Indirekte Interrogativ-Sätze	73
74		44 Futur II: Aktiv und Passiv	142 Futur in Kondizional-Sätzen	74
75	Ist er wirklich so begriffsstutzig?	45 **Fünfte (ē-) Deklination** TOTUS/TOTA/TOTUM	144 –	75
76		46 *Wiederholung*	145 *Wiederholung*	76
77		46 Imperativ II	146 –	77
78	Die Römer in Süddeutschland	47 Grund- und Ordnungszahlen	146 Zahlen bei Zeitangaben	78
79		47 Infinitiv Präsens Aktiv u. Passiv; Infinitiv Perfekt Aktiv POSSE (Zusammenfassung)	148 –	79
80		48 Perfektbildung (Zusammenfassung) Perfekt-Stämme noch nicht gelernter Konjugationen (Zusammenfassung)	149 –	80
81		48 *Wiederholung*	*Wiederholung*	81
82	Cornelia und Marcus in Abusina	50 *Wiederholung*	*Wiederholung*	82
83		50 *Wiederholung*	*Wiederholung*	83

Wortspeicher 151
Eigennamenverzeichnis 182
Lateinisch-deutsches Wörterverzeichnis 189
Deutsch-lateinisches Wörterverzeichnis 201

TEXTE

Im Colosseum

1. Marcus hodie in Colosseo¹ est.
Sed ubi est Cornelia?
3 Marcus diu exspectat.
Subito videt:
Ibi Cornelia stat!
6 Marcus gaudet et vocat.
Et Cornelia gaudet et salutat.

---
1) in Colosseo: im Colosseum

2. Nunc Cornelia et Marcus sedent et exspectant.
Marcus narrat: „Hodie Syrus et Barbatus pugnant."
3 Portae iam patent, tubae sonant.
Ecce! Syrus et Barbatus intrant, stant, salutant.
Populus clamat.

3. Syrus et Barbatus iam pugnant.
Gladii crepant, loricae¹ splendent.
3 Ecce! Barbatus temptat, sed Syrus declinat.
„Bene²!" vocat Marcus, nam ludus delectat.
Cornelia tacet.
6 Marcus rogat: „Cur ludi te non delectant?"

---
1) lorica: (Brust-)Panzer   2) bene: gut gemacht!

4. Subito Syrus temptat, vulnerat, necat.
Barbatus iacet, populus exsultat.
3 Etiam Marcus gaudet.
Sed Cornelia trepidat.
Marcus iterum rogat: „Cur ludi te non delectant?"
6 Cornelia non respondet.
Nunc Marcus non iam gaudet ...

Information
Gladiatoren

Das „Spiel", das *Cornelia* und *Marcus* in unserer Geschichte im Flavischen Amphitheater, dem sogenannten Colosseum, erleben, ist ein Gefecht zwischen Gladiatoren. Derartige Veranstaltungen waren in Rom mindestens so beliebt wie heute in Spanien die Stierkämpfe. Sie entwickelten sich wahrscheinlich aus Leichenspielen, bei denen Gefangene – wohl als Ersatz für die in früher Zeit üblichen Menschenopfer – an der Bahre eines gefallenen Kriegers miteinander kämpfen mußten.

Seit 105 v. Chr. traten in Rom bei den von Staatsbeamten veranstalteten Spielen Gladiatoren öffentlich auf. Sklaven und auch Verbrecher wurden von nun an in besonderen Gladiatorenschulen, vor allem in Süditalien, durch hartes Training auf ihr blutiges Handwerk vorbereitet.

Wer im Kampf unterlag, wurde meistens getötet. Nur besonders tapfere Gladiatoren pflegte das Publikum zu begnadigen: man zeigte dann die Faust mit emporgerecktem Daumen. Der gesenkte Daumen bedeutete den Tod.

Nicht alle Gladiatoren waren gleich bewaffnet:
Die sogenannten *Samnites* kämpften mit einem Kurzschwert und deckten sich mit einem länglichen Schild, die *Thraces* trugen Rundschild und Dolch, ähnlich wie die gepanzerten und behelmten *Murmillones*. Die sog. *retiarii* führten ein Netz und einen Dreizack als Waffen.

Besuch bei einem Gemäldesammler

5.   Claudius Corneliam et Marcum saepe invitat.
   Itaque hodie quoque Ostiam¹ migrant, ubi Claudius villam possidet.
3 Portae iam patent, nam Claudius amicos (amicam et amicum) exspectat.
   Corneliam et Marcum salutat, tum servos et servas vocat.
   Etiam servae et servi salutant.
6 Dum cenam parant, Claudius hortum monstrat.

---
1) Ostiam: nach Ostia (Hafenstadt Roms an der Tibermündung)

6. Claudius non solum villam et hortum, sed etiam <u>statuas</u> et <u>tabulas</u> possidet.
Sed hodie divitias monstrare dubitat.
3 Itaque Marcus Claudium rogat: „Cur tabulas non monstras? Ego[1] libenter specto!"
Et Cornelia: „Nos[2] libenter spectamus, nam iuvat tabulas et statuas spectare."
Tum Claudius: „Tabulas monstrare propero; nam valde gaudeo, quod libenter
6 spectatis."

---

1) ego: ich (betont)   2) nos: wir (betont)

7. Eia[1]! Quot tabulas Claudius possidet!
Etiam bene explicare potest:
3 „Hic Daedalum et Icarum spectatis, ibi taurus Europam portat.
Ecce! Clytaemestram filius necat; iam Furiae parricidam agitant.
Nunc Minotaurum monstro..."
6 Sed Cornelia trepidat: „Minotaurum non libenter specto."
Et Marcus: „Hic Graecos et Troianos videmus.
Hector iacet, Achilles exsultat..."
9 Subito servus intrat, et Claudius vocat:
„Cena praesto est[2]! Minotaurum non iam monstro; nam fortasse iam taurus
nos *(uns)* exspectat."

---

1) eia: alle Achtung! (bewundernder Ausruf)   2) cena praesto est: das Essen ist fertig
Die Eigennamen sind in der nachfolgenden „Information" erläutert.

Europa wird von Zeus in Stiergestalt entführt

Information — Malerei der Griechen und Römer

Das Können der griechischen Maler beweisen die zahlreich erhaltenen Vasenbilder (schwarz- und rotfigurig auf Ton); die Wand- und Tafelmalerei ist wegen der Vergänglichkeit des Materials nahezu vollständig verloren gegangen.

Immerhin können wir den Berichten antiker Schriftsteller entnehmen, daß bereits im 5. Jahrhundert vor Christus mit Hilfe der Perspektive und der richtigen Verteilung von Licht und Schatten griechische Künstler überraschende plastische Wirkungen erzielten und die Wirklichkeit angeblich fast photographisch genau wiedergaben.

Von zwei besonders erbitterten Konkurrenten soll der eine einen Jungen mit einer Schale voll Trauben gemalt haben und besonders stolz darauf gewesen sein, daß Vögel heranflogen, um von den Trauben zu picken. Der andere schien sein Bild gar nicht mehr zeigen zu wollen: ein Vorhang verbarg es. Als ihn der Traubenmaler wegziehen wollte, zeigte es sich, daß dieser Vorhang – gemalt war!
Nun gab sich der eben noch Siegessichere geschlagen und bemerkte dazu noch kritisch: „So völlig gelungen ist mein Bild ja tatsächlich nicht; denn hätte ich den Jungen naturgetreu gemalt, dann hätten sich die Vögel gar nicht an die Trauben herangewagt."

Über die römische Wandmalerei, die von der griechischen stark beeinflußt war, sind wir dank den Ausgrabungen in Pompeji recht gut unterrichtet. Die zarten, reich abgetönten Farben überdauerten die Jahrhunderte erstaunlich gut.

Sagenstoffe waren als Themen besonders beliebt. Sicher kennen viele von Euch die Namen in Kapitel 7:

Daedalus, der auf Kreta für den stierköpfigen Unhold *Minotaurus* das Labyrinth erbaut hatte, schuf für sich und seinen Sohn Flügel, um durch die Lüfte entkommen zu können. Als *Icarus* der Sonne zu nahe kam, schmolz das Wachs, mit dem die Federn zusammengehalten wurden, und er stürzte ab. Die schöne Königstochter *Europa* entführte *Zeus* (lat. Iuppiter) in Gestalt eines Stiers aus Tyrus und zog mit ihr in den Erdteil, der später nach dem Mädchen benannt wurde.

Am Rande des trojanischen Sagenkreises spielt die Familientragödie des Königs *Agamemnon*, der zuerst seine Tochter *Iphigenie* opfern ließ, um günstigen Wind für die Fahrt nach Troja zu erhalten, und dann bei seiner Heimkehr von seiner Gattin *Clytaemestra* erschlagen wurde. Sein Sohn *Orestes*, der den Vater an der Mutter rächte, wurde von den schlangenhaarigen *Furien*, den Rachegöttinnen, verfolgt.

Das liebe Geld

8. Marcus forum amat, nam ibi tot aedificia, templa, monumenta sunt.
Et Marcus monumenta, templa, aedificia libenter spectat.
3 Sed interdum Marcus forum vitat, quod ibi tot tabernae[1] sunt.
Corneliam tabernae mirum in modum[2] invitant.
Marcus templa, simulacra, monumenta monstrat. Et Cornelia?
6 Interdum Marcus cogitat: „Num feminae monumenta curant? Non curant!
Sed aurum et argentum amant et saepe dona exspectant!"

---

1) taberna: Laden, Bude   2) mirum in modum: auf wunderbare Weise, „magisch"

9. Marcus magnas divitias non possidet, multa dona dare non potest.
Marcus non est Claudius, sed Cornelia femina est,
3 et „feminae aurum et argentum amant et magna dona exspectant".
Itaque Marcus maestus est et rogat:
„Cur pecuniam necessariam non possideo?
6 Cur non tam opulentus sum quam Claudius?
Cur Fortuna tam inimica, tam iniusta, tam mala est?"

10. Fortasse Marcus stultus est; nam Cornelia magna dona non exspectat.
Gaudet, quod Marcus amicus fidus et bonus est.
3 Contenta et grata est, si Marcus interdum parvum donum dat.
Cum amicus simulacra antiqua monstrat, Cornelia libenter auscultat[1].

---

1) auscultare: zuhören

Laeta est, quod Marcus bene narrare potest,
6 quod non solum ludos, sed etiam theatra amat.
Interdum Cornelia vocat: „Quam doctus es, Marce!"
Tum Marcus quoque gratus et contentus est et rogat:
9 „Nonne bene narrare possum, Cornelia?"

Götter als Exportartikel

11. Epicharmus[1] et Demaratus[1] amici Corneliae et Marci sunt.
   Patria Epicharmi et Demarati Graecia est. Quod cuncti Graeci scientiae
3 cupidi sunt, Epicharmus quoque et Demaratus libenter monumenta antiqua
Romae spectant.
Et Marcus? Laetus est, quod amici multa rogant. Cuncta monstrare properat.
6 Epicharmum imprimis templa clara deorum et dearum invitant;
itaque Marcum rogat:
„Doctus es, Marce. Num deas et deos cunctorum templorum Romae enumerare
9 potes?"
Marcus enumerare non dubitat: „Hic videmus templa Minervae, Aesculapii,
Bacchi, Fortunae, Vestae, Iani, divi Iulii, Augusti, Liviae; hic divi Claudii,
12 Concordiae, Saturni, Dianae, Magnae Deae..."
Marcus tacet, deliberat.

---

[1]) griechische Eigennamen in lateinischer Form

Die Götternamen sind in der „Information" erläutert.

12. Marcus diu deliberat; itaque Epicharmus: „Certe nemo¹ cunctos deos Romanorum enumerare potest!"

Et Demaratus: „... nam cui Romani templum non aedificant? Hic non solum templa verorum deorum sunt, sed etiam templa Liviae, Augusti, divi Iulii!"

Marcus gaudet: „Etiam Graeci Augusto, Liviae, divo Iulio templa aedificant!"

Sed Epicharmus: „Quod Romani Graecis imperant!"

Marcus iram amici placare studet: „Ecce, Romani etiam Graecis dis templa aedificant velut Aesculapio, deo medicorum, Baccho, deo vini, Minervae, deae litterarum!"

Tum Demaratus acerbe²: „Certe Romani deos et deas important et exportant velut garum³!"

Et Marcus: „Erras, amice! Garum³ non importamus, nam nemo¹ tam bonum garum parare potest quam Romani!"

---

1) nemo: niemand   2) acerbe: bitter, unfreundlich
3) garum: scharfe Fischsoße, eine Delikatesse der Römer

Fortuna-Tempel am forum boarium in Rom

Information   Griechische und römische Götter

Die nüchterne altrömische Bauernreligion, für die eine Vielzahl von Gottheiten eng begrenzter Zuständigkeit typisch war (es gab z. B. Sondergötter für das Pflügen, Eggen, Düngen, Mähen, für das Keimen, Wachsen und Reifen des Getreides, für Pferde, Rinder usw.), wurde schon früh durch Einführung auswärtiger Götter verändert.

Zu den altrömischen Gottheiten, die später mit griechischen gleichgesetzt wurden, gehören *Iuppiter, Iuno, Minerva, Vesta, Ianus, Saturnus, Mars* und *Volcanus*.

Minerva war ursprünglich Kriegsgöttin, sozusagen das weibliche Gegenstück zu Mars. Als sie mit Athene gleichgesetzt wurde, erweiterte sich ihre Zuständigkeit auf Weberei und Wissenschaft.

Vesta war die Göttin des Herdfeuers; in ihrem Rundtempel auf dem Forum hüteten die sechs Vestalinnen die heilige Flamme.

Ianus beschützte den Anfang; der Januar ist nach ihm benannt. Sein „Tempel" auf dem Forum war eher ein Torbogen, der offen stand, solange das römische Volk Krieg führte, und nur bei völligem Frieden geschlossen wurde.

Saturnus war der Herr der Saaten, des Ackerbaus.

Von ihren Göttern machten sich die alten Römer anfangs keine persönliche Vorstellung; ihnen genügten Symbole (Zeichen), z. B. die Lanze für den Kriegsgott *Mars*.

Von Etruskern und Griechen übernahmen sie allmählich „simulacra" und neue Götter, z. B. den *Hercules*, der sich als mächtiger „Schlagetot" bald größter Beliebtheit erfreute, den *Apollo* als Konkurrenten der Minerva, *Bacchus*, den Dionysos der Griechen, und viele andere.

Griechischen Ursprungs ist auch das System der Verwandtschaftsbeziehungen zwischen den Göttern, demzufolge etwa *Diana*, die Göttin der Jagd, Schwester Apolls ist.

Mehr im römischen Denken verwurzelt scheint dagegen der Brauch, abstrakte Begriffe wie *Concordia* (Eintracht) zu Göttern zu erheben. *Fortuna*, die Schicksalsgöttin, gehört dazu.

Die Nachfolger des Augustus begannen damit, die Verehrung der Kaiser und ihrer Angehörigen zur Staatsreligion auszubauen, nachdem schon Augustus seinen Adoptivvater Caesar zum *Divus Iulius* erhoben hatte und es duldete, daß man ihm und seiner Gattin *Livia* in den Provinzen des Reiches Tempel errichtete.

Das Opfer vor dem Bild des jeweiligen Herrschers und der *Dea Roma* wurde in der Zeit der Christenverfolgungen als Zeichen der Staatstreue oft gefordert.

Man sollte ein Mädchen nicht warten lassen!

R 13. Personen: CORNELIA und ihre Freundin LYDIA

L.: Cur hic sedes, Cornelia? Num Marcum exspectas?

C.: Non erras. Sed iam trepido, nam diu exspecto amicum.

L.: Fortasse Marcus ludos spectat. Hodie ludi clari Magnae Deae sunt.

C.: Cum Marcus ludos spectat, me *(mich)* invitat. Amicus fidus est.

L.: Amici fidi et veri rara dona deorum sunt ...
Fortasse non iam te, sed novam amicam amat?

C.: Phy *(pfui)*! Quam mala cogitas!

L.: Non mala, sed vera narro. Certe Marcus non solum statuas Graecas et simulacra dearum curat, sed etiam feminas Romae ...

C.: (tacet)

L.: Num erro?

C.: Certe erras, pessima[1]! Nam ibi Marcus stat, circumspectat[2], Corneliam non videt, maestus est! Oh, quam laeta sum! Propero Marcum salutare!

---
1) pessima (wörtl.: die Schlechteste; hier:) „Du Elende", „Du Schlange"
2) circumspectare: umherschauen

Ob Götter Spaß verstehen?

14. Dum amici Graeci cum Marco in foro stant, iterum aedificia clara spectant, multa rogant.

3 Ibi feminae ex templo Vestae properant, hic est templum Iani clausum.
Et Marcus: „Portae templi non patent, quod populus Romanus ab initio huius *(dieses)* anni bellum non gerit[1]."

6 Mox cum amicis iterum de dis disputat, et Demaratus non sine malitia[2]:
„Romani templa deorum magna cum diligentia curant; num etiam deos curant?"
Tum Marcus: „Et templa et deos magna cum diligentia curamus, sed Graeci deos
9 in theatris derident; pro veris dis scurras[3] habent!"

---
1) gerit: er/sie/es führt   2) malitia, -ae: die Bosheit, Stichelei   3) scurra, -ae: Hanswurst, Clown

Komödienszene

15. Et Epicharmus: „Sed cur templa deorum magna diligentia curatis, cur deos multis donis placatis? Quod tam timidi estis quam feminae!
3 Graeci deos non timent, sed amant. Itaque deos etiam fabulis deridere possunt. Et di? Certe sine ira bonis iocis gaudent!"
Marcus diu deliberat, tum respondet: „Fortasse veri di ira vacant. Fortasse veros
6 deos contumeliis non violamus. – Sed deos simul deridere et amare non possum."

16. Tum Demaratus: „Cur nos vituperas, amice, quod deos interdum deridemus? Tu Romanus es! Itaque facetiis[1] cares pariter atque cuncti Romani, cuncti
3 di Romanorum. Vobis di severi sunt, nobis humani; nam di Graecorum non semper ridiculi sunt..."
„... Sed callidi et ventosi[2] pariter atque cuncti Graeci!" –
6 Tum Epicharmus: „Bene, Marce!"
Et mox amici in caupona[3] vino se delectant.

---
1) facetiae, -arum: Humor 2) ventosus, -a, -um: wetterwendisch 3) caupona, -ae: Kneipe, Gasthaus

Ein ungastliches Gasthaus

17. In caupona (↗16) iam multi viri sedent, vino se implent, clamant:
„Vita Romanorum liberorum nunc misera est!"
3 „Fortuna virorum bonorum aspera!"
„Graeculi[1] villas pulchras, multos agros, magnas divitias possident!"
„Et nos? Pecunia caremus, liberos bene educare non possumus!"

---
1) Graeculus, -i (verächtlich:) der verdammte Grieche

6 „Vir integer hodie nihil valet! Velut pueri Graeculis fraudulentis² paremus! Nos nihil habemus nisi vitam miseram!"
„Cur populus Romanus tam timidus est? Cur non cunctos Graecos ex Italia fugat?"

---
2) fraudulentus, -a, -um: betrügerisch

18. Vix Marcus iram coercere potest; amici Graeci iram non iam dissimulant.
Tum Marcus: „Tace, Epicharme! Tace, Demarate!"
3 Sed amici: „Tacere non iam possumus!"
„Num vos Graeci estis?" filius copae¹ rogat.
„Sumus Graeci, non nego", Demaratus puero respondet.
6 Et puer: „Properate e caupona (↗ 16), priusquam vos agitamus!
Illi *(jene)* viri Graecos non amant!"
Iam nonnulli viri clamant:
9 „Este intenti, amici! Ibi duo² Graeculi sedent, in caupona nostra!" –
„Valde trepidant et pugnos³ nostros timent!"
„Cur non in oppidis vestris manetis, Graeculi?
12 Cur Romam nostram occupare studetis?"

---
1) copa, -ae: Wirtin   2) duo: zwei   3) pugnus, -i: Faust

19. Tum Marcus: „Graeci amici mei sunt! Cavete, nam amicos adiuvabo!"
Sed nonnulli viri ‚Graeculos' iam temptare parant.
3 „Si amicos tuos adiuvabis, te cum amicis fugabimus!"
„Nos cunctos Graecos fugabimus, e caupona (↗ 16) nostra et e villis pulchris!
Cuncti Romani gaudebunt et exsultabunt,
6 cum Graeculi in¹ viculos suos properabunt!"
Epicharmus violenter² respondere parat, sed Marcus:
„Es quietus, amice! Valde clamant, sed non pugnabunt."

---
1) in (m. Akk.): in   2) violenter (Adv.): heftig, ungestüm

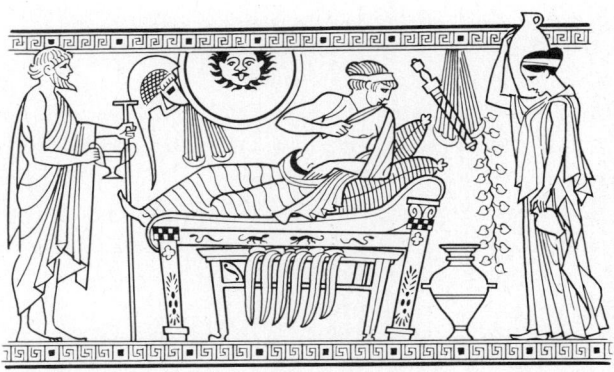

20. Viri autem iterum clamant: „Properate ex oppido nostro, Graeculi!"
„Nisi migrabitis, vos fugabimus!"
3 Nonnulli etiam: „Tum Roma libera erit, tum cuncti Romani liberi erunt!
Tum etiam nos contenti erimus!"
Subito magnus Molossus[1] in caupona (↗ 16) stat, violenter (↗ 19) latrat[2],
6 cunctos viros valde terret.
Mox e caupona properant, quod ‚bestiam formidulosam' timent.
Marcus autem: „Si Molossus Graeculus est, nunc unus[3] Graeculus multos
9 Romanos fugat. – Cedo[4] vinum, puer, nam nos hic manebimus!"

---

1) Molossus, -i: Molosser, „Bullenbeißer" (Hunderasse aus Nordgriechenland)
2) latrare: bellen   3) unus: einer, ein einziger   4) cedo!: bring herbei!

Abschied von Marcus

R **21.** Diu Marcus cum Epicharmo et Demarato, amicis Graecis, in caupona sedet.
Iam puer vinum ministrat[1], et vinum bonum iram ‚Graeculorum' fugabit.
3 ‚Viri boni et integri' non iam clamant: nunc sedere et potare iuvat.
Fortasse Marcus multa de Romanis, amici Graeci de Graecia narrabunt.
Tacebit fortasse, nam non semper iuvat narrare.
6 Et nos? Sine Marco monumenta Romae spectabimus, de litteris Graecis et Romanis
disputabimus? Iam nonnulli pueri rogant:
„Cur Romani Graecos non amant?"
9 „Cur tot Graeci in Italia sunt?"
„Cur ibi villas pulchras, magnas divitias possident?" –
Este intenti! Mox vobis respondebo.

---

1) ministrare: auftragen, servieren

Besiegte Sieger

22. Multa saecula Graecia libera erat, Graeci liberi erant,
nam in multis oppidis liberis habitabant.
3 Interdum tyranni in nonnullis oppidis regnabant velut Pisistratus,
qui *(der)* cum filiis multos annos imperium Athenarum obtinebat,
vel Dionysius, qui *(der)* Syracusanis[1] imperabat.
6 Sed Graeci, quod vitam liberam valde amabant, cunctos tyrannos fugare studebant.
Graecis cum multis populis commercium erat; ubique coloniae Graecae erant.
Tamen Graeci alios populos ‚barbaros' vocabant,
9 se tantum humanos et doctos putabant.

---

1) Syracusani, -orum: Syrakusaner (Bewohner der sizilischen Stadt Syrakus)

23. Quinto ante Christum natum¹ saeculo Dareus Graeciam bello temptavit,
sed Graeci copias Darei magna pugna superaverunt.
3 Tota² Graecia tum victoria clara exsultavit.
Etiam cum filio Darei Graeci bene pugnaverunt,
quamquam copiae Persarum magnae, Graecorum parvae fuerunt,
6 quamquam concordia Graecorum non semper firma fuit.
Itaque, postquam se multis bellis debilitaverunt,
praeda Philippi et Alexandri, postea Romanorum fuerunt.

---
1) quinto ante Christum natum saeculo: im 5. Jhdt. vor Christi Geburt   2) totus, -a, -um: ganz

24. Graeci dominos novos non amabant; fortunam asperam putabant.
„Viri liberi fuimus, priusquam Romani patriam nostram occupaverunt.
3 Romani barbari sunt, semper barbari fuerunt."
Sed Romani: „Cur nos barbaros vocatis?"
„Quod Corinthum vastavistis, templa clara patriae nostrae spoliavistis,
6 ne simulacris quidem temperavistis."
„Nos Corinthum vastavimus, quod Corinthii¹ cum adversariis populi Romani
rebellaverunt². Statuae, tabulae, simulacra praeda belli fuerunt . . ."
9 „Tamen barbari estis, nam Corinthios¹ et multos alios Graecos
Romam³ transportavistis, ubi nunc servi Romanorum opulentorum sunt!"

---
1) Corinthii, -orum: die Bewohner von Korinth   2) rebellare: **rebellieren**, einen Aufstand versuchen
3) Romam: nach Rom

25. Sed fortuna servorum Graecorum haud raro prospera erat:
Romanis opulentis litterae Graecorum placebant;
3 itaque Graeci primo liberos dominorum linguam Graecam docebant,
mox scientiā, industriā, eloquentiā dominis ipsis *(selbst)* necessarii erant.
Iam nonnulli Romani industriam et eloquentiam Graecorum timebant
6 et interdum acerbe¹ rogabant:
„Num nos Romani Graeciam occupavimus? Immo vero Graeci Romam occupaverunt!
9 Quis liberos nostros docet? – Graeci!
Cuius litterae nobis placent? – Graecorum!
Cui in Italia cuncta parent? – Graecis!
12 Quem coercere non iam possumus? – Graecos!
De quo semper disputamus? – De Graecis!
Quid Romanis restat? – Emigrare!"

---
1) acerbe: herb, bitter, erbittert

Ein erbitterter Gegner der ‚Graeculi': Marcus Porcius Cato

26. Marcus Porcius Cato ‚Graeculos' (↗17) iterum atque iterum accusabat:
„Servi Graeci nostros liberos litteris suis effeminaverunt[1]!
3 Itaque disciplina carent, deos non curant, in periculis timidi sunt.
Cavete, Romani! Mox liberi vestri non iam parati erunt pro patria pugnare,
templa a populo Romano aedificata non iam curabunt,
6 immo adversarios nostros adiuvabunt!
Ubi nunc constantia Romana, ubi modestia?
Valet luxuria, avaritia imperat! Ubique pueros effeminatos[1] video.
9 Nam quis mihi filium bene educatum monstrare potest?"

---
1) effeminare: verweichlichen (femina!)

Marcus Porcius Cato Censorius 234–149 v. Chr.

27. Imprimis philosophiam Graecorum Romanis perniciosam putabat.
Itaque Marcus Porcius Romanos monuit:
3 „Diu superbiam Graecorum sustinuimus.
Graeci filios nostros multa vitia docuerunt.
Litterae Graecae liberis nostris periculosae sunt.
6 Ego numquam tacui. Cur mihi non paruistis?
In periculis numquam sapientiā caruimus.
Fugate igitur philosophos Graecos ex Italia, Romani!
9 Iam multis Romanis nocuerunt, multis nocent, multis nocebunt!
Roma semper non litteris, sed disciplinā, constantiā, modestiā adversarios superavit."

28. „Postquam Hannibal ad Cannas[1] copias nostras superavit,
populus Romanus non desperavit.
3 Illud[2] ‚Hannibal ante portas' nos non terruit.

---
1) Cannae, -arum: Dorf in Apulien   2) illud (hier): jenes berühmte Wort

Mox novas copias contra adversarios paravimus, in Africam transportavimus,
prope Zamam³ Poenos superavimus. Propter misericordiam vestram
Carthaginem⁴ non vastavistis, Hannibal etiam post bellum multum apud Poenos
valebat. Et Poeni et Graeci adversarii periculosi imperii Romani sunt:
alteri gladiis, alteri eloquentia pugnant.
Cavete igitur, Romani! Ceterum censeo Carthaginem esse delendam⁵."

---

3) Zama, -ae: Ort in Nordafrika   4) Carthago: Karthago; Akkusativ: Carthaginem
5) Carthaginem esse delendam: . . . daß Karthago zerstört werden muß

Hannibal

29. Hodie vobis pauca de Hannibale narrabo.
Hannibal imperator Poenorum, filius Hamilcaris imperatoris fuit.
Cum Romanis sociisque Romanorum ad Ticinum¹, ad Trebiam¹,
ad Trasumenum² bene pugnavit.
Poeni autem imperatorem suum non satis adiuvabant;
immo vero iterum atque iterum rogabant:
„Cur semper pecuniam postulas, imperator?
Nonne in oppidis Italiae a te occupatis magnae divitiae sunt?
Nobis nuntias: ‚Iterum victor fui – auxilia nova exspecto!
    Copias consulis, dictatoris superavi – date pecuniam!'
Certe Romani imperatori nostro grati erunt,
quod non Italiam, sed patriam suam spoliat."

---

1) Ticinus, -i und Trebia, -ae: Flüsse in Oberitalien
2) Trasumenus, -i: See nördlich von Rom

30. Diu Hannibal terror liberorum, feminarum, virorum, senatorum Romanorum
erat. Postremo parsimoniā¹ mercatorum Poenorum, non armis Romanorum
superatus ex Italia in Africam navigavit.
Magno cum dolore fortunam asperam accusavit: „Etiam pater meus –
ab imperatoribus Romanis non superatus – Romanos non superavit.
Tum, cum copias in Hispaniam² transportavit, me vocavit:
‚Tu comes meus in bello eris, Hannibal; mox etiam dux militum nostrorum.
Gloriam et honorem tuum iam animo³ video, nam mores tui boni sunt.'
Saepe me monuit: ‚Tu auctor belli novi contra Romanos eris!
Tu imperatores Romanos superabis!'
Quid tu censes, Maharbal⁴?"

---

1) parsimonia, -ae: Sparsamkeit, Knauserei   2) Hispania, -ae: Spanien   3) animo: im Geist
4) Maharbal, Mahárbalis: Reiterführer Hannibals

31. Tum Maharbal (↗ 30): „Cur maestus es, Hannibal? Nondum superati sumus!
Etiam Romani bello debilitati sunt, Italia multis pugnis vastata est.
In patria nostra bene pugnabimus."
Sed Hannibal: „Ego constantiam et disciplinam Romanorum timeo.
Quotiens a nobis superati sunt, quot milites ad Cannas necati sunt!
Tamen a Scipione[1] copiae non solum in Hispaniam,
sed etiam in Africam transportatae sunt.
Frater meus cum auxiliis ad Metaurum[2] necatus est.
Neque vero[3] dubitabo pro patria pugnare, quamquam patriam servare non potero."

---
1) Scipio, -onis: Scipio, röm. Feldherr 2) Metaurus, -i: Fluß in Mittelitalien
3) neque vero: trotzdem nicht

32. Et Maharbal: „Dolor tuus magnus et iustus est, non nego.
Sed necem fratris satis doluisti.
Es bono animo! In patria nos nova auxilia et mercatorum divitiae adiuvabunt.
Gloria tua summa est etiam apud Romanos.
Milites tibi fidi sunt.
Nam a te Alpes[1] summis cum laboribus superatae sunt.
Hieme tu militibus et elephantis[2] viam monstravisti." –
„Tace de gloria et honore, Maharbal, tace de pugnis et victoriis!
Nobisne a dis datum non est populum Romanum superare?
Dolore et laboribus fractus[3] mox senex ero:
Num senem miserum bonum patriae custodem putas?"

---
1) Alpes, Alpium: die Alpen 2) elephantus, -i: Elefant 3) fractus, -a, -um: gebrochen

R 33. Diu Maharbal deliberat, tum Hannibali respondet:
„Fortasse te constantia Romanorum nimis *(zu sehr)* terret, amice.
Nonne disciplina antiqua interdum labat[1]?
Iam mores Graeci, iam di Graecorum a Romanis importati sunt.
Etiam Magnae Deae ex Asia advectae[2] templum in Italia aedificatum est.
Quid censes? Num novi di in periculis vocati Romanos adiuvabunt?
Et cum moribus Graecis vitia varia Romam occupabunt.
Certe Romani constantiā, modestiā, disciplinā diu clari fuerunt.
Sed iam avaritia et luxuria apud senatores, apud duces, apud milites valent.
Pauci vitiis vacant velut Scipio, sed quid potest imperator bonus
sine militibus bonis?"
Tum Hannibal: „Fortasse non erras, Maharbal, fortasse vitia Romanos
superabunt, non arma Poenorum, fortasse divitiae Asiae et Africae
occupatae Romanis aliquando *(dereinst)* perniciosae erunt."

---
1) labare: wanken 2) advectus, -a, -um: herbeigebracht

Triumphzug des Scipio

34. Postquam Hannibal ad Zamam superatus est,
Scipio legiones in Italiam transportavit.
3 Ibi populus exsultavit.
Senatores victori triumphum decreverunt[1];
magna multitudo hominum in viis Romae et in foro
6 Scipionem legionesque exspectavit, de fortitudine viri narravit,
de condicionibus pacis disputavit:
„Hispania et Gallia (Narbonensis) provinciae imperii erunt!"
9 „Poeni regionem tantum circa Carthaginem sitam obtinebunt."
„Cur imperator noster Carthagini temperavit?
Cur oppidum divitiis impletum non spoliavit?"
12 „Ignoro. Roga Scipionem! Mox cum legionibus forum intrabit."

1) decreverunt: sie haben zuerkannt

35. „Ecce! Iam agmen primum video!"
„Iam tubae, iam carmina militum sonant."
3 „Africane! Africane!"
„Quid clamant? Num Scipioni nomen novum datum est?"
„Certe! Victor Africani[1] belli a senatoribus nomine Africani[1] honoratus[2] est."

1) Africanus, -a, -um: afrikanisch (nomen Africani: der Name Africanus)   2) honorare: ehren

6 „Hercle³, quot elephanti (↗ 32)! Nonne bestiae formidulosae sunt?"
„Satis nostros milites terruerunt!"
„Ecce, quam firma corpora, quanta corporum magnitudo, quantum robur!"
9 „Este intenti! Video Scipionem."
„Macte⁴, Africane! E summo discrimine Romam servavisti!"
„Lumen et decus populi Romani es!"
12 „Bonis cum ominibus Romam intras."
„Nunc tempora laeta, nunc pax et otium gratum!"

3) hercle: Donnerwetter!   4) macte: hoch! (Ruf der Anerkennung)

36. Etiam post bellum auctoritas Scipionis in civitate magna erat.
Populus calamitates belli, crudelitatem adversariorum,
3 virtutem imperatoris memoria tenebat:
„Servitus aspera nobis imminuit, sed Scipio libertatem civitatis servavit."
„Vir magna virtute, aequitate, pietate est! Cum nova bella imminebunt,
6 Scipio custos patriae erit, cunctas difficultates superabit."
„Imperator noster Poenos foedere coercuit;
fortitudine et constantia Italiae pacem dedit; summos labores sustinuit."
9 Postea Ennius poeta virum clarum carmine celebravit¹.

1) celebrare: feiern

Information   Ein Triumphzug

Nach außergewöhnlichen militärischen Erfolgen konnte der Senat siegreichen Feldherrn und ihrem Heer die Feier eines Triumphs gestatten. Den Antrag stellte der heimkehrende Feldherr, der vor der Feier die Stadt nicht betreten durfte, meist auf dem Marsfeld; die Kosten des Triumphs trug der Staat.
Hatte der Senat seine Zustimmung gegeben und das Volk dem Sieger für einen Tag das *imperium* in der Stadt erteilt, dann zog dieser, geleitet von den hohen Staatsbeamten und dem Senat, an der Spitze seiner Truppen durch die *porta triumphalis* vom Marsfeld aus in Rom ein. Musiker begleiteten den Zug, in dem man die großartigsten Beutestücke und Abbildungen eroberter Städte mitführte. Dazu kamen die weißen Stiere für das Opfer des Feldherrn und die vornehmen Gefangenen, die meist unmittelbar nach dem Triumph hingerichtet wurden. Vor dem von vier Schimmeln gezogenen Wagen des Triumphators schritten in purpurnen Gewändern die *Liktoren* mit ihren Rutenbündeln. Der Feldherr selbst trug an diesem Tag den Ornat des kapitolinischen Jupiter aus dem Tempelschatz: die mit goldenen Sternen verzierte Purpurtoga über einer ebenfalls purpurroten Tunica, deren Rand mit goldenen Palmzweigen bestickt war, dazu in der rechten Hand einen Lorbeerzweig, in der linken ein elfenbeinernes Szepter mit einem Adler. Ein Sklave hielt die goldene Krone Jupiters über den Triumphator und flüsterte ihm, während das Volk „io triumphe" rief, immer wieder ins Ohr: „Denke daran, daß du ein Mensch bist". Die Soldaten, die dem Wagen folgten, sangen währenddessen oft ziemlich derbe Spottlieder auf den Sieger. So mußte sich Caesar während seines Triumphes Hänseleien wegen seiner Glatze, seiner Schulden und seines Lebenswandels gefallen lassen.
Auf dem Kapitol betete der Triumphator zu den Göttern, brachte sein Opfer dar, legte den Lorbeerzweig in Jupiters Schoß und weihte dem Gott einen Teil der Beute.
Mit einer Bewirtung der angesehensten Bürger der Stadt und persönlicher Freunde beschloß er den Festtag.

Menaechmi, eine Komödie des Plautus

37. Die Vorgeschichte *(Nach Plautus, Menaechmi, Prologus)*

Syracusae oppidum clarum Siciliae erant.
Ante multos annos ibi mercator opulentus habitavit.
3 Ei gemini filii erant; ne mater quidem eos discernĕre[1] poterat.
A Moscho[2] patre eis nomina Menaechmi[2] et Sosiclis[2] data sunt.
Aliquando pater cum Menaechmo Tarentum navigavit,
6 dum frater eius apud avum manet.
In eo oppido pater et filius ludos spectaverunt.
Puer inter multos homines a patre aberravit[3].
9 Is autem, postquam frustra eum vocavit,
frustra multos homines rogavit, desperavit, de vita migravit.
Id matri geminorum eorumque avo Syracusas nuntiatum est.

---
1) discernĕre: unterscheiden   2) Moschus, -i; Menaechmus, -i; Sosicles,-is: Eigennamen
3) a patre aberrare: den Vater aus den Augen verlieren

38. Ea calamitas senem mulieremque summo dolore impleverat.
Ii Sosicli puero nomen Menaechmi fratris dederunt,
3 quod avus Menaechmum valde amaverat eique nomen suum dederat.
Itaque ‚novum' Menaechmum sibi parare studuit.
Mercator Graecus autem cum vero Menaechmo in Epirum navigaverat.
6 Ibi mercatori magnae divitiae et ampla aedificia erant.
Quod liberos non habebat, Menaechmum sibi filium adoptavit[1].
Postea ei etiam uxorem dotatam[2] dedit.
9 Postquam pater novus mortuus est, Menaechmus heres cunctorum bonorum fuit.

---
1) (sibi) adoptare: adoptieren   2) dotatus, -a, -um: reich, mit reicher Mitgift

39. Alter Menaechmus, qui *(der)* antea Sosicles vocatus erat,
in villa patris mortui habitavit.
3 Ab avo et a matre bene educatus erat.
Postea e patria migravit et geminum fratrem quaeritavit[1].
Per multas terras erravit, magnam multitudinem hominum rogavit.
6 Tandem in Epirum navigavit.
Ibi frater eius, verus Menaechmus, post litem[2] uxoriam[2] e villa sua migraverat.
Uxor eius autem in via oppidi Menaechmo-Sosicli occurrit[3]:

---
1) quaeritare: suchen   2) lis (litis) uxoria (-ae): Streit mit der Frau, Ehestreit
3) occurrit: sie begegnet

40. Eine Verwechslungsszene (Nach Plautus, Menaechmi, 709ff.)

Uxor: Ecce, vir meus! Heus *(Heda)* tu! Ubi fuisti tam diu?
Menaechmus-Sosicles: Cur me id rogas, mulier? Quid te agitat?
3 Uxor: Etiamne unum verbum muttire[1] audes?
  Ubi tot horas sedisti? In caupona (↗ 16)? Apud amicam?
  Responde, flagitium hominis!
6 M-S.: Phy (↗ 13)! Quantae contumeliae!
  Num mos hic peregrinos verbis malis violare?
Uxor: Tu te peregrinum vocas, quamquam multos annos in Epiro habitavisti?
9 M-S.: Fabulas mirificas narras, mulier!
Uxor: Mirifico viro nupta[2] sum!
M-S.: Quid id ad me? Non curo virum tuum!
12 Uxor: Nonne tu vir meus es?
M-S.: Cunctis dis gratus sum, quod te numquam antea vidi.
Uxor: Tu me numquam vidisti? Quanta est audacia hominis!
15 M-S.: Iuppiter, tu me saepe adiuvisti; serva me etiam nunc!
Uxor: Tu deos vocare audes? Cave!
  Haud raro mendacia[3] iram deorum moverunt!
18 M-S.: Cur tu non cavisti, mulier formidulosa?
Uxor: Frustra dissimulas! Iam patrem vocabo.   (Frau ab.)
M-S.: Di boni! A Furia me liberavistis!

---
1) unum verbum muttire: sich mucksen,   2) nupta: verheiratet
3) mendacium, -i: Lüge

R 41. Wiedererkennung – Happy-End

Servus: Di boni! Quid ego vidi?
Menaechmus: Quid vidisti?
3 Servus: Speculum[1] tuum! Ibi tua est imago!
Men.: Heus (↗ 40), amice! Quid est tibi nomen?
M-S.: Mihi est Menaechmi nomen!
6 Men.: Certe, édepol[2], etiam mihi!
Servus: Nonne tu Syracusanus es?
Men.: Certe!
9 Servus: Quid tu?
M-S.: Quippini[3]: Syracusanus! Et quis pater tuus fuit?
Men.: Moschi (↗ 37) filius sum!

---
1) speculum, -i: Spiegel, Ebenbild   2) édepol: beim Pollux!   3) quippini: ei freilich!

12 M-S.: Nonne tibi frater fuit?
   Men.: Certe! Sosicles appellatus erat...
   M-S.: Ego sum Sosicles, postea ab avo Menaechmus vocatus!
15 Men.: Salve, frater! Boni di nos iuverunt. Laetus sum et gratus.
   M-S.: Nonne mecum in patriam navigabis?
   Men.: Navigabo! Quid rogas?

Schauspieler mit Komödienmasken

Information   Antike Komödien

Die antike Komödie entwickelte sich in Griechenland aus dem Kult des *Dionysos/Bacchus*, in dem ausgelassene Umzüge mit derben Späßen üblich waren. Die zunächst improvisierten Wechselgesänge eines Solisten und eines Chors erfuhren um 460 v. Chr. erstmals künstlerische Ausformung nach dem Vorbild der älteren Tragödie.

Aristophanes, der Meister der sog. „alten" Komödie, verstand es bereits großartig, politische Tagesereignisse in kabarettistischer Form und phantastischer Kostümierung zu verspotten.
So waren in seinen „Vögeln" die Mitglieder des Chors tatsächlich als Vögel ausstaffiert, und in den „Fröschen" wurde naturgetreu gequakt: brekekekex, koax, koax!
Die Schauspieler trugen groteske Masken, deren schalltrichterähnliche Mundpartie die Stimme verstärken half. Im Text wechselten gesprochene Partien mit Arien und Choreinlagen ab.
Mit der Katastrophe Athens im Peloponnesischen Krieg kam auch das Ende der politischen Komödie.
Die sog. „neue" Komödie, die um 300 v. Chr. entstand, spielt fast regelmäßig im Milieu der kleinen Leute; sie bevorzugt feste Typen: den trottelhaften Alten, den gerissenen Sklaven, den jungen Liebhaber, der ständig in Geldsorgen steckt.
Die Lustspiele des *Plautus* und *Terenz* stellen zum Teil nahezu wortgetreue Übertragungen griechischer Vorbilder dar. Allerdings bemühte sich Terenz mehr um die genaue Übernahme seiner Vorlagen als Plautus, der, wenn es eine größere Wirkung versprach, unbedenklich aus mehreren griechischen Stücken die wirkungsvollsten Szenen herauslöste, am liebsten handfeste Schimpfdialoge und Prügeleien.
Aus seinen *Menaechmi*, einer typischen Verwechslungskomödie, bringen wir noch eine kleine Kostprobe. Menaechmus fühlt sich durch seine Frau überwacht und macht ihr lautstarke Vorwürfe:

„Will ich mal ausgehn, hältst du mich zurück, rufst mich, fragst mir ein Loch in den Bauch, was ich vorhab, was ich tu, was für ein Geschäft ich hab'.
Wirklich, einen Wachhund hab ich an die Pforte mir gesetzt..."

Falsche Edelsteine (Eine Anekdote aus der römischen Kaiserzeit)

42. Uxor Gallieni[1], quae decoris cupida erat gemmasque imprimis amabat,
aliquando tabernam (↗8) mercatoris intravit et rogavit:
3 „Nonne tibi gemmae pulchrae sunt, mercator?
Propera monstrare (eas), quas possides!"
Is, qui feminam ignorabat, varias gemmas ei monstravit,
6 inter quas multae falsae erant.
Et mulier, cui gemmae valde placebant, nonnullas magno pretio[2] emit.
Mercator autem, cuius avaritia magna erat, ei falsas tantum dedit.
9 Summo cum gaudio uxor imperatori gemmas, quas emerat, monstravit.
Is autem eam vituperavit: „Gemmae, quibus gaudes, falsae sunt, mulier.
Sed mercator, a quo emisti, avaritiam suam dolebit."

1) Gallienus, -i: Name eines römischen Kaisers
2) magno pretio: um einen hohen Preis, um teures Geld

43. Statim nonnulli milites vocati sunt,
qui mercatorem comprehendĕre[1] properaverunt.
3 Is dolum negare non potuit et ad bestias damnatus est.
Dum in carcere sedet, se propter avaritiam accusavit magnaque voce clamavit:
„Nisi homo malus atque avarus essem, nunc non in carcere sederem!
6 Nisi gemmae, quas uxori imperatoris dedi, falsae essent,
imperator nunc amicus meus, non inimicus esset.
Fortasse mihi donum daret, fortasse interdum tabernam (↗ 8) meam intraret
9 et uxori gemmas caras pararet."

1) comprehendĕre: verhaften

44. Sed custos carceris: „Cur tanta voce clamas?
Nisi homo malus atque avarus esses,
3 uxorem imperatoris pecunia fraudare[1] non studuisses!
Si divitiis tuis contentus fuisses, non ad bestias damnatus esses,
non te cras leones lacerarent!"
6 Mercator autem: „Tace de leonibus! Fortasse di boni me servabunt.
Fortasse misericordia imperatorem movebit!" –
„Si imperator cunctis hominibus malis temperavisset,
9 civitas bonis moribus iam careret.
Neque di neque imperator te servabunt!"

1) pecuniā fraudare: um Geld betrügen

Kaiser Gallienus (253–268 n. Chr.)

45. Postridie mercator in arena stabat et valde trepidabat.
　　Uxor liberique eius imperatorem frustra imploraverant, ut hominem miserum servaret.
　　Sed populus, qui facinus eius non ignorabat, iterum atque iterum postulaverat, ut leones eum necarent.
　　Iam portae patebant, iam tuba sonuit.
　　Homo miser caput velavit[1], ne bestias formidulosas spectaret.
　　Cur autem nondum imperatum erat, ut eum lacerarent?
　　Cum multitudo diu bestias exspectavisset, imperator signum dedit.
　　Cum autem signum datum esset, non magnus leo, sed parvus catulus[2] arenam intravit, stetit, trepidavit.
　　Tum populus: „Videte bestiam formidulosam!
　　Cave, mercator! Cur non fuga te servare studes?"
　　Is magno clamore ita territus est, ut necem certam capite velato[1] exspectaret.
　　Imperator autem comites rogavit:
　　„Nonne eum, qui uxorem meam pecunia fraudavit (↗ 44),
　　nos leonibus bene fraudavimus?"

---

1) velare: verhüllen　　　　2) catulus, -i (hier): Kätzchen

Römischer Witz

R 46.

1. Hominem opulentum, qui divitiis suis non temperavit, amicus monuit, ne pecuniam dissiparet. Sed is: „Si pecuniam servarem, alii heredes mihi essent. Nunc autem ego meus heres!"

2. Marcus Porcius Cato in oratione: „Cuncti homines uxoribus suis imperant; nos Romani cunctis hominibus imperamus; nobis autem uxores nostrae imperant!"

3. Imperatori Vespasiano, cuius parsimonia (↗ 30) magna erat, aliquando a legatis civitatis Graecae nuntiatum est:
„Civitas nostra tibi, imperator, in foro oppidi statuam pulchram collocabit[1]!"
Tum is: „Quanta pecunia?" Cum legati respondissent: „Auro et argento non temperabimus", Vespasianus palmam[2] monstravit: „Ecce fundamentum! Date mihi id aurum, id argentum!"

---

1) collocare: aufstellen   2) palma, -ae: Handfläche

Ulixes

47. Quis fuit Ulixes?
Utrum imperator Romanus an deus Graecorum an philosophus clarus?
3 Multae fabulae de Ulixe narrantur, et alio nomine, nomine Graeco,
multis hominibus notus est. Brevi etiam vos Ulixem non iam ignorabitis,
nam clarum facinus eius viri vobis narrabo.
6 Este intenti! Ulixes (U.) cum Polyphemo (P.) sermonem habet:

P.:   Quomodo nominaris, hospes?
U.:   *Nemo*[1] nominor.
9   Sic me pater, sic mater cara, sic amici comitesque vocant.
P.:   Hahahae! Vos Graeci mirificis nominibus appellamini.
       Nonne filius tuus *Nihil*[1] vocatur?
12 U.: - - - (tacet)
P.:   Cur non respondes? Nonne delectaris iocis meis?
U.:   Non delector iocis eius viri, a quo ius hospitii violatur,
15   a quo comites mei necantur. Cave iram deorum!
P.:   Frustra me de dis admones.
       Nam neque di neque iura deorum a me timentur.

---

1) Nemo: *Niemand* und das zugehörige Neutrum Nihil: *Nichts* sind hier als Namen verwendet.

Blendung des Polyphem

48. Nunc certe Graecum nomen Ulixis vobis non iam ignotum est.
Cur autem ‚Odysseus' in Ulixem mutari poterat?
3 Brevi causae demonstrabuntur.
Fabulae Graecorum in Italia narrabantur, priusquam Roma aedificata est.
Tusci[1], a quibus diu ea regio obtinebatur, quae nunc ,,Toscana" vocatur,
6 eis fabulis valde delectabantur; nomina autem apud eos mutabantur.
Sic ex Graecis nominibus ‚Odysseus' vel ‚Ulyseus' Ulixes factus est.
Iam apud Graecos enim, qui nomen eius explicare studebant,
9 Ulixes variis nominibus appellabatur.
At satis de nominibus! Ex erroribus Ulixis unam fabulam narrabo.

---
1) Tusci, -orum: die Etrusker

49. Diu Ulixes per mare navigaverat, ventis periculosis agitatus
multos labores magnamque sitim in mari toleraverat.
3 Viderat turris firmas oppidorum barbarorum
animaliaque formidulosa marium et terrarum ignotarum.
Aliquando Ulixes prope eam insulam navigavit,
6 quae a Sirenibus habitabatur.
Carminibus earum virginum homines ita perturbabantur,
ut insulam periculosam intrarent ibique ab iis necarentur.
9 Circe autem Ulixem admonuerat, ne vocibus pulchris virginum moveretur.
Itaque comitibus imperavit, ut primum ipsum[1] ad malum[2] alligarent[2],
ne carminibus in insulam vocari posset,
12 deinde, ne comites a Sirenibus perturbarentur,
curavit, ut aures cera[3] obturarent[3].
Ipse[1] autem carmina sine periculo audivit.

---
1) ipse (Akk. ipsum): er selbst   2) ad malum alligare: an den Mastbaum binden
3) aures cerā obturare: die Ohren mit Wachs verstopfen

Odysseus und die Sirenen

Aeneas und sein Weg in die Unterwelt

(Nach Vergil, Aeneis VI)

50. Aeneas, auctor populi Romani, haud raro cum Ulixe comparatur:
Et hic et ille propter iram deorum multa mala sustinuit;
3 dolores atque errores huius et illius magni et diuturni fuerunt;
et hunc et illum dea adiuvit: Venus Aeneam, Minerva Ulixem.
De hoc Homerus in illo opere miro, quod Odyssea vocatur, narravit;
6 illius autem facta aetate imperatoris Augusti a Vergilio carmine claro laudata sunt.
At huic alii mores erant atque[1] illi:
Ulixes callidissimus[2] cunctorum Graecorum erat saepeque dolos adhibuit;
9 Aeneas autem pietate et constantia sibi gloriam paravit.
Hoc imprimis in[3] eo laudatur, quod patrem e Troia a Graecis expugnata servavit.

---

1) atque (hier:) als   2) callidissimus, -a, -um: der Schlaueste   3) in (hier:) an

51. Aeneas, cum post multos errores tandem in Italiam venisset,
non dubitavit ad inferos[1] descendĕre[2],
3 ut patrem mortuum de sorte gentis suae rogaret.
Ille vir pius fauces Orci non timuit,
quamquam varia monstra locum umbrarum et noctis habitabant.
6 Quem non ‚flammis armata Chimaera' – ut ait Vergilius – terret?
Cuius mentem non perturbant formae Mortis pallidae[3] Morborumque malorum?
Aeneas quoque trepidavisset, nisi femina docta, Sibylla Cumaea[4], comes fuisset.

---

1) inferi, -orum: die Götter der Unterwelt, die Unterwelt   2) descendĕre: hinabsteigen
3) pallidus, -a, -um: blaß, bleich   4) Sibylla Cumaea: die Sibylle von Cumae (eine Prophetin)

52. Cum Aeneas cohortem monstrorum gladio fugare temptaret,
vates docta eum admonuit:
3 „Cur imagines vanas times, iuvenis?
Hae umbrae, quibus terreris, imagines sine corpore sunt et sanguine vacant.
Corpora earum in terra iacent, cinis tantum et pulvis.
6 Ne Cerberum quidem, canem illum formidulosum,
quem Pluto custodem harum sedum fecit, timere debemus.
Brevi sine periculo illam bestiam spectare poteris,
9 cum fames eius hac offa[1] sedata erit.
Sed iam ad Acherontem venimus, ubi Charon animas nave sua transportat."

---

1) offa, -ae: Bissen, Brocken

Charon, Sibylle von Cumae, Aeneas

R 53. Iam Charon vatem virumque viderat et magna voce clamavit:
„Quis armatus in sedem Mortis Noctisque venit?
3 Hae regiones corporibus vivis clausae sunt!
Etiamsi filius dei esses, haec porta tibi non pateret,
quae ab illo cane summa diligentia servatur!"
6 Sed vates: „Cur tanta ira moveris, Charon?
Troius Aeneas, clarus iuvenis, fauces Orci superavit, ut patrem de gente sua rogaret.
Nonne tanta pietate moveberis? Num dubitas sorti parere?"
9 Statim senex formidulosus iuvenem et vatem transportare paravit.
Brevi Aeneas cum comite sua Acherontem superaverat
et vates Cerbero illam offam (↗ 52) dederat.
12 Tum Aeneas: „Ubi nunc sumus, virgo?
Cur illae animae tanto dolore sortem asperam accusant?"
Illa respondit: „Vides sedes eorum, qui falso crimine damnati sunt,
15 eorumque, qui praematura[1] morte de vita migraverunt.
Certe multos tibi notos videbis, velut Agamemnonem,
qui ab uxore per dolum necatus est.
18 Sed horae volant neque hic manere possumus.
Properare debemus, Aeneas, etiamsi dolet amicos videre neque appellare posse."

---

[1] praematurus, -a, -um: allzu früh

Aeneas im Tartarus und im Elysium

54. Subito Aeneas moenia lata videt flammarum flumine circumdata.
Magnum clamorem et voces formidulosas et verbera ex illa arce audire[1] potest.
3 Statim comitem suam appellat:
„Quae poenae ibi animis imminent, quae scelera ibi vindicantur?
Quas voces, quem clamorem audio[1]? Qui ignis hanc arcem illustrat?
6 Quod monstrum, cuius palla[2] sanguine madet[3], ante illam portam video?"
Tum vates: „Multa me rogas, Aeneas, sed paucis verbis respondebo:
Hic locus Tartarus vocatur. Hic sceleribus iustae poenae paratae sunt.
9 Monstrum autem, quod ibi sedet, Tisiphone Furia est!"

1) audire: hören; audio: ich höre   2) palla, -ae: Gewand, Mantel   3) madere: triefen

55. De poenis vates haec narrat: „Tantalus in iis locis acri fame vexatur;
Sisyphus frustra saxum in summum montem volvĕre[1] studet;
3 etiam ille Tityus ibi iacet, cuius iecur[2] aves Iovis[3] celeres rostris[4] acribus lacerant."
Aeneas autem rogat: „Num nos quoque hunc locum terroris
poenarumque crudelium intrabimus?" –
6 „Qui culpa vacat, ei haec porta immanis numquam patebit;
neque caelestibus licet fauces terribiles Tartari videre.
At me ante multos annos Hecate, dea immortalis et domina Tartari,
9 per hunc locum duxit, de sceleribus turpibus narravit,
omnia genera poenarum monstravit ..."

1) volvĕre: wälzen   2) iecur, iecoris: Leber   3) Iovis: Genitiv zu Iuppiter
4) rostrum, -i: Schnabel

Tantalus, dürstend und hungernd

Sisyphus, den Felsblock wälzend

56. Post haec verba vates sapiens cum viro forti
   loca atrocia Tartari ingentis reliquit.
3 Inde in sedes beatas venerunt, ubi animae felices habitant.
   Hic non solum vates pii sedent et reges prudentes,
   qui in vita clementes et iusti fuerunt,
6 sed etiam animae eorum, qui vitam per artes inventas[1] ornaverunt.
   Hi omnes otio gaudent et pace.
   Alteri carmina cantant, alteri pedibus[2] choréas[2] plaudunt[2].

---
1) artes inventae: Erfindungen
2) pedibus choreās plaudunt: sie stampfen mit den Füßen den Tanzrhythmus

R 57. Tandem Aeneas Anchísem, patrem suum, vidit
   et summo cum gaudio salutavit.
3 Diu sermonem habebant.
   Tum Anchíses: „Nunc te tua fata et fata clarorum virorum tuae gentis docebo.
   Nam animae eorum in sedibus beatis tempus exspectant,
6 quo in corpora mortalia reverti[1] possunt.
   Ecce Romulum illum audacem, qui urbem Romam aedificabit
   et septem[2] arces moenibus circumdabit!
9 Ecce Caesarem, qui sibi immortalem gloriam parabit,
   qui omnes fere[3] terras legionibus suis intrabit,
   qui pugna atroci cum gentibus Germanorum pugnabit!
12 Ecce Augustum, qui ‚pater patriae' appellabitur,
   qui populo Romano pacem gratam dabit!"
   Post haec verba Anchíses filium ad illas geminas portas duxit.
15 Aeneas autem laetus patrem inferosque (↗ 51) reliquit.

---
1) reverti: zurückkehren   2) septem: sieben   3) fere: fast

Seemannsgarn

Berg ohne Wiederkehr

58. In caupona (↗ 16) Romana aliquando nonnulli viri sedebant
   famemque pane, caseo[1], olivis[1], sitim multo vino sedabant.
3 „Quando in urbem revertisti, Micio?" rogat Philippus;
   et ille: „Ante paucas horas mare navemque reliqui." –
   „Nonne diu per maria navigavisti?" – „Certe." –

---
1) caseus, -i und oliva, -ae: diese Lebensmittel kennst Du aus dem Deutschen

6 „Poterisne nobis de vi tempestatum narrare, de animalibus atrocibus,
de monstris immanibus terrarum alienarum?" –
„Potero. Sed antea vires recreabo.
9 Saepe enim in mari fame acri atque magna siti vexatus sum." –
„Estne grave media in aqua sitim tolerare?" –
„O Dave! Sic rogant (ii), quibus terrores maris ignoti sunt.
12 Es intentus! Brevi de itinere narrabo."

59. Et profecto Micio, cum famem sitimque sedavisset, narrare paravit:
„De multis iam itineribus diuturnis et periculosis vobis narravi;
3 saepe tempestates atroces navem meam agitaverunt.
Illa autem tempestas, quae nos ad montem Magnétem[1] iactavit,
atrocior, perniciosior, vehementior fuit quam ceterae;
6 hoc iter, e quo reverti, longius et periculosius erat quam cetera itinera.
Numquam in periculo terribiliore fui, numquam gravioribus curis vexatus sum,
numquam mortem certiorem exspectavi.
9 Numquam enim homines ad illum montem iactati ad suos reverterunt!" –
„At tu revertisti. Hic sedes et narras." –
„O Dave! Molestior es quam cimex[2]! Verbis tuis me perturbas!
12 Cur non taces inter sermones prudentiorum hominum?"

---

1) mons Magnes (montis Magnētis): Magnetberg   2) cimex, cimicis: Wanze

60. Philippus autem: „Davus tacebit, Micio. Tu autem propera narrare!
Quomodo ab illo monte revertisti?" –
3 „Si Davus ille stultissimus tacuisset, iam audivissetis.
Certe nobis periculum atrocissimum imminuit:
Navis nostra pulcherrima in scopulos[1] acerrimos iactata erat.
6 Omne ferrum, omnia arma instrumentaque ferrea mons altissimus tenuit
ut monstrum ferri cupidissimum.
Brevi ego cum comitibus miserrimis fame crudelissima vexabar.
9 Qua arte servari potuimus?
Amici carissimi mortui erant; ego autem sortem asperrimam accusavi, desperavi...
Dis immortalibus, quos voce supplici per dies[2] noctesque vocabam,
12 gratissimus fuissem, si me servavissent.
Sed frustra a dis salutem exspectabam!"

---

1) scopulus, -i: Klippe   2) dies (Akk. Pl.): Tage

R 61. „Tamen servatus es, hic sedes..." –
„Tace tandem, Dave! Iterum me perturbavisti, miserrime!
Non caelestes me servaverunt, sed avis ingentissima,
quae ex nave omnia corpora mortuorum asportavit[1].
Cum – ut mortuus – in constrato[2] navis iacerem,
6 illa me mortuum putavit
et trans montes altissimos latissimaque maria in nidum[3] suum portavit.
Cum animal turpissimum nidum[3] reliquisset, laetior eram quam..." –
9 „Cur avem turpissimam vocas, quamquam te servavit?" –
„O Dave, numquam vidi hominem stultiorem quam te!
Certe illa bestia immanis me necavisset, nisi me fuga celerrima servavissem." –
12 „Hem... fortasse autem avis ingens te..." –
„Cave, Dave; mox tibi malum dabo[4]!"
Sed Philippus: „Cur stultitia huius hominis moveris, Micio?
15 Es prudens! Homines prudentes verba stultorum non curant.
Si licet, ego parvam fabulam narrabo, in qua homo a bestia servatur." –
„Licet! Cur dubitas?"

---

1) asportare: wegtragen   2) constratum, -i: Verdeck, Deck
3) nidus, -i: Nest   4) malum dare: verprügeln

Arion und der Delphin *(Nach Ovid, Fasti II 83–118)*

62. Tum Philippus: „Haec fabula", inquit, „vetus est." –
„Etiam fabula vetere delectabimur." –
3 „Bene! Nomen Aríonis[1] certe novistis,
qui modis dulcibus animos hominum delectabat sibique opes parabat.

---

1) Aríon, -ŏnis: sagenumwobener Sänger der Antike

Illud nomen clarum fora veterum Siciliae urbium impleverat,
6 litora insulae carminibus eius capta² erant.
Non dives, sed divitissimus inde in Graeciam navigavit.
Fortasse Aríon tempestates et pericula maris timebat;
9 at mare ei tutius erat quam navis.
Nam dominus navis Aríoni diviti invidebat.
Itaque animos nautarum pauperum incitavit³:
12 „Nos pauperes sumus, sed ab illo homine divite nobis opes parabimus!"

2) captus, -a, -um: im Bann von   3) animos incitare: aufhetzen

63. „Iam homines turpissimi Arionem in mare praecipitare paraverunt.
Is autem timore vacans, neque flens neque trepidans,
3 oravit, ut sibi *(ihm)* carmen ultimum cantare liceret.
Illi dant veniam deridentque eum.
Tum Arion carmen pulcherrimum, sed maestum cantavit velut olor moribundus¹.
6 Postea cantans se medias in undas praecipitavit.
Delphinus² autem adhuc cantantem excepit³.
Ille in dorso delphini sedens citharamque⁴ tenens pretium vehendi⁵ cantavit.
9 Sic aquas maris carmine suo placavit.
Delphinus² autem Arionem ad litus portavit."
Tum Micio: „Ego quoque", inquit, „in Graecia imaginem delphini²
12 hominem portantis vidi." –
„Certe non sine Arione cantante." –
„Profecto etiam bestiae arte hominum bene cantantium moventur."

1) olor moribundus: der sterbende Schwan   2) delphinus, -i: Delphin
3) excepit: er nahm auf, fing auf   4) cithara, -ae: Kithara (Saiteninstrument)
5) pretium vehendi: Fährlohn

64. „Fabulam pulcherrimam narravisti, Philippe.
   Sed spectate illum hominem nos diu observantem!" –
3 „Homines alios observantes molestissimi et nonnumquam periculosi sunt." –
„Viri fortes sumus! Num unum hominem timebimus?
Num unius oculi nos perturbabunt?
6 Num uni non occurrēmus¹? Appellabo eum:
   Heus, hospes!
   Cur nos oculis dēvoras²?" –
9 „Auribus, non oculis vos devoravi²!
   Semper aures praebeo viris fabulas veteres bene narrantibus!" –
„Non fabulas, sed facta narravimus!" –
12 „Fortasse altera pars vera, altera (pars) ficta³ fuit!
   Ego autem, si licebit, facta eaque vera narrabo!" –
„Nos te non prohibebimus." –
15 „Gratiam debeo!
   Sed nunc praebete aures!"

---

1) occurrēmus: wir werden entgegentreten   2) devorare: verschlingen
3) fictus, -a, -um: erdichtet

Unglaubliche Entdeckungen

65. „Hanno, imperator Poenorum, aliquando cum quattuor vel quinque navibus
   secundum litus Africae navigavit.
3 Ibi ad magnum montem venit, cuius e cacumine¹ ignis cineresque iactabantur..." –
„Quid mirum?! Duos vel tres montes eius modi in Italia novimus!"
„... Per sex vel septem noctes flammae et ignes videri poterant..." –
6 „Fortasse octo vel novem noctes erant?" –
„Aut decem? Cur tot numeri?" –
„Quod facta, non fabulas narro.
9 Prope litus insula erat, e qua Poeni aquam in naves portaverunt.
Eam homines feroces habitabant,
quorum corpora crinibus densis tegebantur²." –
12 „Neque id mirum est!
   In variis partibus orbis terrarum varia genera hominum sunt.
   Aliis capita canum,
15 aliis capita equorum sunt,
   aliis non unum caput ut nobis, sed duo aut tria,
   aliis unus oculus in fronte est."

---

1) cacumen, cacuminis: Gipfel   2) tegebantur: sie wurden bedeckt

66.

„Verissime[1]", inquit Micio; „Cyclopes ii nominantur. Maximi omnium hominum sunt, haud raro maiores quam arbores altae." –
„... Plurimae fabulae vobis notae sunt; non ignoro. Neque plura de illis hominibus ferocibus narrabo, quos intérpretes ‚Gorillas' appellabant." –
„Habetne finem fabula tua?" –
„Immo vero! Este intenti! Hanno cum tempore meridiano[2] caelum observaret, solem in parte septentrionali[3] caeli stantem vidit!" –
„Quid? Ubi stetit? – Tibi ne minimus quidem amor veritatis est! Pessima mendacia (↗ 40) nobis narrare audes! Nonne ei malum dabimus (↗ 61), Micio, amice optime?"
„Iam fuga se servare parat, maximus ille nebulo[4]!"

---

1) verissime: sehr richtig!
2) meridianus, -a, -um: mittäglich
3) septentrionalis, -e: nördlich
4) nebulo, -onis: Windbeutel, Taugenichts

Information   Kranichköpfe und Zyklopen

Auch an den Küsten des Mittelmeeres wurde einst dickstes Seemannsgarn gesponnen, und manche von den haarsträubenden Abenteuern, die der Baron Münchhausen zum besten gab, finden sich schon bei antiken Autoren. So erzählte der griechische Schriftsteller *Lukian* im 2. Jh. n. Chr. von Seeungeheuern, die ganze Schiffe verschlucken, und von einer Sturmfahrt zum Mond, dessen Einwohner gebratene Frösche schätzen, im Krieg Spargel als Spieße und mächtige Pfifferlinge als Schilde benützen und sich in Rauch auflösen, statt zu sterben.

Lukian wollte sich über die Leichtgläubigkeit seiner Zeitgenossen lustig machen, die Reiseberichte voll faustdicker Lügen unbesehen für bare Münze nahmen; daher nannte er den seinen „Wahre Geschichte".

Bis ins Mittelalter hinein glaubte man ziemlich fest daran, daß in entlegeneren Ecken der Welt mißgestaltete Menschen hausten, die Köpfe von Hunden oder Kranichen hätten und dementsprechend bellten oder krächzten. Anderen traute man zu, daß sie das Gesicht auf der Brust trügen oder sich auf ihrem einzigen Bein mit rasender Geschwindigkeit fortbewegten, wenn sie es nicht vorzögen, im Schatten ihres riesigen Plattfußes auszuruhen.

Weiterhin nahm man an, daß diese Monstren alle möglichen schlechten Eigenschaften hätten. Dementsprechend fällt der Zyklop Polyphem nicht nur durch seine gewaltige Statur und seine Einäugigkeit aus dem Rahmen des Normalen, sondern auch durch seine Verachtung allen Rechts und den Hang zur Menschenfresserei.

Angesichts der körperlichen Absonderlichkeiten, die man Menschen ferner Zonen zuschrieb, brauchen wir uns nicht zu wundern, daß der karthagische Admiral *Hanno* große Affen als „wilde Menschen" bezeichnete, „die auf Bäume klettern konnten und sich mit Steinwürfen verteidigten". Hanno war um 500 v. Chr. von Gibraltar aus in 35 Tagen bis zum Äquator vorgestoßen und hatte über diese Reise einen wohltuend nüchternen Bericht verfaßt, der, in Stein gemeißelt, in einem Tempel Karthagos aufbewahrt und später ins Griechische übersetzt wurde.

Der Vulkan, den Hanno sah, könnte der über 4000 m hohe Kamerunberg gewesen sein. Es ist auch unbestreitbar, daß südlich des Äquators die Sonne am Mittag im Norden zu stehen scheint; wahrscheinlich hat aber nicht Hanno, sondern eine andere karthagische Expedition, die um 600 v. Chr. im Auftrag des ägyptischen Pharaos Necho in drei Jahren vom Roten Meer aus Afrika umsegelte, diese Beobachtung gemacht.

Die „Meerfahrt" der Trinker (Eine weitere „fabula maritima")

67. Fabula de domo notabili[1] narrabitur.
"Quid? Eane fabula maritima erit?" –
3 "Num ea domus, de qua narrabitur, navis fuit?" –
"Non ita est, sed illi domui nomen navis fuit.
Hodie quoque compluribus domibus eius modi nomina sunt,
6 imprimis cauponis (↗ 16).
Antiquis autem temporibus mos erat domos ita appellare.
Facile est nomina nonnullarum domorum enumerare;
9 exempla enim frequentia sunt.
Nomen autem eius domus, de qua narrare paramus, fuit TRIREMIS[2]."

---

1) notabilis, -e: bemerkenswert   2) triremis, -is: Dreiruderer, Galeere

68. In ea domo aliquando complures adulescentes tam diu et assidue
vino se impleverant, ut iam vehementer titubarent[1].
3 Subito unus ex *(von)* eis misere clamavit:
"Vae[2] nobis, amici! Video navem nostram vehementer titubantem[1]!
Mare vi tempestatis atrociter agitatur! Navis undis ingentibus iactatur!
6 Quomodo periculum commune arcebimus?
Quomodo mortem terribilem vitabimus, quae nobis certe imminet?"
Et alius: "Iam", inquit, "gubernator[3] acriter imperavit,
9 ut navem celeriter exoneraremus[4]." –
"Fortiter ergo iactate haec omnia in mare! Cur dubitatis?"
Et statim adulescentes mensas, lectos, pulvinos[5] velociter et
12 summo studio e fenestris iactaverunt – – – – – – in forum!

---

1) titubare: schwanken   2) vae: wehe!   3) gubernator, -oris: Steuermann
4) exonerare: entlasten, vom Ballast befreien   5) pulvinus, -i: Kissen, Polster

Innenbild einer attischen Trinkschale um 485 v. Chr.

69. Brevi multi homines in illum locum convenerunt,
   ut ea, quae ex fenestris iactata erant, velocissime asportarent (↗ 61).
3 Postremo vigiles vocati sunt, ut iuvenes delirantes[1] comprehénderent (↗ 43).
   Cum illi audacter intravissent, adulescentes ebrii[2] miserrime clamaverunt:
   „Avete, Tritones[3]!
6 Servate nos clementissime et liberate nos ex hac nave titubante (↗ 68)!
   Nisi vos venissetis, brevi praeda maris mortisque fuissemus.
   Certe navem nostram atrocissime nutantem[4] vidistis."
9 Vigiles, cum illos tam stulte orantes audivissent, valde riserunt
   eosque monuerunt, ut postea tardius et moderatius potarent.

---

1) delirare: verrückt sein, toben   2) ebrius, -a, -um: betrunken   3) Tritones, -um: Meergötter
4) nutare: schlingern

Ein unverschämter Angeber

70. *Personen :* MILO und GALBA

M.: Ave, Galba, amice optime! Valde gaudeo, quod in patriam reverti.
G.: Ave, Milo! Diu te non vidi.
3 M.: Quid mirum? Modo ex itinere diuturno veni!
   Edepol (↗ 41)! Plurimas urbes frequentissimas aedificiaque clarissima
   spectavi; multa de moribus gentium alienarum audivi;
6 immania animalia adhuc ignota vidi!
   Etiam trans mare ad insulam Rhodum navigavi!
   Ibi autem – es intentus! – dum certamina adulescentium specto . . .
9 G.: Doleo, quod tibi aures praebere non iam possum;
   at domi me hospites exspectant . . .
M.: Exspectabunt, amice, exspectabunt! Nunc ego te teneo tibique
12 factum mirificum narrabo, priusquam domum festinas.
G.: Narra celerius, amice!

Weitspringer mit Sprunggewichten

71.

- M.: Cur me mones, ut celeriter narrem? Ego semper celerrime narro
  operamque do, ne tardus videar. Sed narremus de ludis!
3   Ecce! Multi adulescentes nobilissimi summis viribus certant,
  ut adversarios superent, ut admirationem populi habeant, ut ...
- G.: Id genus certaminum mihi notissimum est. Narra igitur celerius!
6 M.: Te rogo, ut taceas!
  Es intentus, amice! Nam nunc tibi factum mirificum, sed verissimum narrabo.

72.

- M.: Ego enim, cum sim homo audacissimus et vir fortissimus,
  illos adulescentes rogo, ut mihi quoque certare liceat.
3   Illi me derident mihique fossam latissimam monstrant, quam adhuc
  nemo (↗ 12) saltu¹ superaverat. Ego autem felicissime supero!
  Plebs exsultat! Fama facti per omnia regna Asiae volat!
6 G.: Quot pedes lata fuit illa fossa?
- M.: Non minus quam centum!
- G.: Quid narras? Rideo!
9 M.: Omnia vera sunt, Galba! Nihil mutavi, nihil auxi! Sunt testes, qui ...
- G.: Tace de testibus! Si tanta cupiditate ardes, ut mirifica facta tua laudem:
  specta illam fossam! Decem tantum pedes lata est! Hic Rhodus! Hic salta!

---

1) saltu: im Sprung

Die Abergläubische

73. *Personen :* LYDIA und SYRA

- L.: Tune in urbem migrabis, Syra?
- S.: Migrabo, et tu? Nonne tibi quoque in urbe negotia sunt?
3 L.: Num ignoras, quid me prohibeat; quid me iam saepe prohibuerit?
- S.: Ignoro.
- L.: Mala omina! Pessima omina! Hodie quoque domum meam relinquĕre¹
6   non audeo, cum prima luce animal fatale viderim.
- S.: Quale animal?
- L.: Ne me rogaveris! Nefas est nomen eius nominare!

---

1) relinquĕre: (Inf. Präs. zum Perf. reliqui)

9 S.: Fortasse ego non ignoro, quae ‚bestia' fuerit! Utrum mus² an aranea³
an rana⁴ fuit? Phy! (↗ 13) Quanta est religio tua!
L.: Ne riseris! Tu quoque mox videbis, cur adeo territa sim
12 et quod periculum huic domui imminuerit atque immineat.

---

2) mus, muris: Maus   3) aranea, -ae: Spinne   4) rana, -ae: Frosch

74.

S.: Ne me sollicitaveris, Lydia! Iam enim timeo, iam terreor!
Num illud periculum vitare non poterimus?
3 L.: Vitabimus periculum, si numinibus sacra fecerimus,
si praecepta sacerdotum audiverimus.
Ego enim sacerdotem Magnae Deae rogavi, qui mihi haec fere suasit:
6 „Manes¹ sedibus eorum hominum temperabunt,
a quibus eis duo galli² nigri mactati erunt.
Incendium autem vitabitur, si in limine ARSEVERSE³ scriptum erit."
9 S.: Quid? Si hoc verbum in limine scripsero, incendium domui non nocebit?
L.: Ita est. Sed cave, ne⁴ illa sacra arcana⁵ aliis hominibus narres!
Manes¹ te atrociter vindicabunt. Num ignoras, quomodo Rufus mortuus sit?
12 S.: Ignoro.
L.: Statim narrabo...... Num quid⁶ crepuit?
Este clementes, Manes¹! Temperate mihi! Tacebo! Tacebo!

---

1) Manes, -ium: Totengeister   2) gallus, -i: Hahn   3) „arseverse" ist eine Zauberformel
4) ne: daß nicht   5) arcanus, -a, -um: geheim   6) quid (hier): irgendetwas

Information   Römischer Aberglaube

Ob die Römer noch abergläubischer waren als andere antike Völker, ist schwer zu entscheiden; jedenfalls spielte der Glaube an böse Geister, Wiedergänger, Gespenster, Hexen und Werwölfe bei ihnen eine ziemliche Rolle, und es gab unzählige magische Formeln und Kunstgriffe, durch die man angeblich das überall lauernde Böse bannen konnte.

So nagelte man Wolfszähne an die Türen der Häuser, vergrub Amulette unter der Schwelle oder bestrich den Türstock mit Pech, um die nachts aus ihren Gräbern steigenden Toten draußen zu halten.

Man konnte ja nie wissen, ob nicht irgendein persönlicher Feind einen von ihnen in Dienst genommen hatte! Wer nämlich einem anderen schaden wollte, ritzte Flüche gegen den Verhaßten auf ein Bleitäfelchen und verscharrte dieses in einem Grab, dessen Bewohner sich bei nächster Gelegenheit an die Ausführung seines Auftrags machte.

Besonders schlimm war es, wenn man ein Gespenst im Hause hatte: das ängstigte meist die bedauernswerten Einwohner mit Stöhnen, Seufzen und Kettenklirren zu Tode, wenn sie ihm nicht rechtzeitig das Feld räumten. Flüsternd und mit Gebärden, die das Übel abwenden sollten, erzählte man von derartigen Spukhäusern, in denen zum Beispiel die Seelen Ermorderter ihr Unwesen trieben.

Ungeheuer aber war die Macht der Hexen: sie konnten den Mond und die Sterne, ja sogar die Götter vom Himmel herabziehen, die unterste Hölle erleuchten, Geister beschwören, Stürme entfesseln und Quellen versiegen lassen, Schlafenden durchs Schlüsselloch Nase und Ohren abschneiden und Menschen in Tiere verwandeln.

So wird im berühmten Eselsroman des *Apuleius* (2. Jh. n. Chr.) ein junger Mann in einen Esel verhext und erlebt in dieser Gestalt die tollsten Abenteuer.
Im gleichen Buch ist auch von jenem bedauernswerten Kneipwirt die Rede, den seine zauberkundige Konkurrentin in einen Frosch verzaubert hat, „und jetzt schwimmt der arme Teufel in seinem eigenen Weinfaß herum, verneigt sich vor seinen einstigen Stammgästen bis in die Hefe hinunter und begrüßt sie mit dienstfertigem Quaken."

Ist er wirklich so begriffsstutzig?

75. *Personen*: GNAEUS PAPIRIUS CARBO, ein junger Römer im Legionslager Regensburg (C.) und ein germanischer Sklave (S.), später MURX genannt

C.: O flagitium hominis!
Ne bestiae quidem silvarum Germanarum tam stultae sunt quam tu!
3   Ne minimam quidem rem Latine[1] appellare potes,
quamquam ego te iam multos dies doceo.
Durus quidem labor est, per[2] fidem deorum!
6   Delibera, pessime, beneficia mea! Delibera, quas spes tibi ostentem!
Linguae Latinae peritis totus orbis terrarum patet!
Res publica Romana omnibus fere gentibus imperat!
9   In rebus adversis . . .
At frustra orationem habeo: stat, tacet, os eius clausum est.
S.: Hem?

---

1) Latine: auf lateinisch, in lateinischer Sprache   2) per (hier): bei . . . (Beteuerungsformel)

76.

C.: Praebe mihi aures, ne te verberem¹!
Nunc ego varias res in hoc conclavi appellabo.
Tu autem répete² nomina harum rerum voce clara!
Hic est PARIES!
S.: (tacet)
C.: Répete² verba mea! PARIES!
S.: RES.
C.: Ecce incredibilem stultitiam hominis!
Non RES, sed PARIES est nomen huius rei!
Quod nomen est huic rei?
S.: ARIES.
C.: Tu es aries! Diversa nomina miscuisti!
At répete² sine mora MURUS!
S.: MURX.
C.: Per (↗ 75) deos immortales! Quanta stultitia! Quae facies!
Nomen vero egregium tibi dedisti!
Cum ignorem, quomodo a parentibus tuis nominatus sis,
appelleris MURX!

---

1) verberare: peitschen, schlagen   2) répete (Imperativ): wiederhole!

77.

S.: MURX?
C.: Placetne tibi hoc nomen? Responde!
S.: (tacet)
C.: Nonne audivisti verba mea? Responde tandem!
S.: Es tranquillus, domine! Complures dies cottidianas orationes tuas audivi,
nunc tibi bene respondere possum.
C.: Per (↗ 75) Iovem¹ Optimum Maximum!
Dissimulavisti! Me derisisti!
S.: Ne sis iratus, domine! Profecto magister bonus es.
Nisi tacuissem, praeclaras orationes tuas non audivissem
neque plurimas sententias memoriae mandavissem.
Tu me linguam Latinam optime docuisti.
C.: O callidissime omnium servorum! Summa laude dignus es.
Magister autem ei, qui legibus a se datis sic paret, gratiam habeto!
Esto liber!

---

1) Iovem: Akkusativ zu Iuppiter

Der obergermanische Limes

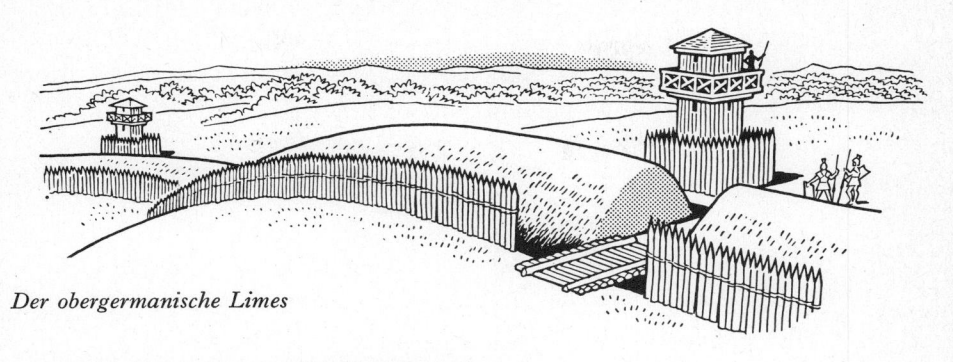

Die Römer in Süddeutschland

78. De illo Murce fabulam tantum fictam (↗ 64) vobis narravi.
Haec autem vera sunt:
3 A primo usque ad quintum post Christum natum saeculum
partes Germaniae ad meridiem spectantes
in potestate legatorum et praetorum Romanorum erant.
6 Augusta Vindelicorum[1] et Castra Regina[2] oppida magnifica erant,
templis et domibus amplis ornata moenibusque lapideis circumdata.
Una porta Castrorum Reginorum[2], quae porta Praetoria appellabatur,
9 hodie quoque spectari potest.
Secundo p. Chr. n. saeculo aedificata est.
Illa castra legio tertia Italica obtinebat.
12 Castris Reginis finitima erat Abúsina[3], castellum Romanum
adhuc bene conservatum, quod a quarta cohorte Gallorum collocatum est.

---
1) Augusta (-ae) Vindelicorum: Augsburg
2) Castra (-orum) Régina (-orum): Regensburg („Lager am Regen")
3) Abúsina, -ae: Eining bei Abensberg

79. Abusina, quamquam saepe ab hostibus vastata erat,
tamen usque ad finem imperii Romani praesidio Romanorum obtinebatur.
3 Illud praesidium postremo parvum fuisse videtur;
nam initio quinti p. Chr. n.[1] saeculi milites Romani in angulo castelli ultimi
„burgum[2]" aedificaverunt, ut Germanos magna multitudine incursantes[3]
6 arcere possent.
In muris eius „burgi[2]" etiam tormenta[4] collocari poterant,
quibus saxa et tela iactabantur.
9 Germani enim felicius in acie quam ante muros firmos castellorum pugnabant.

---
1) p. Chr. n.: Abkürzung für post Christum natum
2) burgus, -i (germ. Lehnwort): Burgus, kleine Befestigungsanlage
3) incursare: anstürmen, angreifen   4) tormentum, -i: Wurfmaschine, Katapult

Fortasse Romani illum „burgum" diutius obtinere potuissent,
si ex Italia auxilia venissent.
12 At imperium Romanum seditionibus, factionibus, coniurationibus perturbabatur.
Iamque Germani Alpes superaverant.
Itaque reliqui ‚Abusinenses' aliquando officium praestare non iam potuerunt:
15 aut ab hostibus fugati sunt aut nocte obscura castellum reliquerunt.

80. Haud procul ab Abusina limes Romanus ripam Danuvii[1] attingit[2].
Illo limite, qui a Danuvio[1] ad Moenum[3], a Moeno ad Rhenum pertinuit,
3 imperatores Romani gentes liberas Germanorum ab ea parte provinciae
prohibere studebant, quae inter illa flumina sita erat.
Cum pericula imminebant, milites e turribus igne aut fumo signa dabant.
6 Brevi cohortes in acie collocabantur, ut hostes arcerent.
Post limitem enim Romani magno labore maiora et minora castra collocaverant;
etiam viae munítae[4] erant.
9 In vicis aut oppidis prope castra sitis haud raro familiae militum habitabant;
et magna pars militum Romanorum,
postquam viginti annos militaverunt, ibi mansit.
12 Pauci villas, plerique autem agros possidebant.
Certe nonnulli, qui inviti in Germaniam venerant,
postremo eas regiones iucundiores putabant quam patriam suam.

1) Danuvius, -i: die obere Donau   2) attingit: er/sie/es berührt, erreicht
3) Moenus, -i: der Main   4) munítus, -a, -um: befestigt, angelegt

R 81. Sed tertio p. Chr. n. (↗ 79) saeculo Germani limite non iam arceri poterant
et magnas partes illius provinciae occupaverunt.
3 Eo tempore omnia oppida, castra, castella prope limitem sita vastata sunt.
Tamen adhuc multae reliquiae[1] spectari possunt
velut haud procul a vico *Pfünz*[2] fossae castrorum et fundamenta quattuor portarum,
6 velut prope oppidum *Weißenburg* „burgus" (↗ 79) optime conservatus,
velut ad oppidum *Gunzenhausen* balnea[3] militum,
quae ante paucos annos excavata[4] sunt.
9 Itaque hominibus peritis facile est
in agris aut silvis limitem Romanum vel vias Romanas investigare[5].
In compluribus museis[6] autem variae imagines, instrumenta, arma
12 multaeque aliae res conservantur.
Profecto iuvat monumenta Germaniae Romanae spectare.

1) reliquiae, -arum: Überreste   2) der Ortsname *Pfünz* hat sich aus dem lateinischen Wort
PONS (Brücke) entwickelt; bei Pfünz führt eine römische Brücke über die Altmühl.
3) balnea, -orum: Badeanlagen   4) excavare: ausgraben
5) investigare: ausfindig machen, aufspüren   6) museum, -i: Museum

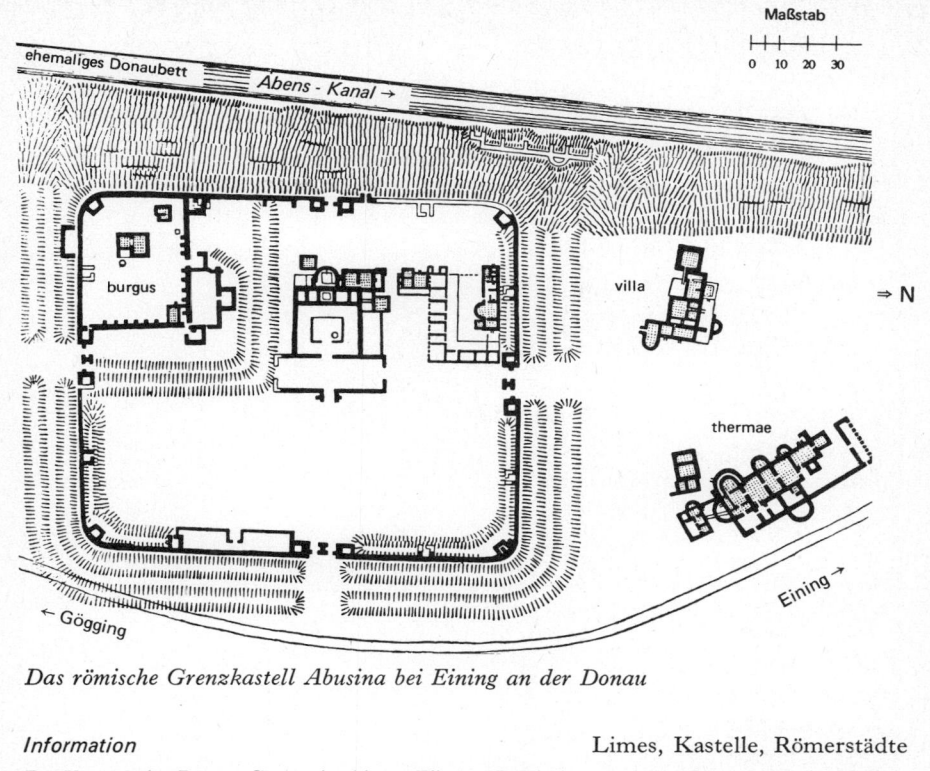

Das römische Grenzkastell Abusina bei Eining an der Donau

Information
Limes, Kastelle, Römerstädte

Der Versuch der Römer, Germanien bis zur Elbe zur Provinz zu machen, scheiterte mit der Niederlage des *Varus* im Teutoburger Wald (9 n. Chr.). Nun galt es, die Rhein- und Donaugrenze zu halten und das unmittelbare Vorfeld zu sichern.
Während seines Krieges gegen die Chatten im heutigen Hessen begann Kaiser *Domitian* 83 n. Chr. damit, in dem eroberten Gebiet Straßen und Kastelle anzulegen. Von den Kastellen führten Wege zu kleineren Schanzen mit etwa 100 Mann Besatzung. Davor erhoben sich hölzerne Türme, die ein Patrouillenweg miteinander verband – der „*limes*". Ähnlich wurde das Gebiet zwischen Miltenberg am Main und Eining an der Donau (über Aalen, Hesselberg, Weißenburg) geschützt.
Die Kaiser *Trajan* und *Hadrian* führten im 2. Jh. den von Domitian begonnenen Grenzausbau fort. Allmählich wurde der *Limes* zu einem großartigen Verteidigungssystem ausgebaut mit zum Teil steinernen Türmen, die ein Palisadenwall (der „obergermanische Limes" oder Pfahl) bzw. eine Mauer verband. Hinter dem Palisadenzaun hob man auch noch einen Graben aus. Die Soldaten, die zunächst in Baracken innerhalb der Lager lebten, erhielten mit der Zeit das Recht, zu ihren Frauen in die *Canabae*[1] genannten Quartiere außerhalb der *castra* zu ziehen. Um 250 n. Chr. stattete man sie sogar mit Grundbesitz und Arbeitsgerät aus und siedelte sie im Umkreis des Lagers an.
Da kultivierten sie nun in ihrer Freizeit Zwiebeln und Kürbisse, Petersilie und Liebstöckel – bis die wilden Scharen der Alemannen den Limes überrannten und die Römer hinter die großen Flüsse zurückwarfen.
Wie die Römerstädte auf dem westlichen Rheinufer (Xanten: *Castra vetera*; Köln: *Colonia Agrippina*; Bonn: *Bonna*; Mainz: *Mogontiácum*) blieben auch die festen Plätze Süddeutschlands bis ins 5. Jh. eine einigermaßen sichere Zuflucht der Landbevölkerung, wenn in den Völkerwanderungsstürmen immer neue Eindringlinge in die Provinzen des erschütterten Imperiums einfielen.
Nach der Eroberung Roms durch *Alarich* und seine Goten (410) brach die Römerherrschaft in Süddeutschland endgültig zusammen.
Ein christlicher Heiliger, *Severinus*, konnte durch entschlossenes Auftreten vor Germanenfürsten vielfach das Schlimmste von den Flüchtlingstrecks abwenden, die in südlicher Richtung die Provinz verließen.

---

1) von Canabae ist das deutsche Wort Kneipe abgeleitet.

Cornelia und Marcus in Abusina

R 82. Quid? Num illa Cornelia ex urbe Roma usque ad fines imperii venit?
Non dubitabimus eam fortem, immo vero audacem vocare.
3 At huic Corneliae, de qua in fine libri[1] nostri narrabimus,
nomen tantum cum illa commune est,
6 quae ante duo fere (↗ 57) milia[2] annorum in Colosseo ludos spectavit.
Forte[3] amicus et illius et huius Corneliae Marcus appellatur;
forte haec Cornelia, quae non virgo Romana, sed Monacensis[4] est,
9 ante complures dies Abusinam et castellum Romanum in itinere viderat.
Ex eo tempore Marco amico de monumentis narraverat.
Ille autem rogavit: „Cur tam cupida operum antiquorum es?
12 Ego antiqua haud vehementer curo!"
Cornelia autem: „Cum Abusinam", inquit, „videris, tu quoque antiqua curabis!"
Tum Marcus: „Quem iuvat ruinas[5] tristes[6] investigare (↗ 81)?"

---
1) liber, libri: das Buch 2) milia, -ium: tausend (mit dem Genitiv verbunden)
3) forte: zufällig 4) Monacensis, -e: Münchner, münchnerisch, aus München
5) ruinae, -arum: Ruinen 6) tristis, -e: traurig

R 83. Cornelia autem iterum atque iterum:
„Te quoque", inquit, „certe iuvabit illud castellum spectare."
3 Tandem Marcus aures praebuit: „Migremus, ne assidue vexer!"
Cum ruinas (↗ 82) intravissent, tacitus[1] omnia spectavit,
quoad[2] cum amica ad balnea (↗ 81) venit.
6 Cum Cornelia earum rerum iam peritissima ei praefurnium[3]
et hypocausta[4] monstravisset, tacere non iam potuit:
„Quid? Romani antiqui iam aere fervido[5] conclavia calefaciebant[6]?
9 Hem! Profecto artium peritiores fuerunt quam nonnulli populi huius aetatis!"
Et dum Cornelia ridet: „Certe", inquit, „hoc loco plura praefurnia[3] sunt!
Cur dubitas ea monstrare?" –
12 „Libenter tibi plura monstrabo!"

---
1) tacitus, -a, -um: schweigend 2) quoad: (solange) bis
3) praefurnium, -i: Ofen, von dem aus ein oder mehrere Räume mit Heißluft beheizt wurden.
4) hypocausta, -orum: Hypokausten (Heißluftheizung unter den Fußböden. Die Luft strich unter den Böden hindurch und erwärmte auch die Wände, während sie in Hohlziegeln hochstieg.)
5) aër fervidus (aeris fervidi): Heißluft 6) calefaciebant: sie erwärmten

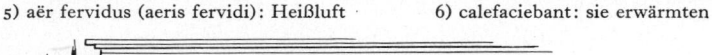

Römische Heizungsanlage (Hypokausten)

Die am linken Rand freistehenden Buchstaben geben den jeweiligen Übungscharakter an:

- G = Grammatikübung zum anfallenden Lehrstoff. Die Lösungen bzw. Regeln finden sich unter der gleichen Ziffer im Grammatischen Beiheft.
- W = Wortkundeübungen und Wortbildungslehre, insbesondere zur Erklärung und Verdeutlichung von Fremd- und Lehnwörtern.
- E = Einsetzübungen. Zu den mit ___ bezeichneten Stellen sind jeweils die richtigen Endungen (Ausgänge, Wörter) zu benennen.
- T = Transformationsübungen. An vorgegebenen Wörtern sind die jeweils geforderten Umwandlungen vorzunehmen.
- B = Bestimmungsübungen. Vorgegebene Formen sollen bestimmt und übersetzt werden.
- K = Kombinationsübungen. Satz- und Sinnzusammenhänge sollen erkannt, Satzglieder einander richtig zugeordnet werden.
- Ü = Übersetzungsübungen (deutsch-lateinisch).
- Z = Zusätzliche bzw. ergänzende Übungen jeglicher Art.

ÜBUNGEN

1
Dritte Person Singular – Prädikat
Nominativ Singular – Subjekt
Adverbiale

G1 Vergleiche die folgenden lateinischen Verbformen mit ihrer deutschen Übersetzung!

es-t   er   is-t
voca-t   sie ruf-t
vide-t   er sieh-t
sta-t   es steh-t

Worin gleichen, wodurch unterscheiden sie sich?

G2 Vergleiche die Stellung des Prädikats im Lateinischen und im Deutschen!
Marcus hodie diu **exspectat**.   Marcus **wartet** heute lange.

G3 In den folgenden Sätzchen ist mit Hilfe der Frage WER ODER WAS? das Subjekt zu bestimmen. Welchen Ausgang hat das Nomen jeweils?

Cornelia in Colosseo est.
Marcus salutat et gaudet.
Claudius ibi stat.
Et Cornelius salutat.

G4 Welches Satzglied ergänzt in folgenden Sätzen das Prädikat?

Marcus diu exspectat.
Subito videt:
Ibi Cornelia stat.

An welcher Stelle des Satzes steht dieses Satzglied jeweils?

Übungen

1 Ü
1. Wo ist heute Cornelia?
2. Marcus freut sich: Dort steht sie!
3. Auch Cornelia sieht: Dort ist Marcus!
4. Sie grüßt und ruft: „Wo wartet Claudia? Wo ist sie?"

Z **Subito!**

In einem Ristorante in Rom wartet ein Herr schon ziemlich lange auf sein Essen. Nervös trommelt er mit den Fingern auf die Tischplatte. Endlich taucht der Kellner wieder auf – aber ohne das erwartete Menü. Der Gast drängt ihn zur Eile, und der Kellner antwortet: „*Subito, Signore, subito!*"

Was mag *subito* im Italienischen (im Gegensatz zum Lateinischen) bedeuten?

W Das Vokabellernen wird wesentlich leichter, wenn man das Gedächtnis durch den Vergleich mit ähnlichen deutschen und englischen Wörtern unterstützt.
Diese Lernhilfen finden sich jeweils in der dritten Spalte des Wortspeichers und in den mit **W** bezeichneten Übungen.

2 Dritte Person Plural (ā-/ē-Konjugation) – Bestandteile des Verbums
Nominativ Plural (ā-/1. Deklination) – Bestandteile des Nomens

---

G1 Wodurch unterscheiden sich in den beiden folgenden Reihen die Prädikate?

Claudia sede**t**.   Marcus et Cornelius sede**nt**.
Populus clama**t**.   Cornelia et Claudia clama**nt**.
Tuba sona**t**.   Syrus et Barbatus intra**nt**.

Wie viele Subjekte sind jeweils vorhanden?
Welche Entsprechung besteht zwischen der Anzahl der Subjekte und der Form des Prädikats?

G2 Der Unterschied in den Verbalausgängen zwischen den beiden Reihen ist bereits deutlich hervorgehoben.

voc-a-t   pat-e-t
pugn-a-t   vid-e-t

son-a-**nt**   gaud-e-**nt**
narr-a-**nt**   sed-e-**nt**

Wie lautet also die Endung der 3. Person Plural?

2 G3 Beachte die verschiedenen Ausgänge der Substantive!

    port-**a**   port-**ae**
    tub-**a**   tub-**ae**

G4 Vergleiche die folgenden Reihen!

populus	das Volk	the people
populus	ein Volk	a people
populus	Volk	people

Welchen Unterschied kannst Du feststellen?

E Ergänze die Endungen!
1. Cornelius et Claudia diu exspecta__.
2. Ecce! Porta pate__.
3. Iam Syrus et Barbatus intra__ et pugna__.
4. Populus clama__, tubae sona__.

Ü 1. Dort sitzen Marcus und Cornelia.
2. Plötzlich sind die Tore offen.
3. Jetzt tritt auch Cornelius ein.
4. Marcus berichtet: „Schon stehen Syrus und Barbatus in der Arena *(in arena)*. Sie grüßen. Schau! Schon kämpfen sie!"
5. Das Publikum freut sich und schreit.

3 Nominativ Plural (o-/2. Deklination)
Negation – Groß- und Kleinschreibung

G1 Vergleiche die Ausgänge der Substantive der beiden folgenden Reihen!

    port-**a**   port-**ae**
    tub-**a**   tub-**ae**

    lud-**us**   lud-**i**
    gladi-**us**   gladi-**i**

G2 Vergleiche die Stellung der Negation NON in den beiden folgenden Sätzen!

Cornelia **non** gaudet.	Cornelia freut sich **nicht**.
Non Cornelia, sed Marcus gaudet.	**Nicht** Cornelia, sondern Marcus freut sich.

Auf welches Wort bezieht sich NON jeweils?

3 G3 Achte auf die Groß- und Kleinschreibung!

| Marcus, porta | Marcus, Pforte, | Marc, door, |
| populus, Cornelia | Volk, Cornelia | people, Cornelia |

K Nur eine der drei jeweils in einer Klammer zusammengefaßten Verbformen paßt wirklich zu dem vorausgehenden Subjekt als Prädikat.

Marcus	(clamant, exspectant, gaudet)
portae	(pugnant, rogant, patent)
Syrus et Barbatus	(stat, salutant, temptat)
gladii	(vident, crepant, est)
populus	(clamat, splendet, delectant)
tuba	(sedet, sonat, tacent)

4 Abfragen des Satzes

G1 Frage die folgenden Sätze nach ihren Satzgliedern ab!

Claudius exspectat.
Marcus et Cornelia salutant.

Aus wie vielen Gliedern bestehen jeweils diese Sätze?
Welche Fragen lassen sich stellen?

W1 Beachte: iam   schon
              non iam   nicht **mehr**

W2 Die ständige Wiederholung der „kleinen" *unveränderlichen* Wörter wie NAM, IAM, UBI, IBI usw. ist wichtig, damit keine Fehler durch Verwechslung infolge ähnlichen Klangs oder gleicher Buchstabenzahl entstehen. Entsprechende Aufgaben finden sich von jetzt ab regelmäßig im **Arbeitsheft**.

Ü 1. Cornelius ruft: „Schau! Syrus greift jetzt an!"
   2. Schon liegt Barbatus am Boden; er kämpft nicht mehr.
   3. Das Publikum freut sich und johlt.
   4. Aber Cornelia und Claudia schweigen und ängstigen sich.
   5. Marcus fragt: „Warum erfreut euch *(vos)* heute das Spiel nicht?"
   6. Wiederum antworten sie nicht und schweigen.

4 K Mit je einem Wort aus der linken, der mittleren und der rechten Spalte sind mindestens acht sinnvolle Sätze zu bilden.

Syrus	nunc	sonat
portae	iterum	sedent
tuba	subito	exsultat
Cornelia	diu	pugnant
gladii	iam	patent
Marcus	hodie	trepidat
Syrus et Barbatus	ibi	crepant
populus	non iam	iacet
Marcus et Cornelia	non	tacet

Z Übersetze folgende Einzelformen ins Lateinische!

Schwerter – ein Spiel – Völker – die Trompeten – das Volk – Tore – es macht Freude – sie jubeln – er verwundet – warum schweigen sie nicht? – sie fragt – er ruft zum zweiten Mal.

5 Akkusativ – Akkusativobjekt

G1 In den folgenden Sätzen begegnet Dir ein neues Satzglied.
In welchem Kasus erscheint es?
Wie fragst Du nach ihm?

Claudius Marc**um** et Corneli**am** exspectat.
Marcus et Cornelia Claudi**um** salutant.

Claudius amic**os** exspectat.
Marcus et Cornelia serv**os** et serv**as** salutant.

G2 Vergleiche in den beiden Formenreihen zu VILLA und HORTUS die Ausgänge miteinander!

vill-**a**	das Landhaus	hort-**us**	der Garten
vill-**am**	das Landhaus	hort-**um**	**den** Garten
vill-**ae**	die Landhäuser	hort-**i**	die Gärten
vill-**as**	die Landhäuser	hort-**os**	die Gärten

Welche wesentlichen Unterschiede zwischen dem Lateinischen und dem Deutschen stellst Du fest?

5

Z1 Teste Deine Sicherheit im Abfragen und Übersetzen erweiterter Sätze!
1. Claudius begrüßt Marcus und Cornelia.
2. Auch die Diener erwarten die Freunde bereits.
3. Aber das Landhaus betreten Marcus und Cornelia nicht; denn Claudius zeigt den Garten.
4. Dann ruft er die Dienerinnen.
5. Wo besitzt Cornelius ein Landhaus?

Z2 Jedes der folgenden Substantive ist zunächst in den Akkusativ Singular und dann in den Nominativ und Akkusativ Plural zu setzen (deutsch und lateinisch).

porta – populus – tuba – gladius – ludus – amicus – villa – hortus – servus – amica – serva

Ü
1. Warum wandern Marcus und Cornelia heute nach Ostia[1]?
2. Claudius besitzt dort ein Landhaus.
3. Er lädt die Freundin und den Freund oft ein.
4. Das Tor ist schon offen; Claudius wartet; die Freunde treten ein.
5. Claudius grüßt; die Dienerinnen begrüßen Marcus und Cornelia.
6. Auch Marcus und Cornelia grüßen die Diener und Dienerinnen.

(Fortsetzung ↗ 6.Ü)

---
1) nach Ostia: *Ostiam*

6

Indikativ Präsens Aktiv und Infinitiv Präsens Aktiv
Infinitiv als Subjekt und Objekt
Pluralwörter

G1 Suche in Kapitel 6 die Ausgänge für alle Personen des Indikativ Präsens Aktiv (Singular und Plural) zusammen!
Übe diese Ausgänge an GAUDEO und MONSTRO ein, indem Du diese Verben von der 1. Person Singular bis zur 3. Person Plural durchkonjugierst!

G2 Vergleiche die Ausgänge der 1. Person Singular Aktiv bei folgenden Verben, die sich in der linken und rechten Reihe gegenüberstehen:

gaud-e-o (gaud-e-t)   monstr-o (monstr-a-t)
sed-e-o (sed-e-t)   delect-o (delect-a-t)
respond-e-o (respond-e-t) migr-o (migr-a-t)

Versuche, das Ergebnis des Vergleiches in eine Regel zu fassen!

6

G3 In welcher Form tritt das (gesperrt gedruckte) Verbum im folgenden Satz auf?

> Amicus divitias monstrare dubitat.

Welche Endung tritt beim Infinitiv an den Präsens-Stamm?

G4 Übersetze folgende Sätze und stelle jeweils genau die Satzglieder fest!

> **Narrare** iuvat.
> Villam **spectare** iuvat.
> Claudius **narrare** cogitat.
> Claudius hortum **monstrare** cogitat.
> Servi **respondere** properant.
> Servi Marcum **salutare** properant.

Welche Satzglieder werden hier von den Infinitiven vertreten?
Von welchen Satzgliedern sind die Akkusativobjekte VILLAM, HORTUM, MARCUM abhängig?

G5 Welchen Unterschied stellst Du zwischen dem lateinischen und dem deutschen Satz hinsichtlich der Zahl fest?

> Saepe diviti**ae** delecta**nt**.   Oft mach**t der** Reichtum Freude.

Z1 Übersetze folgende Verbformen und bilde dann jeweils den Infinitiv dazu!

> propero – respondeo – invitant – gaudes – trepidatis – dubitamus – tacet – possident – videtis – sedemus – paras

Z2 Übersetze die folgenden Verbformen in das Lateinische!

> wir erwarten – ihr grüßt – ich sehe – du stehst – ich rufe – es tönt – sie kämpfen – er tötet – sie sind offen – ihr erzählt – ich trete ein – wir greifen an – ihr fragt – du liegst da – sie schweigt – ich verwunde

Ü (Fortsetzung von 5.Ü)
1. Claudia und Cornelius betrachten lange das Landhaus und den Garten.
2. Dann fragen sie den Freund: „Warum zögerst du, uns *(nobis)* auch die Standbilder zu zeigen?"
3. Der Freund antwortet: „Gerne zeige ich euch *(vobis)* die Statuen."
4. Claudia und Cornelius erwidern: „Wir freuen uns sehr. Es macht Spaß, Statuen und Bilder zu betrachten."
5. Dann betreten sie das Landhaus, und der Freund ruft die Diener.

(Fortsetzung ↗7.Ü)

7 Stellung des Objekts

G1   Cornelia tabulas spectat.   Claudius Minotaurum monstrat.

Die häufigste Satzergänzung ist das Akkusativobjekt.
Wenn Du die beiden Sätze mit den dazugehörigen Zeichnungen betrachtest, wird es Dir nicht schwerfallen zu erklären, was das Akkusativobjekt bezeichnen soll.

Die Wortstellung könnte auch sein:

Tabulas Cornelia spectat (non villam).
Minotaurum Claudius monstrat (non Icarum).

Was wird durch die Vorausstellung des Objekts jeweils bewirkt?

W   Erkläre aus dem Wortspeicher!
Emigrant – parat – Monstranz – Servus! – Possessiv-Pronomen – Tabelle – dubios – Perspektive – Spektakel – Filiale – Porto – Export – Agitator

E   Da Du jetzt Nominativ **und** Akkusativ im Singular und Plural kennst, wird die folgende Einsetzübung schon schwieriger. Sei also vorsichtig!
1. Claudius Corneli__ et Marc__ exspecta__.
2. Syrus et Barbatus popul__ saluta__.
3. Marc__ Corneli__ roga__: Cur lud__ te non delectant?
4. Claudius serv__ voc__. Serv__ cen__ parant.

K   In der folgenden Übung stehen sich links und rechts Sätze gegenüber, die nicht zueinander passen. Füge jeweils zwei zusammen, die sich durch das dazwischenstehende NAM sinnvoll verbinden lassen!

Populus exsultat;	NAM	servus intrat.
Cornelia tacet;	NAM	tabulas libenter spectat.
Marcus gaudet;	NAM	trepidat.
Claudius non iam tabulas monstrat;	NAM	Syrus bene temptat.

7

Z1 Übersetze folgende Infinitive ins Deutsche! Konjugiere das Präsens (Aktiv) dieser Verben im Singular und Plural!

agitare – possidere – properare – respondere – portare

Z2 Verwandle die nachstehenden Verbformen in den Singular! Übersetze sie dann ins Deutsche!

monstratis – vident – migramus – gaudetis – parant – sedemus

Z3 Verwandle die folgenden Verbformen in den Plural und übersetze sie!

patet – spectas – taceo – dubitat – iaces – invito

Ü (Fortsetzung von 6.Ü)
1. Claudius erzählt: „Ich freue mich, daß (= weil) ich euch *(vobis)* das Landhaus und den Garten, die Statuen und Gemälde zeigen kann.
2. Deshalb lade ich oft und gerne Freunde und Freundinnen ein."
3. Marcus und Cornelia treten ein.
4. Dort sitzen schon Claudia und Cornelius.
5. Wie viele Freunde Claudius doch⁰ einladen kann, weil er ein Landhaus und einen Garten besitzt!
(Fortsetzung ↗8.Ü)

Hinweis: Zur Einübung der Deklinations- und Konjugationsformen bietet das Sprachlabor gute Möglichkeiten.

8 Neutrum (Nominativ und Akkusativ)

G1 Vergleiche die drei folgenden Reihen!
Welches Geschlecht haben die lateinischen Wörter, welches die deutschen?

serv**a** die Dienerin	serv**us** der Diener	aur**um** das Gold
amic**a** die Freundin	amic**us** der Freund	don**um** das Geschenk
port**a** das Tor	gladi**us** das Schwert	for**um** der Marktplatz

G2 Übersetze jeweils beide Sätze der linken und rechten Reihe!

Don**um** Corneli**am** delectat.   Dona serv**um** delectant.
Corneli**a** don**um** exspectat.   Serv**us** dona exspectat.

Welchen Unterschied in der Nominativ- bzw. Akkusativbildung kannst Du bei den Wörtern auf -um gegenüber denen auf -a und -us feststellen?

8 T ① Bilde zu folgenden Substantiven jeweils den Akkusativ im gleichen Numerus!

villa – templa – Cornelia – femina – dona – aedificia – tuba – simulacra – serva – tabula – porta – monumenta – amica

② Bilde zu folgenden Akkusativen den Nominativ!

donum – gladium – aurum – argentum – ludum – aedificium – simulacrum – populum – hortum – monumentum

Welche Schwierigkeiten haben Dir die Übungen ① und ② aufgezeigt?

Ü (Fortsetzung von 7.Ü)
1. Cornelia und Claudia fragen Marcus: „Warum liebst du das Forum?"
2. Marcus antwortet: „Weil ich dort die Tempel und Standbilder betrachten kann!"
3. Er beeilt sich, die Gebäude und Götterbilder zu zeigen.
4. Aber Claudia und Cornelia zögern.
5. „Manchmal betrachten auch wir *(nos)* das Forum und die Denkmäler gerne.
6. Aber nicht nur Monumente, sondern auch Spiele erfreuen uns *(nos).*"
(Fortsetzung ↗9.Ü)

Z Silbenrätsel: Aus den folgenden Silben sind lateinische Wörter der angegebenen Bedeutung zu bilden. Ihre Anfangsbuchstaben ergeben, von oben nach unten gelesen, ein Kunstwerk.

a – au – bi – bi – bu – ce –   1. plötzlich
gi – la – o – rum – su –   2. ich schweige
ta – ta – ta – tis – to – u   3. Gold
   4. ein Gemälde
   5. wo?
   6. ihr jagt

9   Adjektiv

G1 Ordne die folgenden deutschen Wörter nach Wortarten! Welche Wortarten kannst Du in Gruppen zusammenfassen? Denke dabei an die Einteilung des Wortspeichers!

groß – kämpfen – (der) fünfte – lange – aber – wir – (das) Spiel – vor

Wie viele Wortgruppen ergeben sich?

9 **G2** Vergleiche im folgenden die Ausgänge der Substantive mit denen der Adjektive!
Vergleiche auch die Ausgänge der Adjektive im Deutschen!

amic**us** opulent**us**	der reiche Freund
magn**us** hort**us**	der große Garten
amic**a** opulent**a**	die reiche Freundin
serv**a** maest**a**	die traurige Sklavin
don**um** iust**um**	das gerechte Geschenk
for**um** necessari**um**	der unentbehrliche Marktplatz

G3 Vergleiche die Ausgänge!

magn-**us**	hort-**us**	magn-**i**	hort-**i**
magn-**um**	hort-**um**	magn-**os**	hort-**os**
magn-**a**	vill-**a**	magn-**ae**	vill-**ae**
magn-**am**	vill-**am**	magn-**as**	vill-**as**
magn-**um**	templ-**um**	magn-**a**	templ-**a**
magn-**um**	templ-**um**	magn-**a**	templ-**a**

Welche Übereinstimmung zwischen Substantiv und Adjektiv kannst Du feststellen?

G4 Beachte die Stellung des Adjektivs bei folgenden Ausdrücken!
Welche Eigenschaften geben die Adjektive der linken Reihe an, welche die der rechten?

servus maestus	magnum donum
populus iustus	multi populi
fortuna inimica	magnae divitiae

Z1 Übersetze folgende Ausdrücke und setze sie in den Plural!

filius maestus – tubam malam – magnum templum – magnum hortum – amica bona – populus opulentus – pecunia necessaria

Z2 Der Wein[1] mit den verschiedenen Geschlechtern
Einem trinkfesten Bischof wurde einst beim Besuch in einem Kloster durchschnittlicher Wein vorgesetzt. Er kostete und meinte: „Vin**us** bon**a**!" Der Kellermeister staunte über das eigenartige Latein des geistlichen Herrn, holte aber dann einen besseren Wein. „Vin**us** bon**us**!" lobte jetzt der Bischof. Als er schließlich vom besten Faß bekam, schmunzelte er: „Vin**um** bon**um**! Nam: wie der Wein, so mein Latein!"

---
1) der Wein: vinum

9 Ü
1. Claudius besitzt einen großen Garten.
2. Oft lädt er viele Freunde ein.
3. Marcus besitzt keinen (= nicht) großen Reichtum; er kann nicht viele Geschenke geben.
4. Aber Claudius heißt auch kleine Geschenke gut.
5. Claudius hat Marcus gern.
6. Deshalb freut sich Claudius, daß (= weil) Marcus und Cornelia oft sein[o] Landhaus betreten.

10
Adjektiv als Attribut und als Prädikatsnomen
Vokativ
Gliedsätze

G1 Übersetze den folgenden Satz!
Betrachte dann die Bezeichnungen über und unter den Wörtern!

Substantiv	Adjektiv	Adjektiv	Substantiv	Verbum
↑	↑	↑	↑	↑
AMICUS	**LAETUS**	**MAGNAM**	**VILLAM**	**INTRAT**
↓	↓	↓	↓	↓
Subjekt	Attribut zum Subjekt	Attribut zum Objekt	Akkusativ-Objekt	Prädikat

Was geben die Bezeichnungen über dem Satz an, was die darunter?

G2 Frage die folgenden Sätze ab und übersetze sie!

Magnae portae patent.   Portae magnae sunt.
Servus fidus gaudet.   Serv**us** fid**us** est.

Aus welchen Bestandteilen besteht das Prädikat bei den beiden Sätzen der rechten Reihe?
Benenne beim ersten Satz der rechten Reihe die Satzglieder wie unter G1!
Welche Aufgaben (Funktionen) kann also das Adjektiv im Satz übernehmen?
Was läßt sich über die Ausgänge der Adjektive in den beiden rechten Sätzen aussagen?

G3 Übersetze die beiden folgenden Sätze!

Claudia femina est.   Syrus servus est.

Welche Wortart hat hier die Funktion des Prädikatsnomens übernommen?
Welche Wortarten können also als Prädikatsnomen verwendet werden?

10 G4 Überlege, welche zwei Übersetzungen des folgenden Satzes möglich sind!
Marcus amicus fidus est.
Welche Funktion hat AMICUS bei der einen, welche bei der anderen Lösung?

Z1 Bestimme in folgenden deutschen Sätzen die Satzglieder!
1. Syrus ist ein tapferer Gladiator.
2. Aber er kämpft nicht gerne.
3. Er achtet mutige Gegner.
4. Frauen lieben den grausamen Kampf nicht.
5. Sie sind dann traurig.
6. Cornelia ist eine Frau.
7. Sie liebt die Spiele nicht und zittert.

Ü1 1. Syrus und Barbatus kämpfen lange.
2. Die großen Schwerter klirren.
3. Das törichte Publikum johlt: „Schon liegt Barbatus am Boden!"
4. Jetzt verwundet und tötet Syrus seinen° Gegner *(adversarius)*.
5. Cornelia kann plötzlich nicht mehr sitzen, sondern steht (da) und zittert.
6. Sie ist nicht zufrieden, sondern traurig.
7. Lange schweigt sie.

W1 Ergänze!

iustus   **in**iustus
gratus   **in**gratus
amicus   . . . . .

Welche Folgerungen ergeben sich aus dieser Gegenüberstellung?

W2 Erkläre aus dem Wortspeicher!

monumental – Malefizkerl – Grazie – Antiquitäten – Antiquariat – Argentinien

W3 Versuche, die im Druck hervorgehobenen Wörter aus dem Lateinischen zu erklären!
1. Der Universitätsrektor wird mit *Magnifizenz* angeredet.
2. Was für ein *Datum* haben wir heute?
3. Hi Fi als Abkürzung für *high fidelity* steht auf Lautsprechern mit besonders genauer Tonwiedergabe.
4. In einer Oper Beethovens kommt die treue Frau eines Eingekerkerten ihrem Mann unter dem angenommenen Namen *Fidelio* zu Hilfe.

10 **G5** Welche Aufgabe erfüllt in den folgenden Sätzen das **Substantiv**?
Wie lautet sein Ausgang?

„Quam doctus es, Marce!"
„Cur clamas, Cornelia?"

Beachte alle Satzzeichen!

G6 Beim Übersetzen der folgenden Sätze ist besonders auf die Bedeutung der Konjunktion WENN zu achten.

Wenn (=falls; e.: IF) du zuverlässig bist, bin ich zufrieden.
Wenn (=jedesmal wenn; e.: WHEN) Claudius die Freunde einlädt, freuen sie sich.

E 1. Marcus et Claudius amic__ sunt.
2. Claudius magn__ diviti__ possidet.
3. Cur hodie maest__ es, Marc__?
4. Cur Corneli__, amic__ laet__, non salutas?
5. Cornelia amic__ doct__ amat.
6. Magn__ don__ non exspectat.
7. Fid__ est.

Ü2 1. Claudius fragt: „Warum zögerst du, Marcus, Cornelia einzuladen?"
2. Marcus antwortet: „Weil ich kein (=nicht) großes Landhaus besitze.
3. Ich kann nicht viele Geschenke geben!"
4. Darauf Claudius: „Cornelia kümmert sich nicht um Geschenke.
5. Sie freut sich, daß (= weil) du so verständig bist!"
6. „Wo ist sie?" fragt Marcus, „ich sehe sie⁰ nicht."

Z2 Bestimme die folgenden Formen, übersetze sie und ordne sie dann nach Substantiven, Adjektiven und Verben!

narras – feminas – necessarias – sum – aedificium – opulentum – ludum – villam – magnam – sonant – sunt – vident – pecunia – dona – magna – mala – temptatis – videtis

Z3 Ein Sprichwort:

STULTUS und STOLZ
wachsen auf einem Holz!

Was fehlt zum Reim?

Selbst der Kaiser Augustus
war nicht immer . . . . . .   (iustus)

Sicher hast Du schon von einem anderen Kaiser gehört, nämlich von
CAROLUS MAGNUS!
Warum wird MAGNUS hier wohl nachgestellt?

11 Genitiv – Genitivattribut – Genitivobjekt
Neutrum Plural der Adjektive

G1 Templum **de-ae** / **de-i** clarum est.   Der Tempel **der Göttin** / **des Gottes** ist berühmt.

Templa **de-arum** / **de-orum** clara sunt.   Die Tempel **der Göttinnen** / **der Götter** sind berühmt.

Wie lautet die Frage nach dem fettgedruckten Satzglied?

G2 Übersetze die Wörter der folgenden Reihen und bestimme die Formen!
Bedenke dabei alle Möglichkeiten!

lud-i   lud-orum
gladi-i   gladi-orum
amic-i   amic-orum
hort-i   hort-orum

port-ae   port-arum
tub-ae   tub-arum
vill-ae   vill-arum
statu-ae   statu-arum

Bei welcher Reihe war die Bestimmung von Kasus und Numerus einfacher?
Warum? Auf welche Möglichkeiten bist Du bei der linken Reihe gekommen?

G3 Übersetze die folgenden Sätze!

Porta templ**i** magna est.   Portae templ**orum** magnae sunt.
Portae aedifici**i** parvae sunt.   Portae aedifici**orum** parvae sunt.

Wie bilden die Neutra auf -um den Genitiv?

G4 Vergleiche die beiden folgenden Sätze!

Templa **Romana** magna sunt.   Templa **Romanorum** magna sunt.

Welche Funktion kommt sowohl ROMANA als auch ROMANORUM im jeweiligen Satz zu?

G5 Übersetze den folgenden Satz!

Cuncti Graeci **scientiae cupidi** sunt.

Suche eine möglichst gute Übersetzung für den fettgedruckten Teil!
Wodurch unterscheidet sich jede der möglichen deutschen Übersetzungen von der lateinischen Konstruktion?

11 **G6** Vergleiche die beiden folgenden lateinischen Sätze mit ihrer deutschen Übersetzung!

> Amici mult**a** rogant.   Die Freunde fragen **viel**.
> Cunct**a** narrare non possum.   Ich kann nicht **alles** erzählen.

Welchen Unterschied kannst Du zwischen den lateinischen Wörtern MULTA/CUNCTA und ihrer deutschen Übersetzung feststellen?
Bestimme die Formen MULTA und CUNCTA genau nach Genus, Kasus und Numerus, um diese Frage richtig beantworten zu können!

E In den folgenden Sätzen fehlt jeweils ein Genitivattribut.
Wähle aus den Wörtern DEUS, CLAUDIUS, FORUM, TEMPLUM, DEA, MARCUS jeweils eines aus und setze es im passenden Numerus ein!

1. Cornelia amica ____ est.
2. Aedificia ____ spectatis.
3. Cuncta templa ____ et ____ enumerare non possum.
4. Magnas divitias ____ non exspecto.
5. Portae ____ magnae sunt.

T Dies ist eine Umwandlungsübung, bei der jedes der angegebenen Substantive mehrfach transformiert wird, und zwar in der Weise, daß die jeweils nächste Aufgabe sich auf die unmittelbar vorher gewonnene Form bezieht.

> **Arbeitsbeispiel:**
> PORTA: Setze in den Akkusativ (= portam) → Plural (= portas) → Genitiv (= portarum) → Singular (= portae)!

SERVA: Setze in den Plural → Genitiv → Singular → Akkusativ → Plural → Nominativ → Singular!

AMICUS: Setze in den Akkusativ → Plural → Nominativ → Genitiv → Singular → Vokativ → Plural → Genitiv → Singular → Nominativ!

AEDIFICIUM: Setze in den Genitiv → Akkusativ → Plural → Nominativ → Genitiv → Singular → Akkusativ → Nominativ!

B Übersetze und bestimme folgende Formen! Bedenke alle Möglichkeiten!

tabulae – servi – templi – aedificii – filii – divitiae – necessariae – maesti – monumenti – inimici – Graeci

11 Ü 1. Marcus freut sich sehr, daß (= weil) die griechischen Freunde wissensdurstig sind.
2. Gerne zeigt er ihnen⁰ die Gebäude und Tempel des Forums.
3. Dann betreten sie das Colosseum.
4. Während sie dort sitzen, fragen die Freunde viel.
5. Marcus antwortet: „Ich kann alle Tempel der Götter und Göttinnen aufzählen."
6. Plötzlich fragt Demaratus: „Wo ist der Tempel der Göttin Minerva?"

Z Übersetze die folgenden Substantive und Adjektive!
Bilde zu jedem Nomen im Lateinischen den Genitiv im gleichen Numerus!

dona – tuba – fora – dea – ludus – gladii – feminae – monumentum – iustus – bona (2) – aurum – clara (2)

12 Dativ – Dativobjekt
Zur Kongruenz
Besonderheiten der Deklination von DEUS

G1 Claudius **amic-ae / amic-o** tabulas monstrat. ... zeigt **der Freundin / dem Freund** die Gemälde.

Claudius **amic-is / amic-is** tabulas monstrat. ... zeigt **den Freundinnen / den Freunden** die Gemälde.

Romani **Graecis** imperant.   Die Römer gebieten **den Griechen**.

Wie fragst Du nach dem fettgedruckten Satzglied?
Was ergibt sich für den Pluralausgang des neuen Kasus in der ā- und o-Deklination?

G2 Bestimme die Formen der beiden nächsten Reihen!
Welche Formen haben mehr als eine Bedeutung?

①	hort-o	②	hort-is
	serv-o		serv-is
	amic-o		amic-is
③	port-ae	④	port-is
	litter-ae		litter-is
	serv-ae		serv-is
	amic-ae		amic-is

12 In welchen Feldern war die Bestimmung von Kasus und Numerus einfach? In welchen Feldern ist das Genus leicht zu ermitteln? Warum ist die genaue Bestimmung der Form in Feld ③ schwieriger als in Feld ①?

G3 Die folgende Reihe enthält nur Dative. Suche die Wörter auf -UM heraus und halte fest, wie sie den Dativ bilden!

portae – divitiis – medico – aedificio – monumentis – templis – irae – amico fido – vino bono – inimicis malis – magnis donis

G4 Vergleiche Subjekte und Prädikatsnomen des folgenden Satzes und stelle eine Regel über Genus und Numerus des Prädikatsnomens auf!

Marc**us** et Cornel**ia** amic**i** bon**i** sunt.

G5 Das häufig gebrauchte Wort DEUS zeigt in einigen Kasus abweichende Formen:

Augustus et Livia **di** veri non sunt.
Cur Romani etiam **dis** Graecis templa aedificant?

B Übersetze und bestimme folgende Einzelwörter und Wortpaare!
Bei mehrdeutigen Formen gibt die eingeklammerte Zahl an, wie viele Lösungen möglich sind.

clamo – claro – aedifico: aedificio – subito – cupido – portas (2) – amico fido: amico monstro – feminae dat: feminae dant – Marcum vocat: Marcus vocat – divitiae clarae: divitiae Romae – magni gladii (2): gladii (2) Syri – auri cupidi (2) – filiis (2) – agitatis – imprimis – medicis

E Setze den richtigen Ausgang ein! Bedenke dabei, daß Du jetzt schon mit fünf Fällen (Nominativ, Genitiv, Dativ, Akkusativ und Vokativ) rechnen mußt!

1. Marcus amic__ Corneli__ est.
2. Mult__ don__ dare non potest.
3. Marc__ pecuni__ necessari__ non possidet.
4. Sed diviti__ Claudi__ amic__ magn__ sunt.
5. Cur maest__ es, Marc__?

12 T Führe bei den folgenden Substantiven und Adjektiven die angegebenen Umwandlungen durch (Arbeitsbeispiel ↗ 11.T)!

PATRIA: Setze in den Plural → Akkusativ → Dativ → Singular → Genitiv → Plural → Akkusativ Singular → Nominativ!

NOVUS: Setze in den Genitiv → Femininum → Dativ → Maskulinum → Neutrum → Plural → Nominativ → Akkusativ → Dativ → Akkusativ → Femininum → Singular → Maskulinum → Nominativ!

VINUM: Setze in den Genitiv → Plural → Nominativ → Akkusativ → Singular → Dativ → Plural → Nominativ → Singular!

Ü 1. „Die Römer erbauen auch vielen griechischen Göttern Tempel", erzählt Marcus den Freunden.
2. „Aber warum liebt ihr die vergöttlichte Livia und den göttlichen Augustus nicht?"
3. Epicharmus antwortet: „Weil Augustus und Livia keine (= nicht) echten Götter sind.
4. Warum exportiert ihr allen Völkern eure[o] Götter und Göttinnen?"
5. Lange bemüht sich Marcus, den Zorn der Freunde zu besänftigen.

Z Oft verwechseln wir, durch Fehler der Umgangssprache verleitet, sogar im Deutschen Dativ und Akkusativ. Um die richtige Form einzuüben, bilden wir von den folgenden Substantiven (bzw. Substantiv-Adjektiv-Verbindungen) jeweils Dativ und Akkusativ Singular und Plural im Lateinischen und im Deutschen.

Arbeitsbeispiel: filius
filio   dem Sohn   filium   den Sohn
filiis   den Söhnen   filios   die Söhne

porta – aedificium – hortus – gladius – feminae – populi – magnae divitiae – multa aedificia – ludus clarus – templum antiquum – parvum forum

13 Apposition
Übersetzung des Genitivattributs

G1 Gib über den Wörtern des folgenden Satzes die **Wortarten,** darunter ihre Benennung als **Satzglieder** an (↗10.G1)!
Welchen Satzbestandteil bilden die im Druck hervorgehobenen Wörter?

    CLAUDIUS, EIN FREUND DES MARCUS, BESITZT EIN LANDHAUS.

Welche Satzzeichen grenzen diesen Satzbestandteil ab?

G2 Übersetze die folgenden lateinischen Sätze!

    Divitiae Claudii, **amici** Marci, magnae sunt.
    Titus, **medicus clarus,** villam possidet.
    Marcus Lydiam, **amicam** Corneliae, invitat.

Wozu gehört der von Kommata „eingerahmte" Satzbestandteil?
In welchem Kasus steht er?

G3 Übersetze die folgenden Ausdrücke zunächst wörtlich ins Deutsche! Versuche dann, sie im Deutschen mit *einem* (zusammengesetzten) Wort wiederzugeben!

    portae templi – aedificia fori – statuae deorum

W Erkläre aus dem Wortspeicher!
    Diva – Studium – Lettern – Imperium – Medikament – erratischer Block

T Übersetze die folgenden Infinitive ins Lateinische und führe dann die angegebenen Umwandlungen im Präsens durch (↗11.T)!

    VERWUNDEN: Setze in   1. Person Plural → 3. Person → Singular →
                                  2. Person → 1. Person → 2. Person Plural →
                                  Infinitiv!

    HETZEN: Setze in   1. Person Singular → 2. Person → Plural →
                                  3. Person → Singular → Infinitiv!

Ü 1. Auch heute sind die Freunde im Colosseum (↗1) und betrachten die berühmten Spiele.
    2. Claudius fragt⁰: „Sicher kannst du alle Gegner *(adversarius, -i)* der Kämpfe *(pugna,-ae)* aufzählen, Marcus!"

13

3. Marcus überlegt nicht lange: „Syrus und Gallus kämpfen jetzt; dann *(deinde)* Longinus und Glaucus."
4. Cornelia meint⁰: „Alle bemühen sich, ihre⁰ Gegner zu hetzen und zu töten, vor allem Longinus!"
5. Darauf Marcus: „Du kannst hinausgehen (= wandern), wenn du dich ängstigst!"

14
Ablativ – Ablativ im Präpositionalgefüge
Präpositionen mit Ablativ

G1 Übersetze die folgenden Ausdrücke! Vergleiche die Ausgänge!

sine pecuni**a** necessari**a**   **sine** magn**is** divitii**s**
e magn**a** vill**a**

cum amic**o** doct**o**   **cum** mult**is** popul**is**
pro popul**o** Roman**o**

in for**o** Roman**o**   **in** templ**is** antiqu**is**
ab initi**o** anni

Bei den neugelernten Präpositionen steht im Lateinischen der Ablativ!
Wie lauten die Ausgänge des Ablativs für die Wörter auf -us, -a, -um?
Wo bestehen Verwechslungsmöglichkeiten mit dem Dativ?

G2 Wir haben jetzt alle **sechs Kasus** erarbeitet, welche die lateinische Sprache kennt. Zähle sie in der richtigen Reihenfolge auf!

G3 Frage den folgenden Satz ab und übersetze ihn!

Marcus diskutiert mit seinen Freunden über die Götter.

Wie viele Fragen hast Du gestellt?
Benenne die Funktionen der Wörter im Satz!

G4 Vergleiche die Präpositionen der rechten Reihe mit denen der linken!

e patria   **ex** auro
e Graecia   **ex** Africa

a deo   **ab** initio
a servo   **ab** amico

Versuche, den Unterschied in eine Regel zu fassen!

14

E
1. In templ__ antiqu__ Marcus amicis clar__ simulacr__ monstrat.
2. Romani deos et deas magn__ cum diligenti__ curant.
3. Graecos interdum ex templ__ agitant, quod mala de d__ Roman__ narrant.
4. Sed Graeci: „Ver__ d__ sine ir__ sunt.
5. Num d__ in theatr__ sedent?
6. Num magn__ don__ et simulacr__ clar__ de__ delectant?"

Ü
1. Claudius lädt Demaratus und Epicharmus ein.
2. Bald sitzt er mit den Freunden im kleinen Garten seines⁰ Landhauses.
3. Heute sind alle fröhlich und zufrieden.
4. Denn sie trinken *(potare)* Claudius' guten Wein.
5. Claudius führt den Wein aus Griechenland ein.
6. Demaratus erzählt viel (Pl.) von seiner⁰ berühmten Heimat.
(Fortsetzung ↗15.Ü)

15 Ablativ: Funktionen

G1 Wir haben in Kapitel 14 den Ablativ bei Präpositionen kennengelernt! Erschließe aus den folgenden Beispielsätzen die hauptsächlichen **Bedeutungsbereiche** des „bloßen" Ablativs (d. h. des Ablativs ohne Präposition)! Halte für jeden Satz fest, wie Du jeweils nach dem Ablativ gefragt hast!

Syrus et Barbatus glad**iis** pugnant.   Inimici te mult**is** contumel**iis** violant.
Tub**a** amicos vocamus.   Amici stulti ir**a** non vacant.
Tullius scient**ia** clarus est.   Romani deos magn**a** diligent**ia** curant.

G2 Viermal „MIT"! Übersetze!

Marcus **cum Demarato** villam Claudii intrat.
Demaratus **cum parvo dono** intrat.
Syrus **gladio** pugnat.
Amici templa **magna diligentia** curant.

Wodurch unterscheiden sich die vier Sätze trotz scheinbar gleicher Übersetzung des Ablativs (durch MIT)?
Was unterscheidet insbesondere die beiden ersten Sätze von den übrigen?

G3 Gib die Wortarten und Satzglieder des folgenden Satzes an (↗10.G1)!
Welche Satzglieder liegen in den fettgedruckten Teilen vor?

Claudius berichtet **in seinem Landhaus über die neuen Bilder**.

15 Ü (Fortsetzung von 14.Ü)
1. Demaratus, Marcus' griechischer Freund, erzählt:
2. „Wir freuen uns, weil wir nicht mehr mit den Römern kämpfen.
3. Aber wir fürchten die Römer, weil sie so viele Völker beherrschen wollen (= sich bemühen, so vielen Völkern zu befehlen).
4. Warum ist das römische Volk so machtlüstern (= nach Herrschaft[2] begierig), Marcus?
5. Warum ist es nicht mit[0] Italien[1] zufrieden?"
(Fortsetzung ↗16.Ü)

1) bloßer Ablativ   2) Herrschaft: imperium, -i

Z Übersetze die folgenden Ausdrücke, die alle einen Ablativ enthalten!
ab initio – sine argento – pro patria – gladio vulnerare – cum amico migrare – ira vacare – de dis cogitare – dono gaudere – ex horto portare

16 Personal-Pronomen
Dativ des Besitzes

G1 Vergleiche die Sätze der linken und der rechten Reihe!

Cur tam laetus es, Marce?   **Tu** laetus es, **ego** maestus sum.
Num maesti estis, amici?   **Nos** laeti sumus, **vos** maesti estis.
Callidus sum.   Non solum **tu** callidus es, sed etiam **ego**.

Wie ist das Subjekt in der linken Reihe ausgedrückt, wie in der rechten? Worauf ist der Unterschied zurückzuführen? Versuche eine Regel aufzustellen!

G2 Vergleiche in den beiden folgenden Sätzen den lateinischen Text mit der deutschen Übersetzung!

Claudio magna villa est.   Claudius hat (besitzt) ein großes Landhaus.
Mihi magna villa non est.   Ich habe (besitze) kein großes Landhaus.
Marco divitiae non sunt.   Marcus besitzt keinen Reichtum.
Vobis divitiae non sunt.   Ihr besitzt keinen Reichtum.

Wie ist das deutsche Verbum HABEN (BESITZEN, GEHÖREN) in den lateinischen Sätzen ausgedrückt?
In welchem Kasus steht der Besitzer, in welchem der Besitz?

W Erkläre aus dem Wortspeicher!
Vakuum – Initiale – auf „ex" trinken – fabulieren – Vakanz – Egoist – Egozentriker – Humanist – Karenzzeit

16 T Wie lassen sich die folgenden Sätze durch Verwendung von EST/SUNT umformen (↗G2)?

　　Marcus pecuniam necessariam non possidet.
　　Cornelia hortum et villam possidet.
　　Amici magnas divitias possident.
　　Claudius tabulas possidet.

E In die folgenden Sätze sind passende Personal-Pronomina im entsprechenden Kasus einzufügen. In Satz 4–6 kann sowohl der Singular wie der Plural verwendet werden.
1. Non solum ____ timidi sumus, sed etiam ____ timetis, cum porta clausa non est.
2. ____ contentus sum, ____ divitias parare studetis.
3. ____ magnus hortus est, amice, ____ parvus.
4. Non ____, sed ____ inimicus est.
5. Non simul ____ et ____ respondere potest.
6. Non ____, sed ____ amat.

Ü (Fortsetzung von 15.Ü)
1. Marcus antwortet: „Gewiß bemühen sich die Römer, viele Völker zu beherrschen (= vielen Völkern zu befehlen).
2. Aber wir, Epicharmus, du und ich, sind doch⁰ Freunde.
3. Uns erfreut nicht der Krieg, sondern die Wissenschaft, unsere⁰ Freundschaft *(amicitia, -ae)* und manchmal auch der Wein.
4. Du, Demaratus, tadelst uns nicht, wenn wir den Tempel des göttlichen Augustus betreten.
5. Ich bin frei von Zorn, wenn ihr die Götter im Theater verspottet.
6. Ihr seid eben⁰ Griechen, wir sind Römer!"

17 Substantive und Adjektive auf -(e)r

G1 Vergleiche die folgenden Reihen!

monument**um**	medic**us**	puer
monument**i**	medic**i**	puer**i**
monument**o**	medic**o**	puer**o**
monument**um**	medic**um**	puer**um**
monument**um**	medic**e**	puer
monument**o**	a medic**o**	a puer**o**

17 Welche Erkenntnis läßt sich aufgrund dieser Gegenüberstellung für die neue Gruppe von Substantiven gewinnen?
Zu welcher Deklination gehören sie?
Bei welchen Kasus weist die neue Gruppe Unterschiede gegenüber den Wörtern auf -us bzw. -um auf?

G2 Übersetze den Nominativ jeder Gruppe und vergleiche dann die Wortstöcke durch alle Formen hindurch!

        puer callidus   ager novus
        pueri callidi   agri novi
        puero callido   agro novo
        puerum callidum   agrum novum
cum puero callido   in agro novo

        liberi fidi   agri boni
        liberorum fidorum   agrorum bonorum
        liberis fidis   agris bonis
        liberos fidos   agros bonos
cum liberis fidis   in agris bonis

Welcher Unterschied besteht zwischen den Substantiven der linken Reihe und denen der rechten?
Welches Genus ergibt sich für die Wörter auf -(e)r aus obiger Zusammenstellung?

G3 Wende die eben gewonnene Erkenntnis auf die folgende Gegenüberstellung an und formuliere eine Regel!

asper   aspera   asperum   integer   integra   integrum
asperi   asperae   asperi   integri   integrae   integri
         usw.   usw.

miseri   miserae   misera   pulchri   pulchrae   pulchra
miserorum miserarum miserorum pulchrorum pulchrarum pulchrorum
         usw.   usw.

B 1. Übersetze und bestimme folgende Formen (in Klammern Zahl der Möglichkeiten, falls mehr als eine)!

litterae pulchrae (3) – liberi ingrati (2) – vita misera (2) – pueri integri (3) – vir bonus – ager malus – populo libero (2)

2. Bilde zu allen Ausdrücken der vorangegangenen Übung den Akkusativ Singular und Plural!

17 Ü
1. Cornelius und Marcus sitzen mit ihren⁰ griechischen Freunden in der alten Schenke *(caupona, -ae)*.
2. Sie bemühen sich sehr, den bitteren Zorn der römischen Burschen zu besänftigen.
3. „Ihr seid doch⁰ römische Männer!" schreit Cornelius.
4. „Sind die freien Römer etwa nicht mehr anständig, sondern ungerecht und undankbar?
5. Warum verjagt ihr die unglücklichen Griechen aus der Schenke?"
(Fortsetzung ↗18.Ü)

18
Modi des Verbums
Imperativ I (einschließlich ESSE)
Possessiv-Pronomen

G1 Vergleiche die folgenden Sätze!

1. Ich grüße den Mann.
2. Er grüßt den Mann.
3. Sie grüßen den Mann.
4. Sie grüßten den Mann.
5. Sie würden den Mann grüßen.
6. Sie würden von dem Mann gegrüßt.

In den Sätzen 2 bis 6 wurde gegenüber dem jeweils vorangegangenen Satz je *ein* Bestimmungsstück des Verbums (Prädikats) geändert.
Wie viele Bestimmungsstücke hat das Verbum? Zähle sie auf!

G2 Vergleiche die folgenden Sätze!

Du bleibst mein Freund.
Mögest du mein Freund bleiben!
Bleibe mein Freund!

Welches Bestimmungsstück des Verbums hat sich von Satz zu Satz verändert?
Nenne die drei Arten dieses Bestimmungsstückes!

G3 Übersetze die folgenden Sätze!

Enumera deos Romanos, Marce!   Exspectate amicos, viri!
Coerce iram, puer!   Gaudete donis pulchris, liberi!

18

Welcher Modus liegt in den Verbformen dieser Sätze vor?
Halte die neuen Ausgänge für die ā- und ē-Konjugation fest!
Welches Satzzeichen schließt die Sätze ab, in denen das Prädikat im Imperativ steht?

G4 Vergleiche die linke Satzreihe mit der rechten!

Intra villam, amice!   **Es** humanus, amice!
Narrate fabulam, filiae!   **Este** intentae, filiae!

Halte die Formen des Imperativs von ESSE fest!
Welche Bestandteile hat das Prädikat bei den Sätzen der rechten Reihe?
Wiederhole die Regeln für die Bildung von Genus, Kasus und Numerus beim Prädikatsnomen!

G5 Vergleiche die drei folgenden Reihen!

divus/diva/divum   meus/mea/meum   tuus/tua/tuum
divi/divae/divi   mei/meae/mei   tui/tuae/tui
usw.   usw.   usw.

pulcher/pulchra/pulchrum   noster/nostra/nostrum   vester/vestra/vestrum
pulchri/pulchrae/pulchri   nostri/nostrae/nostri   vestri/vestrae/vestri
usw.   usw.   usw.

Welche Regeln kannst Du auf Grund dieser Gegenüberstellung für die Deklination der Possessiv-Pronomina MEUS, TUUS, NOSTER und VESTER aufstellen?

G6 Übersetze die folgenden Sätze!

1. **Nostra** villa parva est, **vestra** magna.
   Tu tuo deo templum aedificas, **ego meo**.
2. Cur hortum non monstras, amice?
   Claudius Marcum amicum invitat.

Warum fehlt in den Sätzen der zweiten Gruppe das Possessiv-Pronomen, warum muß es bei denen der ersten Gruppe stehen?

B Übersetze und bestimme folgende Formen! Gib an, welche mehrdeutig sind!

timidi – timete – puer timide – timetis – timidis – aedificia – aedifica – aedificate – aedificatis – aedificiis – paretis – parate – pare – parete – para – paratis – mei – me – mihi – meis – tu – tibi – tuis – tuo – te

18

E Setze passende Possessiv-Pronomina ein!

1. _____ statua antiqua est, _____ nova.
2. Tabulas _____ libenter spectamus; spectate etiam _____ !
3. Filium _____ amici educant, Marce, ego filiam _____ ipse *(selbst, Nom.)* educare studeo.
4. Deus _____ humanus est, di _____ severi sunt.

Ü (Fortsetzung von 17.Ü)

1. Die Männer antworten: „Die Griechen führen nicht nur die Wissenschaften ein.
2. Sie sind nicht nur wissensdurstig, sondern auch gierig nach⁰ deinem¹ und unserem¹ Geld¹!
3. Die Griechen sind unsere Feinde. Schweigt daher!"
4. Aber Marcus ruft: „Gewiß irrst du dich. Überlege doch⁰!
5. Es sind nicht so viele Griechen in unserem Vaterland, wie (= wie viele) Römer in Griechenland."

(Fortsetzung ↗19.Ü)

---
1) Genitiv

19 Futur: Indikativ Aktiv (einschließlich ESSE)

G1 Vergleiche jeweils die linke Reihe mit der rechten!

porto	porta-**b**--o	gaude-o	gaude-**b**--o
porta-s	porta-**bi**-s	gaude-s	gaude-**bi**-s
porta-t	porta-**bi**-t	gaude-t	gaude-**bi**-t
porta-mus	porta-**bi**-mus	gaude-mus	gaude-**bi**-mus
porta-tis	porta-**bi**-tis	gaude-tis	gaude-**bi**-tis
porta-nt	porta-**bu**-nt	gaude-nt	gaude-**bu**-nt

Welches Bildungselement hat sich jeweils in der rechten von zwei Reihen zwischen Präsens-Stamm und Personalendung geschoben?
Achte auf den Unterschied zwischen den einzelnen Reihen!
Welches Bestimmungsstück des Verbums hat sich durch dieses Bildungselement verändert?

19

G2 Nachstehend findest Du in einer Zusammenfassung alle Formen des Indikativ Präsens von ESSE. Vergleiche die einzelnen Formen!

Singular:	Plural:
sum	sumus
es	estis
est	sunt

Warum war es nicht möglich, wie bei fast allen Verben, nur eine Form (den Infinitiv) zu lernen und die anderen abzuleiten? Frage nach dem Stamm!

Vergleiche die nachstehenden Formen des Futurs mit dem Präsens von ESSE und mit der **Futurbildung** anderer Verben!

da-**b**--o	**er---o**	da-**bi**-mus	**er-i-mus**
da-**bi**-s	**er-i-s**	da-**bi**-tis	**er-i-tis**
da-**bi**-t	**er-i-t**	da-**bu**-nt	**er-u-nt**

B Übersetze und bestimme die folgenden Formen! Welche sind mehrdeutig.

sono – suo – subito – dubito – dubitat – dubitabit – ero – ego – vacabis – vocabis – vobis – negabunt – necabunt – do – dono – dabo – oppido – occupabo – aedificio – aedifico – aedificabo – aedificatis – estis – eritis

Ü (Fortsetzung von 18.Ü)

1. Während die Burschen überlegen, ruft plötzlich die Wirtin *(copa, -ae)*:
2. „Die Schenke (↗17.Ü) ist geschlossen! Ich werde euch verjagen, wenn ihr nicht verschwindet (= wandern werdet)."
3. Darauf Marcus: „Ängstigst du dich etwa?
4. Wir werden ruhig sein, aber wir werden bleiben.
5. Wenn du die Burschen tadelst (Futur), weil sie unsere Freunde durch Schimpfworte verletzen, werden die Griechen zufrieden sein!"

20 Beiordnende und unterordnende Konjunktionen

G1 Übersetze die Sätze der ersten Gruppe und vergleiche sie mit denen der zweiten!

1. Cuncti donis gaudent, **sed** imprimis liberi.
   Nos amicos Graecos salutamus, **sed** vos dubitatis.
2. Cuncti donis gaudent, imprimis **autem** liberi.
   Nos amicos Graecos salutamus, vos **autem** dubitatis.

Was läßt sich über die Stellung der Konjunktionen SED und AUTEM aussagen?

20 **G2** Im folgenden sind jeweils zwei Sätze durch eine **Konjunktion** miteinander verbunden.

① Villam intrare non possumus; **nam** clausa est.
Marcum ludus delectat, Cornelia **autem** trepidat.
Nonnulli pueri quieti sunt, **sed** multi clamant.
② Nunc vino nos implere possumus, **quod** pecunia non caremus.
Cum bestia in villa est, timidus sum.
Romani vos e caupona fugabunt, **nisi** vos adiuvabimus.

Wodurch unterscheiden sich die Konjunktionen, welche die Sätze der Gruppe ① verbinden, von denen der Gruppe ②?
Ordne die bisher gelernten Konjunktionen nach diesem Merkmal in zwei Gruppen!
Stelle bei jeder Konjunktion fest, welches Verhältnis sie zwischen den Sätzen herstellt (z. B. Begründung, Gegensatz, Zeitangabe)!

W Erkläre aus dem Wortspeicher!

Agrarmarkt – Liberaldemokraten – Vitalität – Vitamine – Valuta – Validität – Paternoster – Paternosteraufzug – Intention – Simulant – permanent – Negation – okkupieren – Adjutor – bestialisch – terrorisieren

T1 Verwandle die folgenden Einzelformen bzw. Sätze ins Futur und übersetze sie dann in gutes Deutsch!

Einzelformen: sum – cogitatis – iacent – es – nego

Sätze: 1. Cum amici intrant, quieti sumus. 2. Si timidus es, te adiuvo. 3. Gaudemus, si liberos nostros bene educas. 4. Filiae maestae sunt, donis pulchris non iam gaudent.

T2 Verwandle jeweils den Indikativ Präsens in den Imperativ!

cavetis – grata es – respondes – rogatis – intenti estis

22 Imperfekt: Indikativ Aktiv
Akkusativ der zeitlichen Ausdehnung
Prädikatsnomen im Akkusativ

G1 Wiederhole die Bestimmungsstücke des Verbums (↗18.G1)!
Zähle alle gelernten Tempora auf und benenne die jeweiligen Bildungselemente!

G2 Vergleiche die einzelnen Formengruppen der folgenden Reihen!

Indikativ Präsens	Futur	Indikativ Imperfekt
porta-s	porta-bi-s	porta-**ba**-s
porta-t	porta-bi-t	porta-**ba**-t
porta-mus	porta-bi-mus	porta-**ba**-mus
porta-tis	porta-bi-tis	porta-**ba**-tis
porta-nt	porta-b**u**-nt	porta-**ba**-nt
gaude-s	gaude-bi-s	gaude-**ba**-s
gaude-t	gaude-bi-t	gaude-**ba**-t
gaude-mus	gaude-bi-mus	gaude-**ba**-mus
gaude-tis	gaude-bi-tis	gaude-**ba**-tis
gaude-nt	gaude-b**u**-nt	gaude-**ba**-nt

Wie wird das **Imperfekt** im Lateinischen gebildet?
Worin unterscheidet sich die 3. Person Plural des Futurs von der 3. Person Plural des Imperfekts?

G3 Vergleiche in der folgenden Gegenüberstellung die 1. Person Singular!

    porto porta-b-o porta-ba-**m**   gaude-o gaude-b-o gaude-ba-**m**

Wie lautet die Personalendung des Imperfekts in der 1. Person Singular?

G4 Vergleiche die folgenden Formengruppen!
Achte dabei auf das Tempuszeichen!

porta-b--o	er---o	porta-ba-m	**er-a-m**
porta-bi-s	er-i-s	porta-ba-s	**er-a-s**
porta-bi-t	er-i-t	porta-ba-t	**er-a-t**
porta-bu-nt	er-u-nt	porta-ba-nt	**er-a-nt**

Was läßt sich hinsichtlich der Tempusbildung von ESSE in Futur und Imperfekt feststellen? (Vergleiche sie mit der von PORTARE!)

G5 Übersetze die folgenden Sätze!

Multa saecula Romani et Germani pugnabant.
Nonnullos annos cum amicis in Italia habitabamus.

Wie fragst Du nach den hervorgehobenen Satzgliedern?
Welcher Kasus steht im Lateinischen auf diese Frage?

22 G6 Was ergibt ein Vergleich der beiden lateinischen Sätze mit ihrer deutschen Übersetzung?

Graeci alios populos ‚barbaros' vocabant.	Die Griechen bezeichneten andere Völker **als** „Barbaren".
Cur te tam doctum putas?	Warum hältst du dich **für** so gebildet?

Um welches Satzglied handelt es sich bei ALS BARBAREN und FÜR GEBILDET? In welchem Kasus steht es?

T Wandle folgende Verbformen nach dem Muster 11.T um!

EXPORTO: Setze in Plural → 2. Person → Futur → 1. Person Singular → Imperfekt → Plural → Präsens → 2. Person → Imperativ → Singular → Indikativ → 1. Person!

ERANT: Setze in Singular → Präsens → 2. Person → Imperativ → Plural → Indikativ → Futur → Imperfekt → 1. Person → Singular → 3. Person → Plural!

Ü 1. Die alten Griechen waren viele Jahrhunderte lang⁰ ein freies Volk.
2. Lange behaupteten sie ihre Macht.
3. Wenn andere Völker, wie zum Beispiel die Perser *(Persae)*, Europa in⁰ Schrecken⁰ versetzten (= erschreckten), waren die Griechen nicht furchtsam.
4. Dann zögerten sie nicht, mit den Barbaren zu kämpfen.
5. Manchmal herrschten Tyrannen in den griechischen Städten.
6. Aber die Griechen hielten alle Tyrannen für Feinde und verjagten sie⁰.
(Fortsetzung ↗23.Ü)

23 Perfekt: Bildung mit -v- (3. Person)
FUIT / FUERUNT
Perfekt im POSTQUAM-Satz – Imperfekt/Perfekt
Grammatisches/natürliches Geschlecht

G1 Vergleiche die folgenden Gruppen von Verbformen!

exsulta-t	exsulta-nt	es-t	s-u-nt
exsulta-ba-t	exsulta-ba-nt	er-a-t	er-a-nt
exsulta**v**-i-t	exsulta**v**-eru-nt	**fu**-i-t	**fu**-eru-nt

23 Wir haben uns beim **Perfekt Aktiv** zunächst auf die weitaus am häufigsten vorkommende **3. Person** (Singular und Plural) beschränkt.
Was läßt sich beim obigen Vergleich über die Bildung des Perfekt Aktiv sagen?

G2 Vergleiche die folgenden Sätze mit der Übersetzung!

Postquam Syrus Barbatum vulnera**vit**, Titus arenam intravit.	Nachdem Syrus den Barbatus verletzt **hatte**, betrat Titus die Arena.
Postquam amici simulacra specta**verunt**, Marcus aedificia fori monstravit.	Nachdem die Freunde die Götterbilder betrachtet **hatten**, zeigte Marcus die Gebäude des Forums.

Welches Tempus steht bei POSTQUAM im Lateinischen, welches bei NACHDEM im Deutschen?

G3 Vergleiche die Sätze der linken Reihe mit denen der rechten!

Romani libenter ludos spectabant.	Hodie Marcus et Cornelia in Colosseo ludum spectaverunt.
Claudius amicis libenter tabulas monstrabat.	Hodie Claudius nobis tabulas suas non monstravit.
Romani dis multa templa aedificabant.	Augustus Concordiae templum aedificavit.

Welche Regel kannst Du aus diesen Sätzen dafür ableiten, wann im Lateinischen das Imperfekt, wann das Perfekt angewendet wird?

G4 Übersetze!

Persae opulenti erant.

Warum geht hier das Prädikatsnomen auf **-i** aus?
Versuche eine Regel für das Genus von PERSAE, PERSARUM aufzustellen!

T Bilde zu den folgenden Präsensformen die entsprechenden des Perfekts!

vituperat – regnant – est – sunt – habitat – superant

Ü (Fortsetzung von 22.Ü – In diesem Text ist darauf zu achten, ob Perfekt oder Imperfekt zu stehen hat.)

1. Auch in Kleinasien *(Asia, -ae)* wohnten viele Griechen; denn einige Städte Griechenlands hatten dort Kolonien.
2. Solange *(dum)* Croesus über die Völker Kleinasiens herrschte (= den Völkern Kleinasiens befahl), waren die Griechen frei; denn Croesus war ein Freund Griechenlands und gab den griechischen Göttern oft große Geschenke.

3. Aber nachdem Cyrus den Croesus besiegt hatte, nahmen die Perser auch die griechischen Städte Kleinasiens in Besitz.
4. Damals wanderten viele Griechen aus *(emigrare)*, weil sie die Herrschaft der Perser für⁰ drückend *(durus, -a, -um)* hielten.
5. Einige schickten sich auch an, mit den Persern zu kämpfen.
(Fortsetzung ↗24.Ü)

24 Perfekt: Bildung mit -v- (1. und 2. Person)
FUI / FUIMUS – FUISTI / FUISTIS

G1 Die folgenden Sätze zeigen Dir die Ausgänge der **1. und 2. Person** des **Perfekt Aktiv:**

Cur nos tot contumeliis viola**vistis**?
Ubi fu**isti**, Marce?

Vos non viola**vimus**, nam ira vacamus.
In theatro fu**i** et fabulam specta**vi**.

Unterscheide zwischen den Ausgängen der 2. Person Singular und denen der 2. Person Plural!

B Ordne die folgenden Konjunktionen in zwei Gruppen (↗20.G2)
sed – postquam – quod – tamen – vel – quamquam – nisi – autem

E In den folgenden Sätzen fehlen Ausgänge bzw. Endungen des Präsens, des Imperfekts oder Perfekts:

1. Graeci Persas magna pugna superav__.
2. Cur Corinthum spoliav__, Romani?
3. Cur tot statuas, tot simulacra Romam *(nach Rom)* transportav__, Sulla?
4. Marcus diu sede__ et Corneliam exspecta__.
5. Portae templi clausae er__.
6. Marcus ab initio non in villa, sed in oppido habitav__.

Ü (Fortsetzung von 23.Ü)

1. Aber nachdem die Griechen eine große Stadt der neuen Herren verwüstet hatten, besiegten die Perser die griechischen Truppen in⁰ einigen[1] Schlachten[1].
2. Dann schafften sie ihre Streitkräfte nach Europa *(in Europam)* hinüber⁰.

---
[1] bloßer Ablativ

3. Xerxes rief: „Wir werden Europa besetzen. Nicht einmal die Götter können uns überwinden!"
4. Doch nachdem die Perser Griechenland betreten hatten, kämpften Griechen nicht mehr mit Griechen.
5. „Durch Eintracht haben wir unsere Gegner immer besiegt!
6. Die Perser werden nicht die Herren Griechenlands sein!"

25 Interrogativ-Pronomen

G1 Setze in den folgenden Sätzen passende Formen des Interrogativ-Pronomens ein!
1. ____ Romanos industria et eloquentia superavit?
2. ____ copiae Corinthum vastaverunt?
3. ____ in Asia ubique coloniae erant?
4. ____ Graecos liberos non delectat?
5. ____ Syrus gladio vulneravit?
6. ____ Graeci antiqui saepe disputabant?

Dekliniere das Interrogativ-Pronomen im Maskulinum/Femininum und Neutrum!

W1 Erkläre aus dem Wortspeicher!

Kolonialismus – Imperialismus – Computer – Alibi – Regent – Barbarei – Konkordat – Concorde *(Flugzeugtyp)* – firm – Konfirmand – superman – Domino – dominion – Temperatur – Eloquenz – Industrie – Linguistik – Prosperität – Plazet

W2 Suche zu den folgenden Wörtern jeweils das Gegenteil!

dominus – iustus – vir – malus – ingratus – antiquus – cum – aedificare – possidere – amicus – si – saepe – magnus – laetus

B Übersetze und bestimme! Achte dabei auf mehrdeutige Formen!

deliberabam – eram – tubam – eratis – datis – divitiis – fuistis – placetis – eris – simulacris – lingua – tempera – temperavi – servi – fui – antiqui – prosperi – fuisti – copias – erras – errabas – eras

26 Partizip Perfekt Passiv (PPP)
Geschlossene Wortstellung beim Partizip

G1 Du hast im Wortspeicher die Form PARATUS, -A, -UM (bereit, bereitet, vorbereitet) gelernt. Vergleiche dazu folgende Formen bzw. deren Übersetzung!

parare	bereiten
parat	er bereitet
paratus, -a, -um	bereitet (bereit)
paratus est	er ist bereit, er ist (vor-)bereitet
parata est	sie ist bereit, sie ist vorbereitet

paratus, -a, -um ist das **P**(artizip) **P**(erfekt) **P**(assiv).

G2 Vergleiche die folgenden Gruppen miteinander und bemühe Dich um gute Übersetzungen! Wie gelingt es Dir, in Gruppe ③ das im Deutschen schwerfällige PPP zu vermeiden?

① violatus   ② Syrus necatus   ③ **templa** a Graecis **aedificata**
  invitata   amica invitata   **Cornelia** a Marco **exspectata**
  impletum   viri docti   **puer** ab amicis **non invitatus**

Welche Übersetzungsmöglichkeiten für das PPP hast du gefunden?
Was ist Dir hinsichtlich der **Stellung des PPP** in Gruppe ③ aufgefallen?

T Übersetze die folgenden Infinitive!
Bilde dazu jeweils das PPP!

occupare – negare – salutare – rogare – dissimulare – dare – invitare – monstrare – vocare – aedificare – vastare

Z Übersetze folgende Ausdrücke!

oppidum a barbaris vastatum – amicus saepe a filiis suis invitatus – vir multis contumeliis violatus – donum diu exspectatum – vina e Graecia exportata – pericula multos annos dissimulata

Ü 1. Immer wieder tadelte Marcus Porcius auf dem Forum das römische Volk.
2. Der anständige, aber strenge und barsche (= rauhe) Mann hielt die Römer nicht mehr für⁰ frei.
3. „Schon sind eure schlecht *(male)* erzogenen Kinder die Sklaven der Griechen; bald werden sie die Feinde unseres Reichs unterstützen; bald werden die Graeculi Herren des besetzten Rom sein!
4. Die aus Griechenland eingeführte Verschwendungssucht ist schlimm!
5. Was vermögen noch⁰ Bescheidenheit und Zucht?"
(Fortsetzung ↗27.Ü)

27

Perfekt: Bildung mit -u-
Auslassung der Copula ESSE

G1 Wiederhole die Formen des Perfekt Aktiv der ā-Konjugation mit -v-Bildung (23.G1) und vergleiche dann die folgenden Reihen!

Infinitiv Präsens	Indikativ Präsens	Indikativ Perfekt Aktiv
narra-re	narro	narra-**v**-i
mone-re	mone-o	mon-**u**-i
sustine-re	sustine-o	sustin-**u**-i
doce-re	doce-o	doc-**u**-i
pare-re	pare-o	par-**u**-i
noce-re	noce-o	noc-**u**-i
imple-re	imple-o	imple-**v**-i

Wie ist das **Perfekt Aktiv** der Verben monere, sustinere, docere, parere, nocere (auch tacere, timere, coercere, valere, terrere, patere) gebildet?

Was hat sich im Perfekt Aktiv am Stamm dieser Verben geändert?

Was läßt sich über die Perfektbildung von implere sagen?

HINWEIS: Bei den weiteren Kapiteln ist das Perfekt jeweils im Wortspeicher angegeben!

G2 Konjugiere die folgenden Reihen durch!

salutav-i	implev-i	sustinu-i
salutav-isti	implev-isti	sustinu-isti
usw.	usw.	usw.

Welche Unterschiede bei den Ausgängen sind Dir aufgefallen?

G3 Vergleiche die folgenden Sätze mit ihrer Übersetzung!

Ubi nunc modestia Romanorum, ubi constantia?	Wo ist jetzt die Bescheidenheit der Römer (geblieben), wo ihre Festigkeit?
Philosophia Graeca perniciosa!	Die griechische Philosophie ist verderblich!

Welches Wort fehlt jeweils im lateinischen Text?
Warum könnte es ausgefallen sein?

27 T Verwandle die folgenden Verbformen in das Perfekt und übersetze sie!
sustinemus – implent – regnat – habitatis – spoliant – es – emigro – timeo – tacent – patet – sumus – doces

Ü (Fortsetzung von 26.Ü)

1. Wenn er die griechische Wissenschaft und die Philosophie anklagte, konnte *(poterat)* er seinen⁰ Zorn nicht mehr zügeln:
2. „Seid aufmerksam, Römer! Hütet euch!
3. Die Habsucht hat euch wie *(tamquam)* ein wildes⁰ Tier angefallen (= angegriffen).
4. Oft habe ich euch ermahnt! Niemals habe ich geschwiegen!
5. Jetzt hat euch die verderbliche Philosophie der Griechen überwunden!"
(Fortsetzung ↗28.Ü)

28 Akkusativ im Präpositionalgefüge
Präpositionen mit Akkusativ

G1 Vergleiche die folgenden Sätze mit ihrer Übersetzung!

| Post hort**um** pulchrum villa amici nostri est. | Hinter **dem** schönen Garten steht die Villa unseres Freundes. |
| Propter diligenti**am** tuam inimici nobis non nocebunt. | Wegen dein**er** Sorgfalt werden uns die Feinde nicht schaden können. |

Vergleiche die von den Präpositionen abhängigen Kasus im Lateinischen und Deutschen!
Was ergibt sich daraus für das Abfragen (↗GB 14.G 3.1)?

G2 Vergleiche die Sätze der linken Reihe mit denen der rechten!

| Diu amici **in foro** stant. | Graeci vinum **in Italiam** exportant. |
| Saepe **in horto** Claudii disputavimus. | Cur ex oppido **in vicum** migratis? |

Wie fragst Du nach den im Druck hervorgehobenen Präpositionalgefügen der linken Reihe, wie nach denen der rechten?
Welche Regel läßt sich ableiten?

W Erkläre aus dem Wortspeicher!

Konstanz – Disziplinarverfahren – luxuriös – Akkusativ – superb – perniziös – Kontrahent – Alternative

28

E Setze in den folgenden Sätzen passende Präpositionen ein!
Zur Verfügung stehen: PROPE, IN, CUM, AD, DE, APUD, POST, EX, SINE

1. Hodie ____ amicis ____ Claudium manebimus.
2. ____ scientia ____ litteris Graecis disputare non iuvat.
3. ____ Zamam Romani Hannibalem ____ multas pugnas superaverunt.
4. Quis quinto ante Christum natum saeculo copias ____ Asia ____ Europam transportavit?
5. Alteri ____ vicum agros curabant, alteri ____ oppidum migrabant.

Ü (Fortsetzung von 27.Ü)

1. Ohne Erbarmen hat Marcus Porcius den Krieg gegen die Punier vorbereitet.
2. „Wenn unsere Truppen nicht bereit sind (= sein werden), werden euch die Punier überwinden.
3. Aber ihr habt keinen (= entbehrt) Verstand[1].
4. Gewiß könnt ihr nicht die notwendige Zucht und den gefährlichen Luxus zugleich haben."

---
1) bloßer Ablativ

29

Dritte Deklination: Konsonantenstämme (Singular)
Anreihende Konjunktionen

G1 Vergleiche die folgenden Reihen!

Stock:Ausgang	Stock:Ausgang	Stock:Ausgang	Stock:Ausgang
port:a	amic:us	puer:	victor:
port:ae	amic:i	puer i	victor:is
port:ae	amic:o	puer:o	victor:i
port:am	amic:um	puer:um	victor:em
port:a	amic:e	puer:	victor:
port:a	ab amic:o	a puer:o	a victor:e

Halte die Kasusausgänge des Singulars für die neue Deklinationsgruppe fest!
Versuche, die Unterschiede zu den bisher gelernten Deklinationen und die Gemeinsamkeiten mit ihnen zu erkennen! Wo ist die Bildung der Kasusformen gleich oder ähnlich?

29

G2 Vergleiche die drei Deklinationsgruppen!

victor	consul	Hannibal
victor-is	consul-is	Hannibal-is
victor-i	consul-i	Hannibal-i
victor-em	consul-em	Hannibal-em
a victor-e	a consul-e	ab Hannibal-e

Was erkennst Du, wenn Du den Nominativ mehrerer beliebiger Wörter der ā-Deklination (z. B. porta) mit dem Nominativ der drei vorliegenden Wörter vergleichst?
Wie steht es hingegen mit den übrigen Kasus?

G3 Übersetze und vergleiche folgende Sätze!
Achte auf die im Druck hervorgehobenen Wörter!

Romani antiqui alios populos diligentia **atque** industria superabant.
Publius Cornelius Scipio imperator **et** consul Romanorum fuit.
Hannibal Romanos socios**que** saepe superavit.

B Übersetze und bestimme folgende Formen!

consuli – monui – pueri (3) – amici (3) – fuisti – vitii – vitia (2) – vita (2) – victoria (2) – victoriae (3) – amice – gaude – imperare – imperium (2) – imperatorem – imperatori – imperii – imperatoris

Ü 1. Lange kämpften die Römer mit Hannibal um *(de)* den Sieg.
2. Anfangs besiegte der Feldherr der Punier die römischen Truppen, obwohl sie gut vorbereitet waren.
3. Die Punier waren nämlich ihrem Feldherrn treu ergeben⁰.
4. Die Römer aber zeigten keine (= entbehrten der) Eintracht[1] und Standhaftigkeit[1].
5. Ehe sie verzweifelten, meldeten einige Verbündete: „Wir werden den Diktator mit Hilfstruppen unterstützen."   (Fortsetzung ↗30.Ü)

---
1) bloßer Ablativ

K Welche Teilsätze der linken und rechten Reihe müssen verbunden werden, damit sie, jeweils durch die Konjunktion QUAMQUAM verbunden, einen guten Sinn ergeben?

1. Romani imperium suum obtinebant,		semper amicus fuisti.
2. Haud raro nos accusavistis,	QUAMQUAM	Hannibal saepe copias Romanorum superavit.
3. Pecuniam tibi non dant,		templa clara aedificavimus.
4. Di nos non adiuvant,		vos numquam contumeliis violavimus.

30 Konsonantenstämme (Plural)

G1 Vergleiche die folgenden Reihen!

auctor	mo*s*	mil*e*s	du*x*
auctor-is	**mor**-is	**milit**-is	**duc**-is
auctor-i	**mor**-i	**milit**-i	**duc**-i
usw.	usw.	usw.	usw.

Achte auf den Unterschied zwischen Nominativ und Genitiv bei der zweiten, dritten und vierten Reihe!
Welcher Kasus zeigt Dir den Stamm nicht unmittelbar?

G2 Vergleiche wie in 29.G1 die einzelnen Deklinationsgruppen!

port-ae	amic-i	puer-i	auctor-es
port-arum	amic-orum	puer-orum	auctor-um
port-is	amic-is	puer-is	auctor-ibus
port-as	amic-os	puer-os	auctor-es
port-is	ab amic-is	a puer-is	ab auctor-ibus

Halte die Plural-Ausgänge der neuen Deklination fest!
Versuche Unterschiede und Ähnlichkeiten zu erkennen!

G3 Übersetze und führe die Deklination weiter!

| consul integer | magnus terror | mos barbarus |
| consulis integri | magni terroris | moris barbari |

Welche Regel kannst Du diesen Beispielen für das Genus der neu gelernten Deklinationsgruppen entnehmen?

B Übersetze und bestimme folgende Formen! Welche sind mehrdeutig?

gaudes – duces – miles – mores – donum – ducum – varium – variorum – honorum – interdum – tantum – doloribus – tubis – emigrabis – nobis

Ü (Fortsetzung von 29.Ü)

1. Quintus Fabius Maximus, ein römischer Diktator, bemühte sich nicht um⁰ Ehre[1] und Sieg[1].
2. Er hatte genug daran⁰, den Führer der Punier von den römischen Städten abzuhalten *(prohibere)*.

---
1) Dativ

3. Hannibal forderte von den karthagischen *(Punicus, -a, -um)* Kaufleuten Gold und Silber:
4. „Wenn ihr nicht Geld schickt (= geben werdet), werde ich die Römer nicht mehr besiegen können⁰.
5. Die römischen Konsuln und Senatoren werden ihre Macht behaupten."
(Fortsetzung ↗31.Ü)

31 Konsonantenstämme auf -(e)r
Passiv: Indikativ Perfekt

G1 Vergleiche die folgenden Reihen!

① puer	② ager	③ auctor	④ pater	⑤ frater
puer-i	agr-i	auctor-is	patr-is	fratr-is
puer-o	agr-o	auctor-i	patr-i	fratr-i

Welche Gemeinsamkeit weisen die Reihen ②, ④ und ⑤ auf?
Worin liegen die Unterschiede gegenüber Reihe ① und ③?

G2 Vergleiche die folgenden Sätze!

① Imperator copias in Africam transportavit.
Ab imperatore copi**ae** in Africam transportat**ae sunt**. ②

① Quis agrum Romanum vastavit, Romanos spoliavit?
A quo ag**er** Roman**us** vastat**us** est, Roman**i** spoliat**i sunt**? ②

① Cur comites liberos vestros non servaverunt?
Cur liber**i** vestr**i** a comitibus servat**i** non **sunt**? ②

In welcher Weise hat sich jeweils von ① zu ② das Genus des Verbums geändert?

G3 Entnimm den Beispielen in G2, aus welchen Bestandteilen sich im Lateinischen das **Perfekt Passiv** zusammensetzt!

G4 Welche Regeln ergeben sich aus den Beispielsätzen von G2 für die Ausgänge des P(artizip) P(erfekt) P(assiv) als Bestandteil des Prädikats?

31 E Setze bei den folgenden Sätzen an den angegebenen Stellen jeweils den richtigen Ausgang ein!

1. Tyranni e patria fugat__ sunt.
2. Quotiens oppida Romanorum ab Hannibale occupat__ sunt?
3. Cuius puer hodie e magno periculo servat__ est?
4. Quid tibi nuntiat__ est?

T Verwandle ins Passiv und übersetze!

a) Einzelformen: delectavistis – (filiam) educavit – vulneraverunt

b) Sätze: 1. Pater puerum miserum non vituperavit. 2. Marcus multa templa enumeravit. 3. Claudius amicam invitavit. 4. Milites superati arma non servaverunt.

Ü (Fortsetzung von 30.Ü)

1. Nachdem Hannibal nach Afrika gesegelt war, wurde von den Puniern bei Zama eine neue Schlacht vorbereitet.
2. Vor dem Kampf wurde Hannibal von Maharbal, seinem Gefährten, ermahnt:
3. „Sei stark, Hannibal! Wir sind noch nicht besiegt."
4. Dennoch verzweifelte der Feldherr der Punier am *(de)* Sieg:
5. „Scipio ist ein glänzender Feldherr; er wird uns überwinden.
6. Unsere Dörfer werden von den Römern besetzt sein.
7. Bald werden sie melden: ‚Die Stadt unserer Gegner ist verwüstet'!"
(Fortsetzung ↗32.Ü)

32 Interrogativ-Sätze
Ablativ: weitere Funktionen

G1 Vergleiche die folgenden Fragesätze!

① **Num** vos quieti estis, si liberi in periculo sunt?
② **Nonne** laeti eritis, si fortuna vestra tam prospera erit?
③ Estis**ne** laeti, quod vos adiuvo?

Welche Antwort erwarten wir bei Satz ①, bei ② und bei ③?

32

G2 Übersetze den folgenden Satz!

Postquam disputavimus, amici **bono animo** erant.

Was für ein Kasus liegt in dem hervorgehobenen Satzglied vor?
Womit steht dieses Satzglied in enger Verbindung? Was bezeichnet es?

G3 Übersetze!

Quinto ante Christum natum **saeculo** Persae copias in Europam transportaverunt.
Hieme Hannibal Alpes superavit.

Wie fragst Du in den vorliegenden Sätzen nach dem hervorgehobenen Satzglied?

G4 Übersetze die beiden Sätze!

Senex miser fortun**am** su**am** dolet.
Senex miser fortun**a** su**a** dolet.

Besteht ein Sinnunterschied zwischen den beiden Sätzen?
Erkläre die jeweilige Konstruktion!

W1 Erkläre aus dem Wortspeicher!

Nuntius – apostolische Nuntiatur – Postulat – Soziologie – sozial – Satisfaktion – Viktor – Honoratioren – Moral – militant – Pater – autoritär – via dolorosa – merkantil – terrorisieren – armieren – Armatur – Navigation – Gloriole – fraternisieren – Reservat – reservieren – Quotient – senil – Senilität – laborieren – Labor – Elaborat – animieren – Viadukt – summarisch

W2 Stelle alle gelernten Substantive auf -TOR zusammen!
Was bezeichnen sie im allgemeinen?

Ü (Fortsetzung von 31.Ü)

1. „Die Römer werden unsere Frauen und Kinder, unser Gold und Silber als⁰ Beute nach Italien bringen (= tragen).
2. Unsere Stadt wird nur eine Kolonie der Römer sein.
3. Wer aber wird mein bitteres Schicksal bedauern?
4. Bald werden meine Gegner überall (ver-)melden: Hannibal ist von seinem eigenen⁰ Volk verjagt worden!
5. Sie werden mich nicht mehr für⁰ den Wächter des Vaterlandes halten.
6. Auch bei meinen Freunden werde ich ruhm- und ehrlos sein (= des Ruhmes[1] und der Ehre[1] entbehren)."

---

1) bloßer Ablativ

34 Konsonantenstämme auf -ō, -ōnis und -ō, -inis
Kongruenz (Ergänzung)

G1 Führe die Deklination der folgenden Reihen weiter und vergleiche!

consul	com**e**s	legi**o**	multitud**o**
consul-is	com**it**-is	legi**on**-is	multitud**in**-is
consul-i	com**it**-i	legi**on**-i	multitud**in**-i
usw.	usw.	usw.	usw.

Welcher Unterschied besteht zwischen der ersten Gruppe und den weiteren?
Worin gleichen sich alle Gruppen in der Kasusbildung (↗30.G1)?

G2 Führe die Deklination weiter!

parva regio   fortitudo periculosa
parvae regionis   fortitudinis periculosae

Übersetze die beiden Nominative!
Leite eine Genusregel für die Wörter auf -o, -onis und -o, -inis ab!

G3 Vergleiche die drei Reihen!

dux	firm**us**	pax	prosper**a**	homo	vari**us**
duc-is	firmi	pac-is	prosperae	homin-is	varii
duc-i	firmo	pac-i	prosperae	homin-i	vario

Führe die jeweilige Deklination zu Ende!
Versuche die Entstehung des auslautenden **-x** im Nominativ Singular zu erklären!

G4 Welches Genus ergibt sich für die Wörter auf -x, wenn Du von pax prosper**a** ausgehst?
Warum muß es dennoch dux firm**us** heißen?
Warum muß es (gegen die aus G2 gewonnene Regel) homo vari**us** heißen?

G5 Übersetze die beiden folgenden Sätze!

Hispani**a** et Sicili**a** provinci**ae** su**nt**.
Syrus et Barbatus gladiator**es** era**nt**.

In welchem Numerus steht das Prädikat, wenn es sich auf *mehrere* Subjekte bezieht?

34

B Übersetze und bestimme! Welche Formen sind mehrdeutig?

homo – dono – hominis – dominis – regio – regno – ego – regione – regnate – comite – Marce – gaude – este – paravi – parvi – monui – fui – filii – homini – domini – regioni – doni – duci – places – duces – doces – comes – es – regionum – hominum – dominum – donum – ducum

Ü 1. Nachdem Scipio den Hannibal und die punischen *(Punicus, -a, -um)* Soldaten besiegt hatte, erwarteten viele Römer den Feldherrn auf den Straßen Roms.
2. Besonders auf dem Forum bemühte sich eine große Menge Menschen, den Triumphzug zu sehen (= betrachten).
3. Einige alte Männer ermahnten die Kinder:
4. „Seid brav (= gut)! Gebt uns den Weg frei⁰!
5. Wir können nicht einmal die furchterregenden Elefanten *(elephantus, -i)* sehen, geschweige denn *(nedum)* Scipio, den Feldherrn!"
(Fortsetzung ↗35.Ü)

T Wandle um nach Muster 11.T!

CONDICIO IUSTA: Setze in den Genitiv → Plural → Dativ →
Akkusativ → Singular → Ablativ →
Plural → Nominativ → Singular!

HOMO VARIUS: Setze in den Dativ → Plural → Genitiv →
Akkusativ → Singular → Nominativ!

35 Konsonantenstämme auf -men, -minis und -us, -oris

G1 Vergleiche die folgenden Reihen!

Stock:Ausgang	Stock:Ausgang	Stock:Ausgang	Stock:Ausgang
don:**um**	agm**en**:	don:**a**	agmin:**a**
don:**i**	agmin:**is**	don:**orum**	agmin:**um**
don:**o**	agmin:**i**	don:**is**	agmin:**ibus**
don:**um**	agm**en**:	don:**a**	agmin:**a**
don:**o**	agmin:**e**	don:**is**	agmin:**ibus**

35

Welche Unterschiede, aber auch welche Ähnlichkeiten in der Formenbildung kannst Du erkennen?

Welche Regel läßt sich daraus für das Genus der Wörter auf -MEN, -MINIS ableiten?

G2 Vergleiche das Genus der Substantive auf -US, -I mit dem der Substantive auf -US, -ORIS!

    ludus grat**us**   corpus firm**um**
    ludi   grati   corporis firmi
    ludo grato   corpori firmo

Wie mußt Du den Akkusativ bilden?
Führe die Deklination fort!

W Suche zu folgenden Ausdrücken eine möglichst gute Übersetzung!

    magnum agmen comitum
    agmen bestiarum formidulosarum
    agmen primum

B Übersetze und bestimme folgende Formen!
Gib, wenn es möglich ist, alle drei bzw. fünf Bestimmungsstücke, besonders aber *alle* möglichen Kasus der Nomina an!

    tempora – tempera – despera – nomina – enumera – dux – pax – vix – agmen – tamen – carmen – consul – simul – tuus – corpus – omina – domina – parva – simulacrum – patrum – patri – patria – postea

Ü (Fortsetzung von 34.Ü)
1. Viele Menschen diskutieren über den Sieger, während er das Forum betritt.
2. Die einen loben Scipios Weisheit, Bescheidenheit und Disziplin.
3. Die anderen zählen mit großer Beredsamkeit die Fehler Hannibals auf.
4. „Scipio war frei von Hochmut und Verschwendungssucht."
5. „Nie zögerte er, die höchsten Anstrengungen zu ertragen."
6. „Mit welchem (= wie großem) Mitleid hat er die Gegner[1] geschont!"
(Fortsetzung ↗36.Ü)

---
1) Dativ

Z Erkläre die in den folgenden Sätzen enthaltenen Fremdwörter aus unserem lateinischen Wortspeicher!

1. Peter war ein sehr *robuster* Junge, litt aber trotz seiner guten *Kondition* unter dem harten Training.
2. *Nominell* führte der *Direktor* die Verhandlungen selbst.

35

3. Der Auftritt des Ballett*corps* auf der prächtig *dekorierten* Bühne riß das *Publikum* zu Begeisterungsstürmen hin.
4. Der Wirtschaftsminister rechnete wegen der hohen *Sozial*lasten mit einer *temporären* Verschlechterung der Zahlungsbilanz.
5. Wird sich die *ominöse* Angelegenheit je klären lassen?
6. Man sollte die Burg öfter *illuminieren*!

36

Konsonantenstämme auf -ās, -ātis und -ūs, -ūtis sowie -us, -eris
Ablativ des Mittels (Ergänzung)
Perfekt: Bildung durch Reduplikation (DEDI)

G1 Führe die Deklination fort!

| summ**um** | discri**men** | magn**a** | calamit**as** | civit**ates** | vastat**ae** |
| summ**i** | discri**minis** | magn**ae** | calamit**atis** | civit**atum** | vastat**arum** |

Vergleiche die Akkusative!
Halte das Genus der Wörter auf -AS, -ATIS fest!

G2 Vergleiche die folgenden Reihen und setze die Deklination fort!

| dec**us** | clar**um** | virt**us** | vari**a** | domin**us** | sever**us** |
| dec**oris** | clar**i** | virt**utis** | vari**ae** | domin**i** | sever**i** |

Stelle anhand der beigefügten Adjektive das jeweilige Genus der Substantive fest, deren Nominativ auf -US ausgeht!
Achte auf die Form des Genitivs! Versuche daraus eine Genus-Regel abzuleiten!

G3 Vergleiche die folgenden Reihen!

corp**us**	firm**um**	foed**us**	violat**um**
corp**oris**	firm**i**	foed**eris**	violat**i**
corp**ori**	firm**o**	foed**eri**	violat**o**

Was ist gleich? Wodurch unterscheiden sie sich?

G4 Übersetze die folgenden Ausdrücke!

adversarios pugnā superare
filium litteris educare
pietatem liberorum memoriā tenere

Welche Funktion des Ablativs liegt in PUGNA, LITTERIS, MEMORIA vor (↗ 15.G1)?

G5 Vergleiche die Perfektbildung!

transporta--re	terre--re	da-re
transporta**v**-i	terr-**u**-i	de d-ï-i
transporta**v**-isti	terr-**u**-isti	de d-ï-isti
usw.	usw.	usw.

Wie bildet DARE im Gegensatz zu TERRERE und TRANSPORTARE das Perfekt?

T1 Bilde zu folgenden Wörtern den Genitiv Singular und Plural!

mos – robur – lumen – civitas – consul – dux – regio – tempus – comes

T2 Setze die Wörter aus T1 in den Akkusativ Singular und Plural!

E Setze in den folgenden Ausdrücken jeweils beim Adjektiv die richtigen Ausgänge ein!

mores antiqu__ (2); de imperatore callid__; cunct__ carmina; hominum doct__; difficultates nov__ (2); fortitudinem ver__; dux clar__ (3); pax grat__; regiones vari__ (2); mult__ virtutum

Ü (Fortsetzung von 35.Ü)
1. Besonders die alten Männer klagen den Hannibal an:
2. „Mit wie vielen Grausamkeiten hat er unsere unglücklichen Soldaten gequält *(vexare)*!"
3. „Wie vielen Menschen drohte von Hannibal bittere Sklaverei!"
4. „Mit welcher (= wie großer) Habsucht beraubte er unsere getöteten Soldaten!"
5. Aber auch der Mut Hannibals ist berühmt.
6. Bei allen Bürgerschaften Afrikas hatte er großen Einfluß.
7. Das römische Volk aber hat Scipio aus höchster Gefahr gerettet.

W1 Erkläre aus dem Wortspeicher!

Regionalplanung – Landesregionen – Provinz – Ignorant – Carmina Burana (Buranus: *aus Benediktbeuern*) – Diskriminierung – Illumination – ominös – Nominativ – corpus delicti – Corps – Dekoration – temporär – Quantität – primär – autoritär – Autorengemeinschaft – Kalamität – Pietät – pietätvoll – virtuos – Virtuose – föderativ – konföderieren – memorieren

W2 Vergleiche die Bedeutung der gelernten Wörter auf -TUDO, -TAS, -TUS! Was bezeichnen die meisten Wörter mit diesen Bildungssilben?

37

Demonstrativ-Pronomen: IS/EA/ID
Futur von POSSE
Akkusativ der Richtung
Tempus im DUM-Satz

G1 Vergleiche die folgenden Deklinationen!

quis	quid	is	ea	id	bon-us	bon-a	bon-um
cuius			eius		bon-i	bon-ae	bon-i
cui			ei		bon-o	bon-ae	bon-o
quem	quid	eum	eam	id	bon-um	bon-am	bon-um
a quo		eo	ea	eo	bon-o	bon-a	bon-o

Bei welchen Formen kannst Du Vergleichbares zwischen der Deklination von IS/EA/ID und der des Interrogativ-Pronomens QUIS/QUID feststellen? Wo liegt der Vergleich mit BONUS/BONA/BONUM näher?

G2 Stelle in gleicher Weise die Deklination des Plurals von IS/EA/ID der des Plurals von BONUS/BONA/BONUM gegenüber (↗ GB 37.G1)
Welchen (für Dich erfreulichen) Unterschied zum Singular kannst Du erkennen?

G3 Beim Vergleich folgender Reihen ergibt sich zwischen dem Präsens einerseits, dem Futur und Imperfekt andererseits ein willkommener Unterschied!

pos-sum	pot-ero	pot-eram
pot-es	pot-eris	pot-eras
pot-est	pot-erit	pot-erat

Vergleiche den Stamm des Präsens mit dem des Imperfekts!
Führe die drei Reihen im Plural fort!

G4 Übersetze die folgenden Sätze!

Dux multis cum comitibus Syracus**as** navigavit.
Avus cum uxore Tarent**um** migravit.

Vergleiche damit die folgende Gruppe!

Scipio milites **in** Itali**am** transportavit.
Cur imperator Poenorum **in** Afric**am** navigavit?

Worin liegt der Unterschied?
Versuche, eine Regel zu erkennen!

37

G5 Beachte die verschiedenen Tempora im lateinischen und deutschen Gliedsatz!

Dum pater ludos **spectat**, filius aberravit.   Während der Vater die Spiele **ansah,** entfernte sich der Sohn.

T Setze für die folgenden Nomina die jeweils passende Form des **Demonstrativ-Pronomens** IS/EA/ID im gleichen Kasus und Numerus ein!

> **Arbeitsbeispiel:** consulis: eius; a matre: ab ea

laboris – socii (2) – avaritiam – donum – tyranno (2) – dictatorem – libertate – honore – matrem – pericula

Ü 1. In alten Zeiten sind Männer und Frauen durch die Theaterstücke des Plautus erfreut worden¹.
2. Auch wir betrachten diese noch° gerne und sind ihrem (= deren) Verfasser dankbar.
3. Denn die Philosophen lehren uns zwar° die guten Sitten.
4. Dieser aber schenkt (= gibt) uns frohen Sinn.
5. Deshalb ist sein (= dessen) Ansehen groß, und viele Menschen behalten seine (= dessen) Theaterstücke im° Gedächtnis².

(Fortsetzung ↗38.Ü)

---

1) bitte nicht *adiuvare* verwenden!
2) bloßer Ablativ

38

Personal-Pronomen der 3. Person: IS/EA/ID
Verschiedene Pronomina zur Angabe des Besitzverhältnisses
Plusquamperfekt: Indikativ Aktiv

G1 Übersetze!

Avus Menaechmum valde amaverat.
Itaque **ei** nomen suum dederat.
Diu **eum** memoriā tenebat.
Saepe de **eo** narravit.

Welche Übersetzung ist bei diesen Sätzen für die fettgedruckten Formen des Pronomens IS/EA/ID statt „dieser" zu wählen?
Welches deutsche Pronomen wird demnach im Lateinischen durch IS/EA/ID wiedergegeben (ersetzt)?

38

G2 Übersetze die folgenden Satzgruppen und achte dabei insbesondere auf die fettgedruckten Pronomina!

① Syrus arma **sua** secum *(mit sich, bei sich)* portabat.
   Menaechmus e villa **sua** migravit.
② Syrus Barbatum necavit; corpus **eius** spoliavit.
   Menaechmus heres mercatoris fuit; villam **eius** possidebat.

Wie hast Du die fettgedruckten Pronomina beider Satzgruppen ins Deutsche übersetzt?
Auf welches Satzglied bezogen sich diese Pronomina jeweils?
Welcher Unterschied besteht also zwischen den Pronomina der Gruppe ① und denen der Gruppe ②?
Versuche eine Regel aufzustellen!

G3 Übersetze!

1. Saepe amicum suum adiuvabant.
2. Saepe amicum eorum adiuvabant. } . . . .
3. Saepe amicum eius adiuvabant.

Mit welcher Übersetzung kann man ohne Veränderung alle drei lateinischen Sätze wiedergeben?
Erkläre die Notwendigkeit der Unterscheidung im Lateinischen!

G4 Vergleiche die folgenden Reihen!

eram	portav-eram	nocu-eram	ded-eram	fu-eram
eras	portav-eras	nocu-eras	ded-eras	fu-eras
erat	portav-erat	nocu-erat	ded-erat	fu-erat
eramus	portav-eramus	nocu-eramus	ded-eramus	fu-eramus

Aus welchen Bestandteilen ist das **Plusquamperfekt Aktiv** zusammengesetzt?
Führe die Reihen zu Ende!
Bilde die gleiche Reihe zu IMPLERE!

E Setze jeweils die richtige Form für das Pronomen SEIN (IHR) ein!

1. Cicero vir clarus fuit; eloquentia ____ magna erat.
2. Graeci scientia non carebant; de philosophis ____ Romani multum narrabant.
3. Marcus in theatro sedet. Amicam ____ non videmus.
4. Post multos labores imperator militibus ____ otium dedit.

38

B Übersetze und bestimme!

erras – eras – fueras – deliberaveras – veras – liberas – deliberaveras – libertas – properas – litteras – dederat – deliberat – deliberaverat – deliberaveratis – datis (3) – dabis – mulieris – eris – populis (2) – is – iis (2)

Ü (Fortsetzung von 37.Ü)

1. „Auch du bist heute im Theater gewesen und hast ein Theaterstück des Plautus gesehen (= betrachtet).
2. Erzähle uns von den ‚Menaechmi'!
3. Konntest du etwa die Zwillingsbrüder unterscheiden *(discernĕre)*?"
4. „Ich konnte es[o] nicht, obwohl ich nahe der Bühne *(scaena, -ae)* gestanden (= gewesen) bin.
5. Besonders dann, wenn die Zwillinge zugleich auf der Bühne waren, bemühte ich mich vergebens!
6. Wir hatten schon oft über dieses Stück diskutiert.
7. Meine Frau hatte es nämlich schon gesehen."

(Fortsetzung ↗39.Ü)

39 Plusquamperfekt: Indikativ Passiv

G1 Übersetze und vergleiche die folgenden Reihen!

paratus sum	paratus eram
violatus es	violatus eras
monita est	monita erat
impleti sunt	impleti erant

Nenne die Bestandteile des **Plusquamperfekt Passiv**!
Achte auf die Übereinstimmung des PPP mit dem Subjekt in Kasus und Numerus!

E Setze beim PPP die richtigen Ausgänge ein!

1. Vita paucorum virorum servat__ erat.
2. Paucae mulieres vulnerat__ erant.
3. Quid a vobis postulat__ erat?
4. Iam antiquis temporibus Syracusae a Graecis habitat__ erant.
5. Amplum aedificium aedificat__ erat.
6. Comites a custodibus superat__ erant.

39

Z Vergleiche den lateinischen Text mit der Übersetzung!

Inter pugn**am** in oppido magnus terror erat.	**Während des** Kampfes herrschte in der Stadt großer Schrecken.
Inter mult**os** homin**es** filius aberravit.	**Unter den** vielen Menschen verirrte sich der Sohn.
Gemini **per** mult**as** terr**as** errabant.	Die Zwillinge irrten **durch** viele Länder.

Welcher Kasus steht bei den Präpositionen INTER und PER im Lateinischen, welcher im Deutschen?
Wiederhole 28.G1.3 im Grammatischen Beiheft!

Ü (Fortsetzung von 38.Ü)
1. „Ich werde dich noch⁰ ein wenig (= weniges; Pl.) über das Theaterstück fragen."
2. „Frage; ich werde gern antworten."
3. „Warum segelte Moschus mit seinem Sohn nach Tarent?"
4. „Er war ein Kaufmann, aber er betrachtete auch gerne die Spiele."
5. „Warum starb der Vater in dieser Stadt?"
6. „Weil sein Schmerz groß war.
7. Sein (!) Sohn hatte sich verirrt *(aberrare)* und war von ihm vergeblich gerufen worden."
8. „Von wem war dem Menaechmus der Name gegeben worden?"
9. „Von seinem Großvater; dieser hatte ihn sehr geliebt."

(Fortsetzung ↗40.Ü)

40   Perfekt: Bildung durch Dehnung

G1 Vergleiche bei folgenden Verben Infinitiv und Indikativ Präsens mit dem Indikativ Perfekt!

servare	servo	serva-v-i
implere	impleo	imple-v-i
docere	doceo	doc--u-i
adiŭvare	adiŭvo	adiūv---i
mŏvere	mŏveo	mōv---i
vĭdere	vĭdeo	vīd---i

40

Vergleiche Präsens-Stamm und Perfekt-Stamm und achte dabei vor allem auf den Wechsel der Quantität des Stammvokals!

Z1 Vergleiche die Fragepartikel bei folgenden Sätzen (↗32.G1)!

1. **Nonne** fortuna hominum varia est? — Ist nicht das Schicksal der Menschen wechselhaft?
2. **Num** auxilia nondum apud vos sunt? — Sind etwa die Hilfstruppen noch nicht bei euch?
3. Placuit**ne** tibi ea fabula? — Gefiel dir dieses Stück?

Welche Antwort erwartet der Fragende bei den einzelnen Sätzen? Worin liegt der Unterschied?

Z2 Wodurch unterscheiden sich die folgenden Fragesätze von denen in Z1?

1. **Quotiens** antea apud nos fuisti?
2. **Quis** tot flagitia audet?
3. **Ubi** tot horas sedisti?

Welche zwei Gruppen von direkten Fragesätzen gibt es also?

W Erkläre aus dem Wortspeicher!

Matriarchat – Gemini-Raumflug – frustrieren – heritage – amplification – Territorium – territorial – terrestrisch – alternieren – verbal – Mirakel – Uniform – uni – unisono – movement – Motor – mobil – spektakulär

T Setze folgende Verbformen ins Perfekt!

liberatis – es – moveo – adiuvatis – sunt – vident – sedemus – cavet – implet – nocet – placent – iuvamus

Ü (Fortsetzung von 39.Ü)

1. „Was kannst du uns über die Gattin des Menaechmus erzählen?"
2. „Sie war ein strenges Weib.
3. Nicht selten kränkte sie ihren Mann mit bösen Worten.
4. Dieser freute sich, wenn er sie nicht sah.
5. Deshalb saß er oft und gerne in der Schenke *(caupona, -ae)*."
6. „Gut! Du hast ein echtes Theaterstück des Plautus gesehen."
7. „Sicher, und es hat mich viel gelehrt."

42 Relativ-Pronomen – Relativsätze
Relativ- / Demonstrativ-Pronomen: DESSEN

G1 Vergleiche die Kasusbildung!

quis	quid	qui	quae	quod	is	ea	id
cuius			cuius			eius	
cui			cui			ei	
quem	quid	quem	quam	quod	eum	eam	id
a quo		quo	qua	quo	eo	ea	eo

Warum finden wir bei QUIS *nur eine* Form für Maskulinum und Femininum? Achte besonders auf die Hervorhebungen!

G2 Stelle ähnliche Vergleiche für den Plural an!

boni	bonae	bona	qui	quae	quae
bonorum	bonarum	bonorum	quorum	quarum	quorum
bon**is**			qu**ibus**		
bonos	bonas	bona	quos	quas	quae
bon**is**			qu**ibus**		

Ziehe auch den Plural von IS/EA/ID zum Vergleich heran!
Auf welche Kasus mußt Du beim Vergleich mit BONUS, aber auch mit IS/EA/ID im Plural besonders achten?

G3 Übersetze und vergleiche!
 1. Da nobis **ea**, **quae** necessaria sunt!
    De **eo**, **quod** responderunt, tacuisti.
 2. (Ea) regio, **quam** nobis monstravisti, pulchra est.
    Narra mihi (id), **quod** vidisti!

Achte auf die Beziehungen zwischen Demonstrativum (IS/EA/ID) und Relativum (QUI/QUAE/QUOD)!
Wonach richtet sich das **Relativ-Pronomen** in Numerus und Genus, wonach im Kasus?

G4 DESSEN – SEIN
 1. Claudius in Graecia est; filius **eius** apud nos habitat.
 2. Possidemus gemmam, **cuius** pretium magnum est.

Achte auf den Unterschied!

42 E Setze die jeweils passende Form des Relativ-Pronomens ein!
1. Auctoritas senatorum, de _____ vobis narravi, magna atque ampla erat (2).
2. Ibi elephantos, _____ corpora firma atque formidulosa sunt, vidistis (2).
3. Libertatem, _____ cuncti homines cupidi sunt, etiam vos amatis.
4. Augustus iis temporibus imperator fuit, _____ Romani Germaniam occupaverunt.
5. Enumera aedificia, _____ vidisti!
6. Ignoramus fratrem eius, _____ multis contumeliis violavistis.

Ü 1. Zähle die Namen einiger Kaiser auf, welche dir bekannt *(notus, -a, -um)* sind!
2. Jetzt ist dir auch der Name des Gallienus bekannt, dessen Frau die falschen Edelsteine gekauft hat.
3. Nachdem der Kaiser die Steine gesehen hatte, welche der Kaufmann seiner Frau gegeben hatte, konnte er seinen Zorn nicht mehr zügeln.
4. „Wo ist der Mann (= Mensch), der das Ansehen des Kaisers verletzt hat?
5. Er wird seine Habsucht bedauern!"
(Fortsetzung ↗43.Ü)

43 Konjunktiv: Imperfekt Aktiv
Perfekt-Stamm von POSSE

G1 Vergleiche!

er kam	er käme	er würde kommen
er arbeitete	er arbeitete	er würde arbeiten
er war	er wäre	(er würde sein)

Welches Tempus liegt bei allen Formen vor?
Welches Bestimmungsstück hat sich von der ersten zur zweiten Reihe geändert?
Wie erklärt es sich, daß bei ARBEITEN gegenüber KOMMEN und SEIN eine Form doppelt vorkommt?

43

G2 Betrachte folgende Sätze!

Ich wäre froh, wenn du bei mir wärest.
Wenn er käme, würde ich mich freuen.

Ist der Sprechende *wirklich* froh?
Warum nicht?
Welche Art von Aussage liegt also vor? Durch welchen Modus, welches Tempus ist sie ausgedrückt?

G3 Vergleiche die folgenden Reihen!

da-**re**	geben	gaude-**re**	sich freuen
da-t	er gibt	gaude-t	er freut sich
da-**re**-t	er gäbe	gaude-**re**-t	er würde sich freuen

Aus welchen Bestandteilen setzt sich der **Konjunktiv Imperfekt** im Lateinischen zusammen?
Wie lauten die übrigen Personen im Singular und Plural?

G4 Übertrage die gewonnene Erkenntnis auf die Hilfszeitwörter ESSE und POSSE! Bilde deren entsprechende Formen parallel zur folgenden Reihe!

    dare-m   esse-   posse-
    dare-s
    dare-t
    usw.

Sicher verstehst Du jetzt, warum der Konjunktiv Imperfekt als besonders leicht zu bildende Form empfunden wird.

G5 Vergleiche die folgenden Reihen und führe die Konjugation zu Ende!

libera-re	imple-re	noce-re	**pos-se**
libera-v-i	imple-v-i	noc-u-i	**pot-u-i**
libera-v-isti	imple-v-isti	noc-u-isti	**pot-u-isti**

B Übersetze und bestimme!

damnarem – ducem – tandem – moverem – morem – sederem – senem – essem – vacares – dictatores (2) – difficultates (2) – dolus – doleremus – dolueramus – dominus – decus (2) – possemus – teneretis – gaudetis – gaudiis (2) – is – iis (2) – quis – satis

43 Ü (Fortsetzung von 42.Ü)
1. Nach einigen Stunden saß der Kaufmann im Gefängnis.
2. Die Gefängniswärter aber verspotteten den verzweifelten (= armen) Mann (= Menschen):
3. „Wenn du nicht so töricht wärst, säßest du jetzt nicht bei uns!
4. Vielleicht wärst du mit deiner schönen Frau im Theater.
5. Vielleicht würdet ihr die Spiele betrachten, welche heute unsere Bürgerschaft erfreuen.
6. Der Kaiser würde dich nicht verurteilen.
7. Du und deine Frau, ihr wäret froh."
(Fortsetzung ↗44.Ü)

44 Konjunktiv: Plusquamperfekt Aktiv und Passiv
Kondizionalsätze: Irrealis

G1 Vergleiche!

liberav-i	nocu-i	fu-i	potu-i
liberav-eram	nocu-eram	fu-eram	potu-eram
liberav-issem	nocu-issem	fu-issem	potu-issem

Aus welchen Bestandteilen setzt sich der **Konjunktiv Plusquamperfekt Aktiv** zusammen?

G2 Vergleiche!
Aus welchen Bestandteilen setzt sich der Konjunktiv Plusquamperfekt **Passiv** zusammen?

liberav-eram   liberatus eram
liberav-issem   liberatus essem

Vergleiche dann den Konjunktiv Plusquamperfekt mit dem Indikativ des gleichen Tempus!

G3 Übersetze die beiden folgenden Satzgruppen!
① Hannibal Alpes hieme superare non potuisset,
    nisi fortitudo Poenorum tanta fuisset.
Nisi Romani Poenos foedere coercuissent,
    Italiae pax non fuisset.
Nisi victoria Scipionis tanta fuisset,
    non magna multitudo hominum eum exspectavisset.

44

② Nisi omina laeta essent,
   agmen nostrum adversarios non temptaret.
In summo discrimine essemus,
   nisi legio prima nos adiuvaret.
Nisi gemmae falsae essent,
   imperator te non damnaret.

Inwiefern gleichen sich die Aussagen aller Sätze der Gruppen ① und ②?
Worin liegt hingegen der Unterschied zwischen den beiden Gruppen?

T Setze in den Konjunktiv Plusquamperfekt!
servas – servati sunt – eras – potuerunt – possumus – damnata est – imminuit – monstrant – rogo – es – fuimus

Ü (Fortsetzung von 43.Ü)
1. Bei (*in* mit Abl.) diesem Unheil beklagte der Kaufmann sehr sein bitteres Schicksal:
2. „Wenn ich ein anständiger Mann gewesen wäre, hätte ich die Gattin des Kaisers nicht mit einer List zu⁰ betrügen⁰ versucht (= angegriffen).
3. Ich wäre nicht verurteilt worden; ich säße nicht im Gefängnis.
4. Vielleicht hätte der Kaiser viele Edelsteine von mir gekauft.
5. Vielleicht wäre er sogar mein Freund, wenn ich nicht so habgierig gewesen wäre!"
(Fortsetzung ↗45.Ü)

45 Konjunktivische Gliedsätze – Zeitenfolge

G1 Wiederhole 20.G2 im Grammatischen Beiheft!
Übersetze dann folgende Sätze!
① Populus ab imperatore postulavit,
   ut pacem serva**ret**.
② Dux militibus imperavit,
   ut comites e servitute libera**rent**.
③ Consul adversarios e provincia fugavit,
   ne agros sociorum vasta**rent**.

Welche Art von Gliedsätzen folgt jeweils auf den Hauptsatz?
In welchem **Modus** steht das jeweilige Prädikat?

45 G2 Von den unterordnenden Konjunktionen hast Du bisher begründende, bedingende und einräumende kennengelernt. Suche für die Konjunktionen der Sätze unter G1 entsprechende Bezeichnungen!

G3 Vergleiche folgende Sätze mit denen in G1!
1. Crudelitas eius imperatoris **tanta** erat,
   ut etiam liberos ad bestias damnaret.
2. Vox eius hominis **tam** clara erat,
   ut cuncti carminibus eius gauderent.
3. Cuncti eo facinore **ita** territi sunt,
   ut capita velarent *(verhüllten)*.

Auch hier liegen UT-Sätze vor. Wie kannst Du diese im Gegensatz zu jenen von G1 bezeichnen?
Welche Aufgaben erfüllen in den übergeordneten Sätzen die Wörter TANTA, TAM und ITA?

G4 Achte auf den Modus der CUM-Sätze!
1. **Cum** „bestia formidulosa" arenam intraret,
   mercator caput velavit *(er hat verhüllt)*.
2. **Cum** Scipio Hannibalem superavisset,
   senatores ei triumphum decreverunt *(sie haben zuerkannt)*.

Wie kannst Du diese Art von Gliedsätzen bezeichnen (↗ G2)?

G5 Vergleiche in G1, G3 und G4 jeweils das **Tempus** des übergeordneten Satzes mit dem des Gliedsatzes! Versuche eine Regel abzuleiten!

W Erkläre aus dem Wortspeicher!
   Pretiosen – Falsifikat – Vokal – Caritas – caritativ – damned! – Kapital – Kapitalverbrechen – Refugium – signifikant – Signal – signieren

Ü (Fortsetzung von 44.Ü)
1. Aber auch das Publikum war ohne Mitleid, weil die Taten des Kaufmanns allen bekannt *(notus, -a, -um)* waren.
2. Es forderte, daß der Kaiser das Zeichen gebe (Imperf.).
3. Aber Gallienus war ein Mann von[0] so großer Frömmigkeit[1] und Milde[1], daß er den Kaufmann nicht tötete, sondern nur erschreckte.
4. „Der sichere Tod hätte dich erwartet, wenn ich dich[2] nicht geschont hätte.
5. Behalte das im[0] Gedächtnis[3]! Sei ein anständiger Mann!"

---
1) Genitiv   2) Dativ   3) bloßer Ablativ

47

Passiv: Indikativ Präsens
AB mit Ablativ
Wahlfragen

G1 Erarbeite aus dem Text von Kapitel 47 das Passiv zu folgenden Verbformen!

    libero   moneo
    liberas   mones
    liberat   monet

    liberamus   monemus
    liberatis   monetis
    liberant   monent

Stelle die Personalendungen für den **Indikativ Präsens Passiv** zusammen! Welche Endung fällt Dir besonders auf?

G2 Übersetze und vergleiche!
1. Aequit**as** filiorum patr**em** delecta**t**.
   Mat**er** liber**os** serva**t**.
2. Aequitat**e** filiorum pat**er** delecta**tur**.
   A matre liber**i** serva**ntur**.

Welche drei wesentlichen Veränderungen treten ein, wenn ein Satz aus dem Aktiv ins Passiv verwandelt wird (↗31.G2)? Achte ferner auf den Unterschied zwischen **Person** und **Sache** als ursprünglichem Subjekt!

G3 Vergleiche folgende Fragesätze!

    Num Ulixes imperator Romanus fuit?   War Odysseus **etwa** ein....?
    Utrum Sirenes bestiae fuerunt   Waren die Sirenen Tiere
    an clamores varii **an** feminae?   **oder**.... **oder**....?

Welche Form des Fragesatzes liegt im zweiten Fall vor?
Wodurch ist diese Art der Frage gekennzeichnet?

Z Wie mußt Du folgenden Satz übersetzen?
    Audaciam tuam **non ig**noramus.

Verfahre bei den folgenden Sätzen ebenso!
    Avus tuus nobis **non ig**notus *(unbekannt)* est.
    Audaciam vestram **non ne**gatis.

Versuche eine Regel für die Übersetzung der doppelten Verneinung ins Deutsche aufzustellen!

47

B Übersetze und bestimme folgende Formen!

movetur – robur (2) – corporis – iuvaris – iuris – satis – agitamini – agmini – nomini – nominamini – omini – monemini – imagini – uxor – imperator – imperatur – patris – paratis (3) – paretis – paretur – paratur

T Verwandle folgende Sätze ins Passiv!

Quis comites dolo servavit?
Romani Hannibalem constantiā superaverunt.
Saepe amici vos admonent.

Ü 1. Bei vielen Völkern werden über Odysseus *(Ulixes, -is)* Geschichten erzählt.
2. Den alten Völkern war er durch seine Kühnheit bekannt.
3. Nur Polyphem kannte seine Tapferkeit nicht.
4. Deshalb fragte er ihn: „Wie wirst du genannt, Fremdling?"
5. Odysseus antwortete: „Ich werde NEMO genannt!"
6. Durch diese List rettete er sich und seine Gefährten.
(Fortsetzung ↗48.Ü)

48 Passiv: Infinitiv Präsens, Indikativ Imperfekt und Futur

G1 Übersetze und bestimme!

porta-**re**	porta-**ri**
adiuva-**re**	adiuva-**ri**
move-**re**	move-**ri**
coerce-**re**	coerce-**ri**

G2 Ergänze die zweite und dritte Spalte entsprechend der ersten!

adiuva-t   adiuva-bi-t   adiuva-ba-t
adiuva-tur

coerce-t
coerce-tur

48

G3 Achte auf die 2. Person Singular des Futurs!

adiuva-**ba**-r	adiuva-**b**--or	coerce-**ba**-r	coerce-**b**--or
adiuva-**bá**-ris	adiuvá-**be**-ris	coerce-**bá**-ris	coercé-**be**-ris
adiuva-**bá**-tur	adiuvá-**bi**-tur	coerce-**bá**-tur	coercé-**bi**-tur

Vergleiche die Tabelle im Grammatischen Beiheft (↗GB 48.G3)

E Setze die richtigen Infinitivendungen ein!
1. Pater et mater geminos fratres multos annos adiuva— studebant.
2. A patre iterum atque iterum mone— non iuvat.
3. Sine comite hortum amplum intra— non audeo.
4. Liberi audacia tua terre— possunt.
5. Cur iram coerce— non potuistis?

T Führe bei den folgenden Verbformen die jeweils angegebenen Umwandlungen durch! (↗11.T)

MOVEO: Setze in: 2. Person → Passiv → Plural → Futur I → 3. Person → Imperfekt → 1. Pers. Singular → Aktiv → Perfekt → 2. Person → Plural → 3. Person → Passiv → Singular → Präsens → Aktiv → 1. Person!

DEMONSTRO: Setze in: Passiv → 2. Person → Futur I → Imperfekt → 3. Person → Plural → Perfekt Aktiv → 1. Person Singular → Präsens!

Ü (Fortsetzung von 47.Ü)
1. Aber durch diese List waren Odysseus und seine Gefährten noch nicht von Gefahren befreit.
2. Die einen starben durch die Schwerter der Feinde, andere wurden von wilden⁰ Tieren getötet, wieder⁰ andere wurden (= waren) die Beute des Meeres *(maris)*.
3. Odysseus aber konnte sich durch seine Standhaftigkeit und die Hilfe der Götter retten (= konnte gerettet werden).
4. Deshalb wurden Geschichten über Odysseus immer erzählt und werden immer erzählt werden.

(Fortsetzung ↗49.Ü)

49 Passiv: Konjunktiv Imperfekt
Dritte Deklination: i-Stämme

G1 Wiederhole 43.G3 und 47.G1! Bilde den **Konjunktiv Imperfekt Passiv** zu folgenden indikativischen Imperfektformen des Aktivs!

perturbabam   monebamus
vulnerabas   terrebatis
coercebat   monstrabant

Aus welchen Bestandteilen setzt sich der Konjunktiv Imperfekt des Passivs zusammen?

G2 Vergleiche die Deklination!

consul	turris	mare
consulis	turris	maris
consuli	turri	mari
consulem	turr**im**	mare
consul	turris	mare
a consul**e**	turr**i**	mar**i**

In welchen Kasus weisen die sogenannten reinen i-Stämme und die Neutra auf -E, -AL Abweichungen zur Deklination von CONSUL auf?
Vergleiche mit Hilfe des Grammatischen Beiheftes (↗GB 49.G2) auch den Plural!

W Erkläre aus dem Wortspeicher!
animalisch – Marine – Toleranz – tolerieren – Hospital – Hospiz – hospitieren – Hospitant – Jurisprudenz – Jus – Jurastudent – Sermon – notieren – eine Note überreichen – Monitum – Nominierung – nominell – kausal – Kausalität – Kausalzusammenhang – Demonstration – demonstrieren – demonstrativ – Fakten – audio-visuell

Ü (Fortsetzung von 48. Ü)
1. Auch andere Führer der Griechen irrten lange durch die Meere, als sie Troja mit seinen Tempeln und Türmen verwüstet hatten.
2. Einige hatten den Zorn der Götter durch Übeltaten erregt (= bewegt), so⁰ daß sie von den Winden über *(trans m. Akk.)* das Meer gejagt und von furchterregenden Lebewesen angegriffen wurden.
3. Anstrengungen, Durst und viel Unheil (Plural) mußten (= haben) sie ertragen.
4. Bitter war das Schicksal des Agamemnon, der vor dem Krieg befohlen hatte, daß seine eigene⁰ Tochter getötet wurde.
5. Ihr habt sicherlich schon von der Tat der Clytaemestra gehört.

50 Demonstrativ-Pronomen: HIC/HAEC/HOC – ILLE/ILLA/ILLUD
Passiv: Übersetzungsmöglichkeiten

G1 Genitiv und Dativ Singular der folgenden Pronomina sind gleich gebildet!

qui quae quod	hic haec hoc	ille illa illud	is ea id
cuius	huius	illius	eius
cui	huic	illi	ei
quem quam quod	hunc hanc hoc	illum illam illud	eum eam id
quo qua quo	hoc hac hoc	illo illa illo	eo ea eo

Welche Ähnlichkeiten kannst Du im Singular feststellen?
Welche Besonderheit tritt *nur* bei HIC/HAEC/HOC auf?

G2 Übersetze!
1. Marcus et Titus amici sunt. **Hic** in villa patris, **ille** apud avum habitat.
2. **Hoc** oppidum amamus.
3. Cornelia **haec** respondit: „Non **haec**, sed **illa** mater mea est."
4. **Illa** aetate lingua Latina alia erat atque *(als)* **hac** (aetate).
5. **Illud** (verbum) Caesaris vobis notum: „Veni, vidi, vici!" (vici: *ich siegte*)

Vergleiche die jeweiligen Übersetzungen von HIC und ILLE!
Welche Bedeutungen ergeben sich?

G3 Mit welchen Übersetzungen läßt sich das Passiv in folgenden Sätzen wiedergeben?
1. Mores ab hominibus saepe mutantur.
2. Mores saepe mutantur.

G4 Mit welchen Übersetzungen läßt sich das Passiv in folgenden Sätzen wiedergeben?
1. Senex clamore terretur.
2. Senex terretur.

B Übersetze und bestimme folgende Formen!

ei (4) – mei (3) – mihi – ii – is – es (2) – ea (4) – illa (4) – illi (2) – cuius (4) – huius (3) – varius – eius (3) – quem (2) – leonem – darem – caput (2) – illud (2) – hae – tubae (3) – quae (4) – quibus (6) – ludus – illius (3) – iis (6)

E Setze die jeweils passende Form von HIC oder ILLE ein!
1. Marcum et Corneliam comparamus:
2. _____ femina, _____ vir est.
3. Ludi _____ non delectant, _____ gaudio exsultat, cum Syrus adversarios superat.
4. Et _____ et _____ iuvat in theatro fabulam Plauti spectare.

50

K Füge zwischen Haupt- und Gliedsatz eine der angebotenen Konjunktionen so ein, daß sich ein guter Sinn ergibt!

Verwende die Konjunktionen:
DUM, QUAMQUAM, QUOD, CUM, CUM, QUOD, UT, NE!

1. Condiciones pacis tam malae erant, senatoribus non placerent.
2. Romani valde territi sunt, Hannibal Alpes superavisset.
3. Saepe tecum sermones habui, apud nos habitabas.
4. Hoc in te laudo, semper socius certus fuisti.
5. Senex divitias miseris dedit, filii avari heredes essent.
6. Carthaginienses Hannibalem fugaverunt, ille eos saepe e summo periculo servaverat.
7. Imperator signum non dedit, auxilia nondum viderat.
8. Miles necatus est, comitem vulneratum servare parat.

Ü
1. Als Troja von den Griechen erobert worden war, sind nur[o] wenige der Trojaner gerettet worden.
2. Die Männer waren getötet worden, den Frauen und Kindern drohte elende Sklaverei.
3. Jene hatten vergebens für ihr Vaterland gekämpft.
4. Diese verzweifelten am *(de)* Leben.
5. Aeneas aber rettete in dieser gefährlichen Lage seinen Vater, einen alten Mann, aus der verwüsteten Stadt.

(Fortsetzung ↗51.Ü)

51 Dritte Deklination: Mischklasse (ungleichsilbige Substantive)

G1 Vergleiche die Kasusausgänge! Achte auf den Wortstock!

dux	nox	sors	duc-es	noct-es	sort-es
duc-is	noct-is	sort-is	duc-**um**	noct-**ium**	sort-**ium**
duc-i	noct-i	sort-i	duc-ibus	noct-ibus	sort-ibus
duc-em	noct-em	sort-em	duc-es	noct-es(-is)	sort-es(-is)
dux	nox	sors	duc-es	noct-es	sort-es
a duc-e	noct-e	sort-e	a duc-ibus	noct-ibus	sort-ibus

51

Die Wörter DUX, NOX und SORS scheinen *einer* Beugungsgruppe anzugehören; sie enden im Nominativ Singular auf Konsonant + s (x = k-Laut + s).
Worin zeigt sich der entscheidende Unterschied zwischen DUX einerseits und NOX bzw. SORS andererseits?

G2 Suche im Kapitel 51 die Stellen auf, wo die neu gelernten Substantive auf Konsonant + s in Verbindung mit einem Adjektiv oder Pronomen stehen! Die Genusregeln für diese Gruppe findest du im Grammatischen Beiheft.

B Übersetze und bestimme die Formen!

mortis – morbis (2) – datis (2) – illis (6) – is – dux – vix – pax – nox – audivi – menti – maesti (3) – morbi (2) – morti – potui – mortui (3) – sorti – sortem – darem – possem – nece – neque – nocte – date – este – fauces (2) – gaudes – gauderes – pretium (2) – faucium – noctium – tantum (4)

E (Achte auf das Genus der Adjektive!)

1. Augustus populo Romano pacem grat— paravit.
2. Etiam sortem hominum miser— mitigavit (mitigare: *lindern, verbessern*).
3. Per mult— noctes de sorte asper— eorum deliberabat:
4. „Ante mortem aliis hominibus formidulos— curis non vacant!"

Z Vergleiche die beiden Übersetzungen des nachstehenden Satzes!

Imperator gemmas emit, **ut** uxorem delectaret.

Der Kaiser kaufte Edelsteine, **damit** er seine Gattin erfreute.
um seine Gattin **zu** erfreuen.

Welche Art von Gliedsatz liegt im Lateinischen vor?
Welche zwei Möglichkeiten der Übersetzung sind angeboten?
Welche wirkt im Deutschen gewandter?

Ü (Fortsetzung von 50.Ü)

1. Mit einigen Gefährten segelte Aeneas nach Italien, um seinem Stamm eine neue Heimat zu verschaffen (= bereiten).
2. Als sie nach Sizilien gekommen waren, starb sein Vater.
3. Wie Odysseus stieg *(descendit)* jener darauf zum Ort der Schatten und der Nacht hinab°, um den Toten über das Schicksal seines Stammes zu (be)fragen.
4. Durch die Ungeheuer des Orcus ließ er sich nicht schrecken (= ist er nicht erschreckt worden).

(Fortsetzung ↗52.Ü)

52 Mischklasse (gleichsilbige Substantive und Ausnahmen)

G1 Vergleiche die Zahl der Silben bei Nominativ und Genitiv Singular!
Achte auf den Genitiv Plural!

    con·sul   dux   na·vis   consul-es   duc-es   nav-es
    con·su·lis du·cis   na·vis   consul-um duc-um nav-**ium**
    (hier: Trennung nach *Sprech*silben!)   usw.

Führe die Deklination im Plural zu Ende!

G2 Zum Genus der gleichsilbigen Wörter ↗GB!

G3 Übersetze!

    vates doct**us**   comes fid**us**   auctor clar**us**
    vates doct**a**   comes fid**a**   auctor clar**a**

Leite eine Regel ab!

G4 Vergleiche!

				naves	canes	iuvenes	sedes
navis	canis	iuvenis	sedes	nav**ium**	can**um**	iuven**um**	sed**um**
navis	canis	iuvenis	sedis			usw.	
		usw.					

Worauf weist die Bildung des Genitiv Plural bei den Substantiven
CANIS, IUVENIS und SEDES hin?

G5 Achte auf die Silbenzahl und auf das Genus der Substantive!

    na·vis pulchra | mult**us** ci·nis | magn**us** pul·vis | san·guis huma**nus**
    na·vis pulchrae | multi ci·ne·ris | magni pul·ve·ris | san·gui·nis humani
    (hier: Trennung nach *Sprech*silben!)

B Übersetze und bestimme die Formen!

    navis (2) – canes (3) – esses – taces – taceres – pulveres (2) – pulveris –
    moveris – moveres – eris – sanguini – movemini – agmini – domini (2) –
    imploramini – nave – neque – cane – gaude – salve – se (2) – gaudere –
    moveri – pulveri – necari – neci – sedi (2) – steti

Ü (Fortsetzung von 51.Ü)

1. Er flehte die weise (= verständige) Seherin an, seine⁰ Führerin zu sein (daß sie ...).
2. Zuerst kamen sie zum Acheron *(Acheron, -ontis)*, wo Charon die Toten erwartet.

52

3. Dann schaffte Charon sie hinüber zu den (Wohn-)Sitzen derer, die aufgrund⁰ einer falschen Beschuldigung¹ (= Vorwurf) verurteilt worden waren.
4. Zwischen den Geistern der Toten (= Schatten) saßen auch traurige Kinder an jenem Ort der Nacht und des Schreckens.
5. Schließlich sahen sie die Flammen des Tartarus und hörten die Schreie der Elenden.

---
1) bloßer Ablativ

53

W Erkläre aus dem Wortspeicher!

Fakten – faktisch – Opus – Komparativ – Laudatio – Gendarmerie – Salto mortale – Notturno – sortieren – lokal – Lokalpatriotismus – lokalisieren – „Lokus" – morbid – monströs – umbrella – umbrabraun – Pius – armieren – Armee – Nautik – navigieren – Cinderella – pulverisieren

E Setze die richtigen Ausgänge ein!

1. Umbrae, quae apud inferos *(in der Unterwelt)* habitant, imagines van__ sine sanguine human__ sunt.
2. Cerberus quoque, canis ille formidulos__, ibi sedem su__ habet.
3. Milites in eo loco, ubi pugnabatur, magn__ pulverem videbant.
4. Nave ampl__ Aeneas in Italiam navigavit.

54 Interrogativ-Pronomen: adjektivischer Gebrauch

G1 Übersetze und vergleiche!

① Quis inter multos homines patrem non iam vidit?
Quem pater antea admonuerat?
Quid avo Menaechmi nuntiatum est?

② Quod flumen Aeneas in Tartaro vidit?
Quas poenas damnati sustinere debent?
De quo duce Graeco Homerus in Odyssea narrat?

Wodurch unterscheiden sich die Interrogativ-Pronomina der Satzgruppe ① von denen der Satzgruppe ②?
Wie wird das adjektivische Interrogativ-Pronomen dekliniert?
Vergleiche das Deklinationsschema im Grammatischen Beiheft mit dem von QUIS/QUID (↗25. G1)!

54

E Setze die jeweils richtige Form der Pronomina QUIS/QUID oder QUI/QUAE/QUOD ein! Achte bei QUI/QUAE/QUOD auf den Unterschied zwischen Relativ-Pronomen und adjektivischem Fragepronomen!

1. _____ argentum et aurum dedistis?
2. _____ auxilia dux Gallorum exspectavit?
3. De _____ audacia pater vobis narravit?
4. Enumera nonnullas colonias, _____ Graecis in Asia fuerunt!
5. _____ flumina circa hoc oppidum sunt?
6. _____ condicionibus Graeci cum Persis pacem fecerunt?

Ü
1. Obwohl die Griechen lange mit den Trojanern kämpften, konnten sie deren Stadt nicht in Besitz nehmen.
2. Sie bedachten (= dachten) vieles und fragten die Seher:
3. „Auf welche Weise werden wir jene Burg in Besitz nehmen?
4. Welche Götter haben wir verletzt, (so) daß sie uns den Sieg verweigerten?
5. Durch welches Geschenk werden wir sie besänftigen?"
(Fortsetzung ↗55.Ü)

55 Dritte Deklination: Dreiendige und zweiendige Adjektive

G1 Vergleiche die Kasusausgänge!

pater	navis	mare	acer	acris	acre	celer	celeris	celere
patris	navis	maris		acris			celeris	
patri	navi	mari		acri			celeri	
patrem	navem	mare	acrem	acrem	acre	celerem	celerem	celere
pater	navis	mare	acer	acris	acre	celer	celeris	celere
a patre	nave	mari		acri			celeri	
patres	naves	maria	acres	acres	acria	celeres	celeres	celeria
patrum	navium	marium		acrium			celerium	
patribus	navibus	maribus		acribus			celeribus	
patres	naves	maria	acres	acres	acria	celeres	celeres	celeria
patres	naves	maria	acres	acres	acria	celeres	celeres	celeria
a patribus	navibus	maribus		acribus			celeribus	

55

Bei den Substantiva der 3. Deklination ist zwischen Konsonanten- und i-Stämmen zu unterscheiden.

Welche Merkmale weisen bei den vorstehenden Adjektiven darauf hin, daß es sich um i-Stämme handelt? Welche kanntest Du schon, welche nicht?

Warum bezeichnet man diese Adjektive der 3. Deklination als **dreiendig**?

G2 Vergleiche in Singular und Plural das Adjektiv TURPIS/TURPE mit ACER/ACRIS/ACRE!

Warum heißt diese Gruppe von Adjektiven **zweiendig**?
Welche Unterschiede zu ACER/ACRIS/ACRE kannst Du feststellen?

E In den folgenden Sätzen ist das Adjektiv, welches eingeklammert im Nominativ angegeben ist, in den richtigen Kasus zu setzen!

1. Imperator animo (crudelis) civitatem terruit.
2. Romani magnitudinem corporum (immanis) elephantorum timebant.
3. Miles vulneratus dolore (acris) vexabatur.
4. Caesar nonnullas civitates Galliae victoria (celer) superavit.
5. Per (omnis) tempora vox Arionis sonabit.

B Übersetze und bestimme folgende Formen!

terribilis (5) – terreberis – terroribus (2) – terrori – terribili (6) – pretium (2) – caelestium (2) – quorum (2) – dux – duxi – duci – duce – omne (2) – omni (6) – culpae (4) – quae (8) – haec (3) – illa (4) – lumina (2) – via (3) – mortalia (3) – gaudia (3) – saxa (2) – acre (2) – salve

Z Sortiere die folgenden Adjektive! Welche sind zweiendig, welche dreiendig? (Achtung: Sie stehen in verschiedenen Kasus!)

terribilis – acris – maestis – celeris – magnis – turpis

Bestimme die Form jedes Adjektivs!

Ü (Fortsetzung von 54.Ü)

1. Lange flehten die Griechen die Himmlischen an, daß sie ihnen *(sibi)* den Sieg geben möchten (Konj. Imperf.).
2. Aber die Vorzeichen waren nicht günstig.
3. Es war den Griechen nicht gegönnt (= erlaubt), die Trojaner im⁰ heftigen Kampf[1] zu überwinden.
4. Denn die einen der (himmlischen) Götter unterstützten die Trojaner, die anderen die Scharen der Griechen.

---

1) bloßer Ablativ

56

Einendige Adjektive
Pluralbildung von LOCUS

G1 Vergleiche die Kasusausgänge des Adjektivs!

tyrannus	atrox	pugna	atrox	facinus	atrox
tyranni	atrocis	pugnae	atrocis	facinoris	atrocis
tyrannum	atrocem	pugnam	atrocem	facinus	atrox
a tyranno	atroci	pugna	atroci	facinore	atroci
tyranni	atroces	pugnae	atroces	facinora	atrocia
tyrannorum	atrocium	pugnarum	atrocium	facinorum	atrocium
usw.		usw.		usw.	

Führe die Deklination zu Ende!
Die Adjektive dieser Gruppe bezeichnet man als „einendig".
In welchen Kasus ergibt sich dennoch eine Zweiendigkeit?
Durch welche Dir bekannte Regel kommt diese zustande?

G2 Vergleiche die folgenden Sätze!

Tartarus locus formidulosus est.
Loca Tartari atrocia sunt.

Was fällt Dir am Plural von LOCUS auf?

E Setze die in Klammern angegebenen Adjektive in der richtigen Kasusform ein!
1. Quo nomine illud bellum (ingens) nominatur, quod Romani cum Hannibale gesserunt *(führten)*?
2. Vir (prudens) filium tuum has artes antiquas docuit.
3. Verba virorum (sapiens) memoria tenete!
4. Ab imperatore (clemens) ille mercator miro modo servatus est.

W Erkläre aus dem Wortspeicher!

mea culpa! – Montanunion – Mont Blanc – Akzeleration – Artist – artistisch – Genus – homo sapiens – forte – fortissimo – Beate – Ornament – Ornat – Relikt – Clemens

Ü (Aeneas und die Sibylle vor den Toren der Höllenstadt)
1. „Welche breiten Mauern, welches furchtbare Feuer sehe ich dort?"
2. „Dieser Ort wird Tartarus genannt.

56

3. Menschen, welche gegen das Gastrecht Fremde töteten, Könige, die der Schrecken ihrer Untertanen (= Bürgerschaft) waren, und die Urheber vieler anderer Verbrechen erleiden (= ertragen) dort schreckliche Strafen.
4. Tapfere und weise Männer aber, deren guter Charakter, deren Bescheidenheit und Eintracht die Himmlischen erfreuten, erwarten die Freuden des Elysiums *(Elysium, -i)*.
5. Bald werden wir die Wohnsitze der Glücklichen betreten."

58 i-Stämme (Ergänzung)

G1 Im Wortspeicher wurden Dir bei vis *(die Gewalt)* für den Singular drei Formen angegeben!
Welche waren es? Um welche Kasus handelte es sich?
Im Plural sind alle Kasus gebräuchlich.
Achte auf den Bedeutungsunterschied gegenüber dem Singular!

G2 Dekliniere NAVIS CELERIS!
Vergleiche die Ausgänge dieser beiden Nomina mit den Ausgängen der reinen i-Stämme!

B Übersetze und bestimme die Formen!
sitis (4) – sedebitis – sedis – satis – servis (2) – servaris – fortis (2) – datis (4) – forti (4) – fidi (4) – feci – facti – facinori – siti (4) – fui – dedisti – animali (4) – laudavi – vi – servi (4) – servari – veri (4) – viri (4) – viris (4) – vires (4) – veros – viros – virorum – virium

E Setze die passenden Adjektiv-Ausgänge ein!
1. Tempestates diuturn__ urbem nostram magn__ vi vastabant.
2. Cum iuvenes ex itinere revertissent, ingent__ fame et magn__ siti vexabantur.
3. Mult__ animalia, velut canes et aves, famem diu tolerant, aqua necessari__ carere non possunt.
4. Medi__ in mari insula erat; ibi comites Ulixis sitim atroc__ sedabant (↗58).

58 Ü 1. In jedem Zeitalter haben die Matrosen *(nauta, -ae* m.*)* gerne von ihren wunderbaren Taten und Mühen erzählt.
2. Wenn du ihre Geschichten vergleichst, sind sie nicht verschieden *(diversus, -a, -um)*:
3. Immer werden sie auf dem gefährlichen Meer von großem Durst gequält, ertragen aber alle Anstrengungen.
4. Immer segeln sie nach fremden Ländern, wo sie mit Ungeheuern und schrecklichen Tieren kämpfen.

(Fortsetzung ↗59.Ü)

59 Komparation des Adjektivs: Komparativ

G1 Wodurch unterscheiden sich die Adjektive der drei folgenden Reihen?

lang	länger	der/die/das längste
scharf	schärfer	der/die/das schärfste

Wie bezeichnen wir die Form der Adjektive in der ersten, der zweiten und der dritten Reihe?

G2 Vergleiche die folgenden Reihen!

longus	**long-**i	**long-**ior	**long-**ius
asp**er**	**asper-**i	**asper-**ior	**asper-**ius
pulch**er**	**pulch r-**i	**pulch r-**ior	**pulch r-**ius
ac**er**	**ac r-**is	**ac r-**ior	**ac r-**ius
cel**er**	**celer-**is	**celer-**ior	**celer-**ius
gravis	**grav-**is	**grav-**ior	**grav-**ius
felix	**felic-**is	**felic-**ior	**felic-**ius

Welche Form liegt bei allen Adjektiven der zweiten Reihe vor?

Wie nennt man den fettgedruckten Teil dieser Form?

Wie gewinnt man diesen Teil des Adjektivs zuverlässig?

Wie lautet das Bildungselement des Komparativs im Nominativ Singular für das MASKULINUM/FEMININUM bzw. das NEUTRUM?

59 G3 Vergleiche die Kasusendungen!

imperator	acrior	acrius	corpus
imperator-is	acrior-is	acrior-is	corpor-is
imperator-i	acrior-i	acrior-i	corpor-i

Führe die Deklination im Singular zu Ende und erstelle sie auch für den Plural!
Nach welcher der beiden Grundformen der 3. Deklination richtet sich die Deklination des Komparativs?
An welchen Endungen wird dies besonders deutlich?

T Übersetze folgende Adjektivformen und setze sie in den Komparativ!

molesto (2) – vehementia – beatis – integra (3) – felici (2) – grave – miserae (3) – atrox (2) – turpium – celerem – amplam

Ü (Fortsetzung von 58.Ü)
1. Jene verwegenen Männer fürchten fremde Stämme nicht und werden durch unbekannte Lebewesen nicht erschreckt.
2. Sicherlich sind anderswo *(alibi)* die Tiere schrecklicher, gefährlicher und furchterregender als in unseren Breiten (= in diesen Gebieten), sind dort die Krankheiten verderblicher, die Stürme heftiger, die Stadtmauern breiter als hier.
3. Aber echte Matrosen *(nauta, -ae m)* überwinden mit Verstand und Kraft alle Gefahren und lachen über (= verlachen) den Rachen des Orcus, den Tod und die Flammen der Hölle (= des Tartarus).

(Fortsetzung ↗60.Ü)

Z1 Wiederhole 9.G1!
Übersetze folgende Wörter und ordne sie dann nach Wortarten!

gravis – ante – laudari – priusquam – quis – vindicant – unus – quintus – atrox – senex – flamma – illud – propter – dum – bene – satis

Z2 Benenne die drei Grundwortarten und gib an, wodurch sie sich unterscheiden (↗9.G1)!
Benenne die einzelnen Wortarten, die zu diesen drei großen Gruppen gehören!

60 Superlativ

G1 Vergleiche folgende Reihen mit 59.G2!

longus	long-ior	long-**issimus**, -a, -um
gravis	grav-ior	grav-**issimus**, -a, -um
felix	felic-ior	felic-**issimus**, -a, -um

An welchen Wortteil des Adjektivs wird bei der Bildung des Superlativs das Bildungselement **-issimus, -issima, -issimum** angehängt?
Welche Adjektive fehlen gegenüber 59.G2?

G2 Vergleiche dazu die folgenden Reihen!

asp**er**	asper-ior	asper-**rimus**, -a, -um
pulch**er**	pulch r-ior	pulcher-**rimus**, -a, -um
ac**er**	ac r-ior	acer-**rimus**, -a, -um
cel**er**	celer-ior	celer-**rimus**, -a, -um

Wie lautet das Bildungselement des Superlativs bei den Adjektiven auf -(e)r?

G3 Vergleiche folgende Sätze mit ihrer Übersetzung!

① Illa cohors fortissima erat. — Jene Kohorte war die tapferste.
Tartarus locus atrocissimus est. — Der Tartarus ist der schrecklichste Ort.

② Rex crudelissimus fuit. — Der König war sehr grausam.
Naves Poenorum celerrimae erant. — Die Schiffe der Punier waren pfeilschnell.

Welche Unterschiede in der Art der Übersetzung des Superlativs kannst Du feststellen?

T Verwandle die folgenden Adjektiv-Formen in den Superlativ!
longi (2) – pulchrior (2) – felici (3) – asperae – amplius – turpium (2) – miserior (2) – ingentis (2) – vehemens (4)

W Erkläre aus dem Wortspeicher!
Aquädukt – Aquarium – aqua destillata – aquamarinblau – urban – Urban – Urbanität – Gravitation – gravitätisch – Massenmedien – Medienpolitik – Medium – kurieren – Kur – Vehemenz – vehement – et cetera

60 **Ü** (Fortsetzung von 59.Ü)
1. Welche Matrosen *(nauta, -ae* m*)* haben noch nicht in fremden Ländern die tapfersten Männer überwunden, die schönsten Frauen geheiratet (= zu⁰ ihren Gattinnen¹ gemacht)?
2. Welche haben nicht in überaus schrecklichen Nächten die Seelen *(manes, -ium)* der gestorbenen Kameraden (= Gefährten) gesehen?
3. In der Tat, alle Matrosen haben wunderbare Werke vollbracht (= gemacht), sind mit pfeilschnellen Schiffen gesegelt und durch den schrecklichsten Sturm aller Zeiten gejagt worden.
4. Die Matrosen sind gewiß die tapfersten Menschen!

---
1) Akkusativ

62 DIVES, PAUPER, VETUS

G1 Vergleiche die folgenden Reihen!

m	f	n	m/f	n	m/f	n	Substantiv
celer	celer-is	celer-e	pauper		vetus		genus
	celer-is		pauper-is		veter-is		gener-is
	celer-i		pauper-i		veter-i		gener-i
celer-em	celer-em	celer-e	pauper-em	pauper	veter-em	vetus	genus
	celer-**i**		pauper-**e**		veter-**e**		gener-**e**

Woran kannst Du erkennen, daß PAUPER und VETUS zu den Konsonantenstämmen gehören und nicht wie CELER zu den i-Stämmen?
DIVES (reich) wird ebenso dekliniert wie PAUPER (arm) und VETUS (alt). Bilde auf Grund dieser Erkenntnis den Plural zu **dives, pauper** und **vetus** (zu vetus auch im Neutrum)!

Z Vergleiche das Tempus der lateinischen und der deutschen Formen!

   novi   1. ich habe kennengelernt
          2. ich kenne
   noveram   1. ich hatte kennengelernt
          2. ich kannte

Halte die beiden Übersetzungsmöglichkeiten KENNENGELERNT HABEN und KENNEN fest und achte auf den Tempusunterschied!

62

W1 Vergleiche das Substantiv mit dem Adjektiv!

AUDACIA AUDAX

Leite in gleicher Weise ab das Substantiv zu CLEMENS – PRUDENS – SAPIENS und das Adjektiv zu DILIGENTIA – CONSTANTIA!

W2 Inwiefern ist die Form CLEMENTIA mehrdeutig?

T Bilde zu den folgenden Substantiven und Adjektiven jeweils den Ablativ Singular, den Nominativ Plural und den Genitiv Plural!

scelus – vetus – ludus – corpus – virtus – navis – vis – immanis – iuvenis – acer – ager – pauper – vates – dives

Gib bei den Adjektiven IMMANIS und ACER im Nominativ Plural auch das Neutrum an!

Ü 1. Viele Schriftsteller erzählen uns von Menschen, die in alten Zeiten durch die Macht ihrer Lieder viel vermochten.
2. Ungeheure Felsen konnten sie durch ihren Gesang bewegen.
3. Schreckliche Tiere haben sie durch liebliche Melodien besänftigt.
4. Durch die Stimme des Orpheus wurden die Löwen abgehalten, die anderen Tiere zu töten.
5. Von jenem überaus reichen Arion habt ihr schon gehört.
(Fortsetzung ↗63.Ü)

63 Partizip Präsens Aktiv

G1 Vergleiche folgende Partizipien!

stans	stehend	circúmdatus	umgeben
flens	weinend	vexatus	gequält
		impletus	angefüllt

Welche Bestimmungsstücke des Verbums haben sich von der linken zur rechten Reihe geändert?
Bezeichne die Veränderung genau!

63 G2 Vergleiche zur Deklination des Partizip Präsens Aktiv folgende Reihen!

stare	monere		
stans	monens	prudens	constans
stantis	monentis	prudentis	constantis
stanti	monenti	prudenti	constanti
stantem	monentem	prudentem	constantem
stante	monente	prudenti	constanti

m+f n	m+f n	m+f n	m+f n
stantes/-ia stantium usw.	monentes/-ia monentium usw.	prudentes/-ia prudentium usw.	constantes/-ia constantium usw.

Wodurch unterscheidet sich die Deklination der Partizipien des Präsens Aktiv von der der einendigen Adjektive auf -ANS und -ENS?

T Übersetze folgende Wortpaare und setze sie dann in den Ablativ Singular und in den Nominativ sowie den Genitiv Plural!

saxum ingens – avis cantans – homo dives – periculum imminens – tempestas vehemens – vir sapiens – corpus mortale – rex clemens – mare tutius

E Wähle aus den Adjektiven und Partizipien INGENS, ORANS, DIVES, PAUPER, SEDENS jeweils ein passendes aus und setze es im richtigen Kasus in die folgenden Sätze ein!

1. Arx antiqua cum moenibus altis ante nonnullos annos igne ____ vastata est.
2. Dominus navis Arionem ____ deridebat.
3. Auctores antiqui de Arione in dorso delphini ____ narrant.
4. Raro homines ____ sortem amicorum ____ curant.

Ü (Fortsetzung von 62.Ü)

1. Als die Gattin des Orpheus gestorben war, betrat jener tapfere Mann mit festem Sinn den Schlund des Orcus.
2. Nachdem er zu den Gestaden des Acheron gekommen war, rührte (= bewegte) er die Königin *(regina, -ae)* der Schatten durch sein trauriges Lied sehr.
3. Er flehte (= bat), daß sie seine Frau aus dem Gebiet der Schatten befreie (Imperf.).
4. Als jene die Hilfe nicht verweigerte (Plusqpf.), kehrte er mit seiner Gattin zum Eingang (= Schlund) des Orcus zurück.

(Fortsetzung ↗64.Ü)

64 Partizip: attributiver Gebrauch – geschlossene Wortstellung
Grundzahl: UNUS/UNA/UNUM

G1 Wiederhole 26.G2 und 26.Z! Übersetze!

In Tartaro **umbrae propter scelera turpia damnatae** habitant.
Quod nomen est **seni animas nave transportanti**?
Welche Regeln über die Wortstellung beim PPP haben auch beim Partizip Präsens Gültigkeit?

G2 Vergleiche die folgenden Deklinationen!

beatus	beata	beatum	unus	una	unum
beati	beatae	beati		un**ius**	
beato	beatae	beato		un**i**	
beatum	beatam	beatum	unum	unam	unum
beato	beata	beato	uno	una	uno

In welchen Kasus unterscheidet sich die Deklination von UNUS/UNA/UNUM von der des Adjektivs BEATUS/BEATA/BEATUM?

E Setze die richtige Form von UNUS/UNA/UNUM ein!
1. E multis nautis ___ a facinore prohiberi poterat.
2. ___ viri virtute servati sumus.
3. Heredes ___ partem horti adhuc possident.
4. Utrum ___ amicae aures praebebimus an omnibus?
5. Hannibal ___ oculi morbo laborabat (laborare: *leiden*).
6. Deus non omnia bona ___ dedit.

B Übersetze und bestimme folgende Formen!
siti (2) – fui – uni (3) – ludi (2) – acri (2) – vi – portavi – novi (3) – filius – Cornelius – unius (3) – ius (2) – pretium (2) – sapientium – navium – filium – undarum – causarum – damnarem – celerem (2) – deberem

Ü (Fortsetzung von 63.Ü)
1. Die Königin (↗62.Ü) der Schatten hatte die Gattin des Orpheus unter⁰ der (= dieser) Bedingung¹ befreit, daß Orpheus sie nicht betrachtete, ehe sie den Orcus verlassen hätten.
2. Aber Orpheus gehorchte nicht und ließ sich durch die Bitten seiner Frau bewegen (= wurde von seiner bittenden Frau bewegt).
3. Darauf kehrte diese zu den Schatten zurück.
4. Den weinenden Orpheus aber verjagten die Wächter aus jenem Ort.

---
1) bloßer Ablativ

65 Grundzahlen: DUO ... DECEM

G1 Vergleiche die Deklinationen und achte auf die Unterschiede!

qui	quae	quae	duo	duae	duo
quorum	quarum	quorum	duorum	duarum	duorum
quibus			duobus	duabus	duobus
quos	quas	quae	duo(s)	duas	duo
quibus			duobus	duabus	duobus

Bei welchen Kasus und bei welchen Genera liegen Unterschiede vor?

G2 Was ergibt sich bei folgendem Vergleich?

acres	acres	acria	tres	tres	tria
acrium			trium		
acribus			tribus		
acres	acres	acria	tres	tres	tria
acribus			tribus		

G3 Stelle anhand des Wortspeichers fest, wie es mit der Deklination der Grundzahlen 4 ... 10 steht!

E1 Setze DUO oder TRES in der richtigen Form ein!

1. Homini ____ oculi sunt et ____ aures.
2. Graeci copias ____ regum Persarum superaverunt.
3. Alexander in ____ partibus orbis terrarum pugnavit, in Europa, Asia, Africa.
4. Romanis aut ____ aut ____ nomina erant.
5. Marcus cum ____ amicis Colosseum intrat.

E2 Hier sind auch die Zahlen 4 ... 10 zu verwenden.

1. Nonnullis animalibus ____ pedes (pes, pedis *m: Fuß, Bein*) sunt, nonnullis ____, multis etiam ____ aut ____.
2. Graeci Troiam post ____ annos occupaverunt.
3. Niobae ____ filii et ____ filiae erant.
4. Nos ____ partes orbis terrarum novimus, Romani ____ tantum noverant.

66

Unregelmäßige Komparation des Adjektivs
Partizip: prädikativer Gebrauch
Genusausnahmen der dritten Deklination

G1 Bilde zu MAGNUS, PARVUS, BONUS, MALUS, MULTI, MULTUM jeweils den Komparativ und Superlativ und überprüfe das Ergebnis anhand der Tabelle im Grammatischen Beiheft!

G2 Dekliniere MONS ALTIOR und DONUM PULCHRIUS! (↗ 59.G3)!
Vergleiche damit die Deklination von MOS PEIOR und CAELUM MELIUS!

G3 Vergleiche folgenden Satz mit seiner deutschen Übersetzung!

Hanno solem in caelo septentrionali stan**tem** vidit.   Hanno sah die Sonne am nördlichen Himmel ste**hen**.

Welcher Unterschied in der Konstruktion liegt vor?

G4 Die beigefügten Adjektive zeigen Dir das Genus der folgenden Substantive an:

cr**inis** alb**us** *(weiß)*   magn**us** orbis terrarum   arbor alta
f**inis** Roman**us**

Inwiefern weichen diese Substantive von der sie betreffenden Genusregel ab (↗52.G2 und 30.G3)?
Bei Ausnahmen mußt Du stets das im Wortspeicher fettgedruckte Genus mitlernen.

W Erkläre aus dem Wortspeicher!

Grazie – graziös – Part – partiell – Observatorium – Observanz – Prohibition – Front – frontal – Lunar Orbiter – Triumvirat – September – Oktober – November – Dezember – Oktave – dolce vita – amore – Amor – final – maximal – Maximum – Major – Majorität – Minorität – minus – Minimum – minimal – Optimum – optimal – Pessimist – Pessimismus – pessimistisch – Plural – pluralistisch – plus – Modus – Modalität – Mode – „ummodeln" – Nautik – Veteran – Undine – Ultimo – Ultimatum – Kantate – Kantor – flennen

T Bilde zu folgenden Positiven jeweils den Komparativ und den Superlativ!

boni (je 2) – parvo (je 2) – bona (Pl.) – magnum – mala (Sg.: je 2) – divitis (je 2) – multum – multi (Pl.) – sapiens (Neutrum)

66 Ü 1. Der Vater hielt die Kinder nicht vom Fluß fern (= ab), sondern zeigte ihnen die Ursachen der Gefahr.
2. Kluge Väter wenden nämlich nicht Gewalt an, wenn die Kinder ihnen nicht gehorchen.
3. Sie führen (= haben) zuerst ein Gespräch mit den Kindern; dann zeigen sie ihnen einen besseren Weg; schließlich unterstützen sie sie auf[0] jede Weise[1].
4. Sehr viele aber haben genug daran[0], ihre Kinder zu tadeln.

---

[1]) bloßer Ablativ

Z1 Zu welchen Wortarten gehören folgende Wörter? Es sind mehrere Lösungen möglich.

cum – quod – quam

Z2 Nenne zu folgenden deutschen Wörtern alle gelernten lateinischen Übersetzungsmöglichkeiten:

so – wie – und – oder – nämlich

67 DOMUS

G1 Vergleiche die beiden Deklinationsreihen!

dominus	severus	domus	maritima
domini	severi	domūs	maritimae
domino	severo	domui	maritimae
dominum	severum	domum	maritimam
a domino	severo	in domo	maritima
domini	severi	domus	maritimae
dominorum	severorum	domorum	maritimarum
dominis	severis	domibus	maritimis
dominos	severos	domos	maritimas
a dominis	severis	in domibus	maritimis

In welchen Kasus stimmt die Deklination von DOMUS mit der von DOMINUS überein, in welchen nicht?
Mit welcher Deklination lassen sich die nicht mit DOMINUS übereinstimmenden Kasus vergleichen?

67

G2 Welches Genus kannst Du für DOMUS mit Hilfe des in G1 beigefügten Adjektivs ablesen?

E Setze in den folgenden Sätzen die richtige Form von DOMUS ein!
1. Inter arbores densas nonnullas ____ videbamus.
2. Quod nomen ____ novae fuit?
3. His temporibus complures homines sibi iam ____ ferreas aedificant.
4. Umbra complurium ____ solem a nobis prohibebat.
5. Media pars ____ altae a nobis habitatur.
6. Complures ____ veteres in urbe sunt.

Ü
1. In unserer (= dieser) Zeit werden viele neue Häuser erbaut.
2. Vor allem in dicht bewohnten (= volkreichen) Städten haben die Menschen immer gerne die alten Häuser verlassen und sich neue erbaut.
3. Es ist nämlich nicht angenehm, in einem alten Haus ein beschwerliches Leben zu führen *(vivere)*, wenn mehrere Freunde durch ein schönes Haus Freuden genießen (= erfreut werden).
4. Seid also guten Mutes[1]!
5. Bereitet die Geräte vor°, aber auch das Geld!
6. Den Tapferen unterstützt das Glück.

---
1) bloßer Ablativ

68 Adverb

G1 Vergleiche die fettgedruckten Wörter folgender Sätze!
1. Animus **crudelis** eius viri neque homini neque bestiae temperavit.
2. Dionysius tyrannus homo **crudelissimus** fuit.
3. Etiam bestiam **crudeliter** necare scelus est.

Bestimme Wortarten und Satzglieder bzw. Satzgliedteile dieser Sätze (↗13.G1)!
Zu welcher Wortart gehört das jeweils fettgedruckte Wort?

G2 Übersetze folgende Wörter!
certe – saepe – hodie – subito – raro – profecto – cras – semper – interdum – satis – imprimis – adhuc – postea

Um welche Wortart handelt es sich jeweils?
Zu welchen von diesen Wörtern kannst Du ein Adjektiv angeben?

68 G3 Vergleiche die Bildung der von Adjektiven abgeleiteten Adverbien!

① doctus	**doct**-i	doct-**e**
mis**er**	**miser**-i	miser-**e**
pulch**er**	**pulchr**-i	pulchr-**e**
② cel**er**	**celer**-is	celer-**iter**
ac**er**	**acr**-is	acr-**iter**
communis	**commun**-is	commun-**iter**
supplex	**supplic**-is	supplic-**iter**
③ prude**ns**	**prudent**-is	prudent-**er**
consta**ns**	**constant**-is	constant-**er**

Wodurch unterscheiden sich die Adjektive der Gruppe ① von denen der Gruppe ②?
Welche Form liegt in der linken, welche in der mittleren Reihe vor (↗59. G2)?
Beachte den Unterschied in dem Ausgang des Adverbs zwischen der Gruppe ① und der Gruppe ②!
Wodurch unterscheidet sich die Gruppe ③ von der Gruppe ②?

T Bilde zu folgenden Adjektiv-Formen das Adverb!
sapiens – assiduus – felix – asper – longus – velox – integer

K Wie lautet das Adverb zu BONUS?
Warum hast Du dieses Adverb gesondert gelernt?

B Übersetze und bestimme folgende Formen!
do – dono (2) – domo – domino (2) – domus – domūs (2) – domorum – donorum – dominorum – domum – donum (2) – domui – docui – domini (2) – prudentes – prudenter – acriter – ager – acer – acris – agris – agmine – pulchre – mare (2) – gaude – hodie – communiter – Iuppiter – iter (2)

Ü 1. Wir alle kennen jene Art von (= der) Menschen, welche sich schnell mit Wein anfüllen, wenn sie sich freuen oder wenn sie traurig sind.
2. Auch den unablässig Warnenden schenken sie kein Gehör.
3. Weder der Vater noch ein Freund können die jungen Männer vom Wein abhalten, ehe sie betrunken (= mit Wein angefüllt) sind.
4. Nicht selten verwüsten sie schrecklich johlend das Haus.
5. Zuletzt liegen sie wie Tote auf einem Sofa oder unter (*sub* Präp. m. Abl.) dem Tisch.
(Fortsetzung ↗69.Ü)

69 Adverb: Komparation

G1 Übersetze die folgenden Sätze und vergleiche die einander entsprechenden fettgedruckten Wörter!

① Bestiae interdum **acriter** pugnant.
Adulescentes **cupide** vinum potabant.
Auxilia **celeriter** venerunt.

② Bestiae interdum **acrius** pugnant quam homines.
Adulescentes **cupidius** vinum potabant.
Auxilia **celerius** venerunt, quam imperator exspectaverat.

③ Bestiae interdum **acerrime** pugnant.
Adulescentes **cupidissime** potabant.
Auxilia **celerrime** venerunt.

Welche Wortart liegt jeweils vor?
Durch welche Veränderungen unterscheiden sich die Gruppen ①, ② und ③ voneinander?
Welcher Form des Adjektivs gleicht das Adverb ACRIUS (↗ CUPIDIUS, CELERIUS)?

G2 Wie ist bei den Sätzen der Gruppe ③ das **Adverb im Superlativ** gebildet? Vergleiche die Übersicht im Grammatischen Beiheft!

G3 Suche für den 2. Satz der Gruppe ② eine bessere Übersetzung als den bloßen **Komparativ**!

W Erkläre aus dem Wortspeicher!

Dom – Domizil – Exempel – exemplarisch – exemplifizieren – Klassenfrequenz – frequentieren – maritim – Mensa – Studium – studieren – Student – Kommune – Kommunismus – Kommunalverwaltung – kommunizieren – Kommunion – Kommunikationsmittel – Communiqué – Velociped – Vigil – vigilant – moderato – Moderator – moderieren – retardieren – ritardando – Konvent – konvenieren – Konvenienz

T Übersetze folgende Adverbien und bilde dazu im Lateinischen den Komparativ und Superlativ!

docte – misere – bene – male – breviter – celeriter – iuste – feliciter – prudenter – fortiter – pulchre – aspere

69 Ü (Fortsetzung zu 68.Ü)
1. Manchmal rufen dann die Menschen, die im benachbarten *(vicinus, -a, -um)* Hause wohnen, die Polizisten:
2. „Seht die Schandbilder von (= der) Menschen!
3. Schon drei oder vier Stunden trinken und schreien sie aufs heftigste."
4. Die Polizisten ermahnen dann die jungen Männer:
5. „Trinkt mäßiger und langsamer!
6. Wenn ihr nicht maßvoller seid (= sein werdet), werdet ihr bald im Gefängnis sitzen."
7. Bisweilen lachen sie auch, wenn die jungen Männer ganz elend daliegen.

70 Adverbiale Sonderbildungen: DOMI, DOMUM, DOMO

G1 Vergleiche die Sätze der linken Reihe mit denen der rechten!

Fenestrae **domus** veteris parvae sunt.   Gaudeo, quod **domi** sum.
Prope **domum** nostram arbor alta est.   Quando **domum** revertisti?
Qua de **domo** vobis fabulam narravi?   Illo tempore **domo** Romam veni.

Vergleiche die fettgedruckten Formen und arbeite die Bedeutungsunterschiede heraus!

71 Konjunktiv: Präsens Aktiv und Passiv – Hortativ

G1 Vergleiche die folgenden Reihen!

lauda-re		mone-re	
laudo	laude-m	mone-o	mone-a-m
lauda-s	laude-s	mone-s	mone-a-s
lauda-t	laude-t	mone-t	mone-a-t
lauda-mus	laude-mus	mone-mus	mone-a-mus
lauda-tis	laude-tis	mone-tis	mone-a-tis
lauda-nt	laude-nt	mone-nt	mone-a-nt

Wie werden die Formen des **Konjunktiv Präsens** in der ā- bzw. ē-Konjugation gebildet?

71 G2 Vergleiche die Übersetzung der folgenden Konjunktivformen!
observet   er beobachte   videat   er sehe
           er möge beobachten   er möge sehen

Bilde ebenso die Konjunktivformen aller Personen im Singular und Plural! Stelle fest, in welchen Personen des Singular und Plural nur *eine* Übersetzung eindeutig ist. Versuche, den Grund zu finden!

G3 Übersetze folgende Aufforderungen an die 1. Person Plural!
1. Disput**e**mus saepe cum viris sapientibus!
2. Imple**a**mus urnam vino!
3. **Ne** damn**e**mus viros iustos atque integros propter unum vitium!

Nenne die Übersetzungsmöglichkeiten für diese Verwendungsart des Konjunktivs!
Wir bezeichnen diese Verwendungsart des Konjunktivs als **Hortativ**.
Achte auf die Verneinung des Hortativs!

Z Achte bei folgenden Sätzen auf die Übersetzung des Konjunktivs!
1. Cavete canem,   Hütet euch vor dem Hund,
   ne vulneremini!   damit ihr nicht verletzt werdet!
2. **Tam** pauper est,   Er ist so arm,
   ut ne minimam quidem   daß er nicht einmal die geringste
   pecuniam possid**e**at.   Geldsumme besitzt.

Welchen unterschiedlichen Modusgebrauch kannst Du in den lateinischen und deutschen Gliedsätzen feststellen (↗GB 45.G1–3)?

B Übersetze und bestimme folgende Formen!
cantas – veritas – nautas – fueras – cantes – festinantes (2) – fines (2) – fleres – caelestes (2) – mones – prohibeas – prohibueras – moneamus – eramus – damus – demus – densus – moneatis – vatis – gaudiis (2)

Ü 1. Manchmal hält uns auf der Straße eine erstaunliche Art von⁰ (= der) Menschen auf⁰.
2. Zuerst fordern sie, daß wir ihnen *(sibi)* Gehör schenken.
3. Sie kümmern sich nicht darum⁰, daß *(quod m. Ind.)* dich die Gattin erwartet, daß *(quod m. Ind.)* du Gäste eingeladen hast.
4. Nachsicht gewähren (= geben) sie nicht.
5. Sie müssen dir eine ganz wahre oder wunderschöne oder ganz schlimme Geschichte erzählen!
6. Hüte dich, daß (= damit nicht) du ihren Zorn erregst (= bewegst)!
7. Du wirst sie nicht abhalten.
(Fortsetzung ↗72.Ü)

72

ESSE: Konjunktiv Präsens
Perfekt: Bildung mit -s-
CUM: verschiedene Funktionen und Bedeutungen

G1 Wiederhole zum Indikativ Präsens 19.G2!
Vergleiche dann folgende Reihen!

laude-m	mone-a-m	s-i-m
laude-s	mone-a-s	s-i-s
laude-t	mone-a-t	s-i-t
usw.	usw.	usw.

Vergleiche den Kennvokal für den Konjunktiv Präsens bei allen drei Reihen!

G2 Vergleiche die Perfektbildung bei folgenden Verben (↗27.G1)!

certare	implere	monere	ridere	augere
certa-nt	imple-nt	mone-nt	ride-nt	auge-nt
certa-v-erunt	imple-v-erunt	mon-u-erunt	ris-erunt	aux-erunt

Was hat sich bei den unterlegten Reihen durch die Perfektbildung auf -s- verändert?

G3 Viermal CUM:

① Quando **cum** amicis domum revertisti?
② **Cum** domus amici ard**et,**
   non verbis vanis, sed opera atque auxilio eum adiuvare debes.
Cum nautae Arionem in mare praecipitav**issent,**
   in dorso delphini sedens servatus est.
Cum nobiles opes assidue auge**rent,**
   misera plebs Romana urbem reliquit.

Wodurch unterscheiden sich die Sätze der Gruppe ② von Satz ①?
Halte bei ② die **Bedeutungen** von **cum** mit dem jeweiligen Modus fest!

W Erkläre aus dem Wortspeicher!

Dom – Domäne – Domestik – Domizil – Transatlantik – Transplantation – Noblesse – evident – infam – Fossil – Pedal – Pediküre – Plebejer – plebejisch – Plebiszit – Attest – testen – Zentimeter – Zentner

B Übersetze und bestimme folgende Formen!

certabimus – simus – summis (2) – augebis – sitis (5) – risistis – risimus – maioribus (2) – crinis (2) – equis (2) – sis – satis – vidit – sit – arsit – novit – inquit – gaudebit – gaudet – licet – liceat – certet

72 Ü (Fortsetzung von 71.Ü)

1. Die größte Gefahr droht dir dann, wenn ein derartiger Held (= sehr tapferer Mann) von (= aus) einer Reise zurückgekehrt ist.
2. Mit eigenen (= seinen) Augen hat er die schrecklichsten Kämpfe wilder Stämme gesehen.
3. Mit den besten Athleten *(athleta, -ae* m*)* des Erdkreises hat er gekämpft.
4. Da er sehr stark und von⁰ höchster Körperkraft¹ ist, hat er alle Gegner überwunden.
5. Seien wir also demütig!
6. Laßt uns diese Helden mit schönsten Worten preisen!

1) bloßer Ablativ

73 Konjunktiv: Perfekt Aktiv und Passiv – Prohibitiv
Indirekte Interrogativ-Sätze

G1 Führe die folgenden Reihen zu Ende!

lauda-v-i	lauda-v-erim	mon-u-erim	fu-erim	aux-erim
lauda-v-isti	lauda-v-eris	mon-u-eris	fu-eris	aux-eris
usw.	usw.	usw.	usw.	usw.

G2 Bilde zu folgenden Formen den Konjunktiv und führe die Konjugation dann zu Ende!

    laudatus sum   territus sum   ductus sum

G3 Übersetze folgende Satzgruppen!

① Date veniam miseris!
   Responde matri, puer!
   Monstra viam hospitibus!

② Ne damnaveris homines culpā carentes!
   Ne monueritis alios, priusquam iram vestram coercere potueritis!
   Vates Aeneam admonuit: Ne timueris imagines vanas et umbras!

Welche Satzart liegt in beiden Gruppen vor?
Worin unterscheiden sich die Sätze der Gruppen ① und ② voneinander?
Versuche, für die Bildung des verneinten Imperativs **(Prohibitiv)** eine Regel aufzustellen!

73 **G4** Vergleiche die Sätze der linken Reihe mit den im Druck hervorgehobenen Gliedsätzen der rechten Reihe!

Quis Arionem servat?	Rogo te, **quis Arionem servet.**
Quis Arionem servavit?	Rogo te, **quis Arionem servaverit.**
Quae regna Alexander Magnus superavit?	Non ignoras, **quae regna Alexander Magnus superaverit.**
Quod negotium tibi in urbe fuit?	Te rogo, **quod negotium tibi in urbe fuerit.**

Welche Art von Sätzen liegt in der linken Reihe vor?
Welche Veränderung haben diese in der rechten Reihe erfahren?
In welchem Modus stehen die im Druck hervorgehobenen Gliedsätze?

B Übersetze und bestimme folgende Formen!

damnaverim – statim – fuerim – sitim – sitis (5) – monueris – generis – eris – fueris – veris (2) – damnaveris – moneris – fueritis – monueritis – riseritis – ne riseritis – laudaris – volares – moneres – esses – fuerint – erunt – auxerint – fuerunt – arserint

Ü 1. In Asien gibt es (= sind) einige Barbarenstämme, die einen erstaunlichen Aberglauben haben.
2. Immer wieder werden diese Menschen ohne Grund von sinnloser (= nichtiger) Furcht gequält; wie zum Beispiel, wenn sie ein „verhängnisvolles" Tier sehen oder wenn ein Vogel mit trauriger Stimme singt.
3. Wenn du fragst, was sie erschreckt hat, schreien sie:
4. „Frage nicht! Lache nicht! Schweig!
5. Bald wirst du sehen, durch welche Gefahren wir erschreckt worden sind."
(Fortsetzung ↗74.Ü)

74 Futur II: Aktiv und Passiv
Futur in Konditionalsätzen

G1 Überlege, wo auf der folgenden Zeitflußlinie Futur I und **Futur II** einzutragen wären.

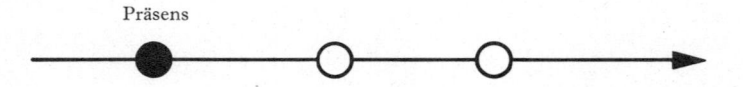

Präsens

Betrachte zum Futur II folgenden Beispielsatz:
Wenn ich im Lotto gewonnen habe(n werde), werde ich mir ein Auto kaufen.

74 Durch welche Zeit ersetzt das Deutsche meist das Futur II?
Betrachte das Futur II nicht vom Präsens aus, sondern vom Futur I!
Welcher Zeitstufe gehört es aus dieser Sicht an?

G2 Vergleiche Konjunktiv Perfekt und Futur II!

lauda-v-erim	lauda-v-ero	imple-v-erim	imple-v-ero
lauda-v-eris	lauda-v-eris	imple-v-eris	imple-v-eris
lauda-v-erit	lauda-v-erit	imple-v-erit	imple-v-erit

Führe die Reihen zu Ende!

G3 Übersetze und achte dabei auf das Zeitverhältnis zwischen Haupt- und Gliedsatz!

Si dis sacra fec**eris**, timore vaca**bis**.
Nisi gallos (↗74) nigros mactav**ero**, incendium domum vasta**bit**.
Si fatale animal vel omina atrocia vid**ero**, fugā me serva**bo**.

Welche Konjunktionen leiten diese Gliedsätze ein?
Kannst Du Deine Erkenntnisse in einer Regel zusammenfassen?

W1 Erkläre aus dem Wortschatz!

Luzia – Luzifer – Lux – Religion – religiös – fatal – Fatalismus – Qualität – Qualifikation – qualifizieren – qualitativ – Limit – limitieren – sakral – Sakrament – sakra! – sakrisch – Sakrileg – sakrosankt – Neger – negroid – Diskrepanz – krepieren – Manuskript – deskriptiv – Suada

W2 Vergleiche!

ferr**um**   Eisen   ferr**eus, -a, -um**   eisern

Bilde dementsprechend die Adjektive zu folgenden Substantiven!

aurum   Gold
argentum Silber

Ü (Fortsetzung von 73.Ü)

1. Es ist nicht leicht, derartige Menschen von ihrer Furcht und ihren abergläubischen Bedenken zu befreien.
2. Wenn eine Türe knarrt (Futur II), werden sie dieses Geräusch (*sonitus* m, Akk.: *sonitum*) für die Stimme eines Gottes halten.
3. Den Vorschriften der Priester gehorchen sie wie den Befehlen einer Gottheit.
4. Wollen wir diese armen Lebewesen nicht verlachen!
5. Sie sind nicht schlechter als die, welche törichten Menschen derartige Märchen erzählen.

75 Fünfte (ē-)Deklination
TOTUS/TOTA/TOTUM

G1 Ordne die in Kapitel 75 gelernten Kasus von RES nach Singular- und Pluralformen und stelle sie den entsprechenden Kasusformen von VATES (3. Deklination!) gegenüber! Welche Unterschiede kannst Du feststellen?

G2 Übersetze!
Romani eloquentiam pulcherrim**am** rem putabant.
Ne ostentaveris amicis miseris spes van**as**!
Fides sociorum magn**a** erat.
Beachte die hervorgehobene Endung der Adjektive!
Welche Regel ergibt sich für das Genus der Wörter, die zur **ē-Deklination** gehören?
Beachte dagegen als Ausnahme:
Clar**o die** frater ex urbe revertit.
Nonnull**os dies** de oratione a te habita disputavimus.

G3 Achte auf die Deklination von **totus, -a, -um**!
Homines tot**ius** orbis terrarum de pace disputant.
Imperator tot**i** civitati gratiam habebat.

Z Wiederhole 11.G5! Übersetze dann folgende Sätze!
Plurimi Romani antiquis temporibus iu**ris** periti erant.
Cato etiam Graec**ae** ling**uae** peritus fuit.
Was bezeichnet der Genitiv bei PERITUS?

E Setze die richtigen Ausgänge ein!
1. Cur h__ r__ advers__ vos adeo sollicitant?
2. Per fid__ deorum, religio tua mirifica est!
3. Quot r__ public__ Europae enumerare potes?
4. Nostr__ r__ public__ tuis beneficiis e summis periculis servavisti.
5. In urbe Roma viri nobilissimi iur__ periti erant.

Ü 1. In dieser Jahreszeit durchwandern *(peragrare)* wir gerne mit Vater und Mutter die Berge und Wälder unserer Heimat.
2. Nach harter Arbeit macht es nämlich Freude, die Kräfte des Körpers und des Geistes zu erfrischen.
3. Schon⁰ frühmorgens *(mane)* betreten wir den Wald.
4. Die Mutter hat viele Dinge vorbereitet, damit wir unterwegs (= auf dem Weg) den Hunger stillen können und vor *(a)* einem Sturm geschützt sind.
(Fortsetzung ↗76.Ü)

76 Ergänzung der ē-Deklination

Z Vergleiche die Deklinationen!

unda	res	dies	pes
undae	rei	diei	pedis
undae	rei	diei	pedi
undam	rem	diem	pedem
undā	rē	diē	pedĕ
undae	res	dies	pedes
undarum	rerum	dierum	pedum
usw.	usw.	usw.	usw.

Versuche Ähnlichkeiten und Unterschiede in der Kasusbildung zu erkennen! Welche Kasus sind für die ē-Deklination charakteristisch?

B Übersetze und bestimme folgende Formen!
fides – pes – vales – vates (3) – res (3) – complures (2) – esses – laudes – certes – dives – rei (2) – dei – diei (2) – diviti – domini (2) – monui – integri (2) – domi – ei (2) – fidei (2) – spem – dolorem – dolerem – pulverem – arderem – amorem – quidem – fidem – augerem – laudem – testem – numen – dulcem – sanguine – inde – facie – conclave (2) – incredibile (2) – egregie – domine – gaude – arcere – asperiore – re – crepuitne? – dierum – carum (3) – felicium – sacerdotum – donum (2) – modum

K1 Welche lateinischen Übersetzungen kennst Du für die folgenden Wörter?
oder – aber – nämlich/denn – deshalb – bald – wenn – nicht – und – so – daß – weil

K2 Gib zu folgenden lateinischen Wörtern alle deutschen Bedeutungen an!
CUM – UT – NE – IN – MODO
Welche Funktion erfüllen sie im Satzzusammenhang?

Ü (Fortsetzung von 75.Ü)
1. „Wollen wir uns beeilen!" mahnte der Vater.
2. „An einem so schönen Tag macht das⁰ Wandern Freude!
3. Seid aber aufmerksam! Legt im Wald keinen (= macht nicht einen) Brand!
4. Wenn ihr meinen Anweisungen gehorcht (Fut. II), werden wir jenseits des Flusses Wettkämpfe machen *(certare)*.
5. Wer wird diesen breiten Graben überspringen (= überwinden)?"
6. Sofort eilten wir zum Kampfplatz (= Ort des Wettkampfes).

77 Imperativ II

G1 Übersetze die beiden Satzgruppen!

① Cur matrem contumeliis violas, Marce? Ne deriseris parentes!
Da mihi veniam, Paule! Non libenter te vulneravi!
Parete comiti perito sine mora, amici!

② Ne deride**to** parentes!
Vir bonus amicis semper, sibi numquam veniam da**to**!
Amici comitibus peritis pare**nto**, cum illi bene suaserint!

Welche Art von Befehlen wird jeweils durch den Imperativ I (Gruppe ①), welche durch den Imperativ II (Gruppe ②) ausgedrückt?
Mit welchen Endungen wird der **Imperativ II** gebildet?
Wie lautet die Verneinung beim Imperativ II?

W Erkläre aus dem Wortspeicher!

Dies irae – magister artium – Republik – republikanisch – oratorisch – Benefizspiel – Benefiziat – oral – Silvia – total – ostentativ – Konklave – Moratorium – Stolz – divers – Laudatio – legal – Legalität – Mandant – Sentenz – indigniert

T Bilde zu folgenden Präsensformen den Imperativ II!

lauda – laudant – mactat – monet – gaude – est – monent – este – sunt – misce – mactatis – es – gaudete

78 Grund- und Ordnungszahlen
Zahlen bei Zeitangaben

G1 Vergleiche die Zahlwörter!

① Multi auctores Romani de **septem** sapientibus narrant.
Quinque partes orbis terrarum sunt.
Duobus consulibus in re publica Romana summa potestas erat.

② **Primo** a. Chr. n. saeculo Caesar totam Galliam occupavit.
Numa Pompilius non **primus**, sed **secundus** rex Romanorum fuit.
Utrum **quartus** *(als . . .)* an **quintus** an **sextus** venisti?

Welche Aufgabe erfüllen die Zahlwörter in den Sätzen der Gruppe ①, welche die in den Sätzen der Gruppe ②?

78

G2 Welche Regeln gelten für die Deklination der schon gelernten **Grundzahlen** (Cardinalia), welche für die **Ordnungszahlen** (Ordinalia)?

G3 Übersetze folgende Sätze und achte dabei auf die Zahlen bei den Zeitangaben!
① Augustus plus quam viginti annos Romanis imperavit.
② Augustus et primo a. Chr. n. saeculo et primo p. Chr. n. saeculo Romanis imperavit.
③ Nono p. Chr. n. anno Romanis res atrocissima nuntiata est.

Welche unterschiedliche Verwendung der Zahlen kannst Du erkennen?

E Vervollständige die folgenden Sätze!
1. Prim__ a. Chr. n. saeculo Augustus populo Romano pacem dedit.
2. Homini du__ pedes sunt, multis animalibus quatt__.
3. Utrum no__ an oct__ a. Chr. n. saeculo Carthago aedificata est?
4. Usque ad quin__ p. Chr. n. saeculum legati et praetores Romani in Germania castra obtinebant.
5. Plures quam un__ uxorem habere apud multas gentes nefas est.

Z Ein alter Spruch:

          AMORE
           MORE
            ORE
             RE
FIRMANTUR[1] AMICITIAE[2]

---
1) von *firmus* ableitbar
2) von *amicus* ableitbar

Ü 1. In zwei Städten Deutschlands *(Germania, -ae)* können wir von den alten Römern erbaute Tore betrachten.
2. Jene Städte standen (= waren) vom ersten bis zum fünften Jahrhundert unter (= in) der (Amts-)Gewalt römischer Prätoren und Legaten.
3. Die eine von° beiden° wurde von der dritten italischen *(Italicus, -a, -um)* Legion gehalten (= behauptet), die andere war im dritten und vierten Jahrhundert zeitweilig (= manchmal) Residenz (= Wohnsitz) römischer Kaiser.
4. Wer wird uns fünf oder sechs Namen römischer Städte unserer Heimat nennen?

79
Infinitiv Präsens Aktiv und Passiv
Infinitiv Perfekt Aktiv
POSSE (Zusammenfassung)

G1 Übersetze die folgenden **Infinitive**!

① mandare   monere   esse
② mandari   moneri   –

Von welchem Stamm sind diese Infinitive gebildet?
In welchem Bestimmungsstück unterscheiden sich die Infinitive der Zeile ① von denen der Zeile ②!

G2 Vergleiche die folgenden Infinitive mit denen von G1!

| manda-v-isse | mon-u-isse | fu-isse |

Von welchem Stamm sind diese Infinitivformen gebildet?
In welchem Genus verbi stehen sie?

G3 Bestimme folgende Formen von POSSE!

| possum | poteram | potero | potui | potueram | potuero |

Führe in allen Reihen die Konjugation zu Ende!
Bilde auch die Konjunktive in den Tempora, in denen es möglich ist!

T1 Setze folgende Infinitive in das Perfekt!

implere – suadere – crepare – dare – praestare – miscere – esse – posse – augere – ardere – movere – docere

T2 Führe die angegebenen Umwandlungen nach 11.T durch!

POSSUM: Setze in den Plural → die 3. Person → den Konjunktiv → das Perfekt → den Indikativ → die 1. Person Singular → das Futur II → das Futur I → den Plural → das Imperfekt → den Konjunktiv → das Präsens → den Indikativ → in den Singular!

Ü 1. Drei Tage war unser Vater nicht zu Hause.
2. Er scheint an verschiedenen Orten gewesen zu sein, wo es gut erhaltene Kastelle, Tore oder andere Gebäude der alten Römer gibt (= sind).
3. Als er heute zurückgekehrt war, rief er uns zu sich: „Bald werdet ihr erstaunliche Dinge betrachten können.
4. Die Römer scheinen nicht nur Lager, sondern auch Bäder *(balnea, -orum)* erbaut zu haben.
5. Bald werden wir zu jenen Stätten wandern."

80 Perfektbildungen (Zusammenfassung)
Perfekt-Stämme noch nicht gelernter Konjugationen (Zusammenfassung)

G1 Bilde zu folgenden Verben das Perfekt Aktiv (3. Pers. Singular, Indikativ)!
militare – crepare – adiuvare – dare – praestare – implere – pertinere – ridere – augere – movere
Wiederhole die Zusammenfassung zur Perfektbildung im Grammatischen Beiheft!

G2 Wiederhole alle schon gelernten Perfektstämme noch nicht gelernter Konjugationen!
z. B. audivi – reliqui – feci – scripsi usw.
Überprüfe auch hierzu Deine Kenntnisse anhand der Tabelle im Grammatischen Beiheft!

W1 Erkläre aus dem Wortspeicher!
Legat – Legationsrat – Meridian – meridional – lapidar – Magnifizenz – Magnifikat – Sekundärliteratur – Untersekunda – Sekundant – Tertia – Dezimalsystem – Konservator – Konservatorium – offiziell – Offiziant – Offizier – Präsidium – obskur – Obskurität – Reliquie – Familie – Limes – Provinz – Militär

W2 Die folgenden Fremdwörter sind teils vom Präsensstamm, teils vom Perfektstamm, teils auch vom PPP lateinischer Verben abgeleitet.
Stelle das jeweils Zutreffende fest!
Datum – evident – V für „vidi" (Korrekturzeichen) – Stativ – Karenzzeit – Monitor – demonstrativ – Demonstration – Vision – Possessiv-Pronomen – Suada – impertinent – Debet – tolerant – Auktion – Konserve – Student

E AUGERE – FACERE – VENIRE – CIRCUMDARE – RIDERE – SUADERE
Mittels dieser Verben sind die folgenden lückenhaften Sätze so zu ergänzen, daß sich ein guter Sinn ergibt!
Verwende dabei stets Perfekt, Plusquamperfekt oder Futur II Indikativ bzw. Konjunktiv!
1. Romani castra iam fossa ____.
2. Haec non fecissem, nisi tu mihi ____.
3. Nox terrorem mulierum ____.
4. Ne ____ illa sacra, amica!
5. Amici postquam in urbem ____, forum spectaverunt.
6. Si numinibus sacra ____, nobis temperabunt.

80

Z1 Dreimal SITIS!
Wie mußt Du die folgenden sechs Teilsätze zusammenordnen, damit sich drei Satzgebilde mit gutem Sinn ergeben?

Ut etiam vos contenti		homines atrocissime vexabat.
Media in aqua	SITIS	mercatores Romani habitabant.
In oppidis post limitem		fabulam iterum narrabo.

Z2 Hier ist ein Zettelkasten durcheinandergeraten! Versuche, die Perfektformen ggf. zu ergänzen und den zu ihnen passenden Zetteln mit den verschiedenen Bildungsmöglichkeiten (v-Perfekt usw.) zuzuordnen!

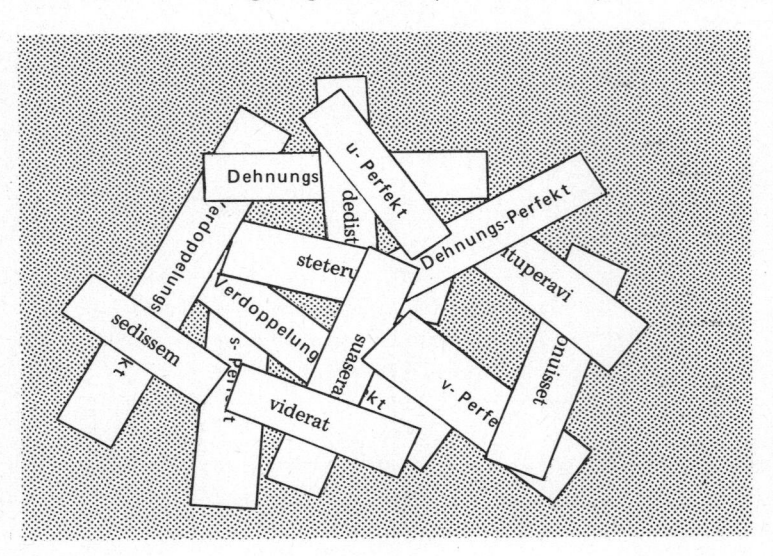

WORTSPEICHER

N. steht für Nomen, V. für Verbum, P. für Partikeln, J. für Junkturen

Wortart	LATEIN	DEUTSCH	Lernhilfen

1.

Wortart	LATEIN	DEUTSCH	Lernhilfen
VERBUM	exspectat	er/sie/es erwartet, wartet, hält Ausschau	e.: to expect
	salūtat	er grüßt, begrüßt	salutieren, Salut
	stat	er steht	
	vocat	er ruft, nennt, bezeichnet	e.: vowel
	gaudet	er freut sich	Gaudi
	videt	er sieht, erblickt	e.: visible
	est	er ist	
PARTIKEL	diū	lange, lange Zeit	
	hódiē	heute, heutzutage	
	súbitō	plötzlich	
	ubī?	wo?	
	ibī	da, dort	
	et	und; *(betont:)* auch	Abk.: „&"
	sed	aber, jedoch, sondern	

2.

Wortart	LATEIN	DEUTSCH	Lernhilfen
NOMEN	porta	die Tür, das Tor, die Pforte	Portal
	tuba	die Tuba, Trompete	e.: tube
	pópulus	das Volk, Publikum	e.: people, popular Pöbel, populär
VERBUM	clāmat	er schreit, ruft	Klamauk, Reklame
	intrat	er tritt ein, betritt	e.: to enter Introitus
	nārrat	er erzählt, berichtet	
	pūgnat	er kämpft	

VERBUM	sonat	es ertönt, tönt es erklingt, klingt	e.: sound, consonant Sonate
	patet	es steht offen, ist offen	
	sedet	er sitzt	
PARTIKEL	ecce	sieh da! schau!	
	iam	schon, bereits	
	nunc	nun, jetzt	

Wortspeicher

3.

NOMEN	gladius	das Schwert	Gladiator
	lūdus	das Spiel, Schauspiel, die Schule	Präludium
	tē	dich	
VERBUM	crepat	es klirrt, knarrt, gibt einen Laut	krepieren
	dēclīnat	er beugt (sich), weicht aus	e.: declension deklinieren
	dēlectat	er erfreut, bereitet Freude	
	rogat	er fragt, bittet, fordert	
	temptat	er greift an, unternimmt einen Versuch, erprobt	e.: to attempt
	splendet	es glänzt, leuchtet	e.: splendid
	tacet	er schweigt	
PARTIKEL	cūr?	warum?	
	nōn	nicht	
	nam	denn, nämlich	

4.

VERBUM	exsultat	er jubelt, johlt	e.: to exult
	necat	er tötet	
	trepidat	er zittert, ängstigt sich	
	vulnerat	er verwundet	e.: vulnerable
	iacet	er liegt (am Boden), liegt (tot) da	
	respondet	er antwortet, erwidert	Korrespondenz
PARTIKEL	iterum	wiederum, zum zweiten Mal	
	etiam	auch, sogar	
JUNKTUR	nōn iam	nicht mehr	

5.

NOMEN	cēna	das Essen, Mahl, die Mahlzeit	
	vīlla	das Landhaus	e.: village
	amīcus	der Freund	
	amīca	die Freundin	
	hortus	der Garten	Kinder*hort*
	servus	der Sklave, Diener	e.: to serve,
	serva	die Sklavin, Dienerin	the servant servieren
VERBUM	invītat	er lädt ein	e.: to invite, invitation
	migrat	er wandert, übersiedelt, geht weg	emigrieren, Emigration
	mōnstrat	er zeigt	demonstrieren, Monstranz
	parat	er bereitet, bereitet (sich) vor *(etwas zu tun)*, schickt sich an	
	póssidet	er besitzt	e.: to possess
PARTIKEL	saepe	oft	
	tum	da, dann, darauf, damals	
	dum	während	
	ítaque	daher, deshalb	
	quoque *(nachgestellt)*	auch	
JUNKTUR	hodiē quoque	auch heute, heute noch	

6.

NOMEN	**dīvitiae** *(Pluralwort)*	der Reichtum	
	statua	Standbild, Statue	e.: statue
	tabula	die Tafel, das Gemälde	e.: table
VERBUM	cōgitat	er denkt, bedenkt, beabsichtigt	
	dubitat	er zögert	e.: to doubt
	properat	er eilt, beeilt sich	
	spectat	er betrachtet, schaut an	↗1: exspectat
	iuvat	es erfreut, macht Spaß	
PARTIKEL	libenter	gerne, mit Vergnügen	
	valdē	sehr	
	quod	weil, *(auch:)* daß	
JUNKTUR	nōn sōlum ..., sed etiam ...	nicht nur ..., sondern auch ...	

7.

NOMEN	parricīda	der Vatermörder, Muttermörder; Hochverräter	
	fīlius	der Sohn	
	fīlia	die Tochter	Filiale
	taurus	der Stier	Torero
	Graecī	die Griechen ⎤ als Subst. nur	e.: Greek
	Trōiānī	die Trojaner ⎦ im Plural gebr.	
	quot? *(indekl.)*	wie viele?	
VERBUM	agitat (agitāre)	er jagt, hetzt, treibt	Agitation
	explicat (explicāre)	er erklärt	explizieren
	portat (portāre)	er trägt	e.: porter
			Porto
	potest	er kann	
	possum	ich kann	e.: possible
PARTIKEL	bene	gut *(Adv.)*	
	fortasse	vielleicht	
	hīc	hier	

8.

NOMEN	**aedificium**	Bauwerk, Gebäude	
	argentum	Silber	Argentinien
	aurum	Gold	
	dōnum	Geschenk	
	forum	Marktplatz	Forum
	monumentum	Monument, Denkmal	e.: monument
	simulācrum	Götterbild	
	templum	Tempel, Heiligtum	e.: temple
	fēmina	Frau	e.: feminine
	fortūna	Glück, Schicksal	e.: fortune
			Fortuna (Glücksgöttin)
	tot *(indekl.)*	so viele	
VERBUM	amāre	lieben, gern haben, „mögen"	Amateur
	cūrāre *(mit Akk.)*	sich kümmern *(um)*; sorgen *(für)*	e.: to cure kurieren, Kur
	vītāre	meiden, vermeiden, entgehen	
	sunt	sie sind	↗ 1: est
PARTIKEL	interdum	bisweilen, manchmal, gelegentlich	
	num	etwa? etwa gar? *(Fragepartikel, wenn auf eine Frage die Antwort* **nein** *erwartet wird)*	

9.

N. bonus, -a, -um	gut, tüchtig	Bonus
inimīcus, -a, -um	feindlich, feindselig, nachteilig	e.: enemy
inimīcus	Feind	
iūstus, -a, -um	gerecht	e.: just
iniūstus, -a, -um	ungerecht	
maestus, -a, -um	traurig, betrübt	
māgnus, -a, -um	groß	
malus, -a, -um	böse, schlecht, schlimm	
multus, -a, -um	viel	e.: multiply multiplizieren
necessārius, -a, -um	nötig, notwendig, unentbehrlich	e.: necessary
opulentus, -a, -um	reich, wohlhabend, mächtig	opulent
parvus, -a, -um	klein, gering	
pecūnia	Geld	pekuniär
V. dare	geben	Dativ
laudāre	loben, gutheißen, preisen	
sum	ich bin	↗ 1: est
P. tam	so ⎫	
quam	wie ⎭ *(bei Adj. und Adv.)*	

10.

N. theātrum	Theater	e.: theatre
antīquus, -a, -um	alt, altertümlich	antik
contentus, -a, -um	zufrieden	e.: content
doctus, -a, -um	gelehrt, gebildet, verständig	Doktor
fīdus, -a, -um	treu, zuverlässig	
grātus, -a, -um	dankbar, angenehm, willkommen	e.: grateful
ingrātus, -a, -um	undankbar, unangenehm	
laetus, -a, -um	froh, fröhlich	
stultus, -a, -um	töricht, dumm	
V. es	du bist	↗ 1: est
P. cum	wenn, jedesmal wenn *(zeitlich)*; damals als	
sī	wenn, falls *(bedingend)*	
nōnne	(etwa) nicht? *(Fragepartikel, wenn auf eine Frage die Antwort* **ja** *erwartet wird)*	

11.

N. dea, -ae	Göttin	
deus, -ī	Gott, Gottheit	
Graecia, -ae	Griechenland	e.: Greece
Graecus, -a, -um	griechisch	
patria, -ae	Vaterland, Heimat	Patriot
Rōma, -ae	Rom	
Rōmānus, -a, -um	römisch	e.: Roman
Rōmānī, -ōrum	die Römer	
scientia, -ae	(gründliches) Wissen, Kenntnis	e.: science, scientific
clārus, -a, -um	berühmt, hell, glänzend, klar	e.: clear
cūnctus, -a, -um	sämtlich, gesamt, ganz	
cūnctī, -ae, -a	alle	
cúpidus, -a, -um	begierig nach *(mit Genitiv)*	
dīvus, -a, -um	göttlich, vergöttlicht (zum Gott erhoben)	Diva
V. dēlīberāre	überlegen, erwägen	e.: to deliberate
ēnumerāre	aufzählen	e.: to number, numerieren
potes	du kannst	↗ 7: potest
P. imprīmīs	besonders, vor allem	

12.

N. īra, -ae	Zorn, Wut	
littera, -ae	Buchstabe	
litterae, -ārum	Brief, Wissenschaft(en)	e.: literature
medicus, -ī	Arzt	e.: medicine, Medizin
vīnum, -ī	Wein	e.: wine
novus, -a, -um	neu	Novität
rārus, -a, -um	selten	rar
vērus, -a, -um	wahr, wirklich, aufrichtig, echt	e.: very
cui?	wem?	
V. aedificāre	bauen, erbauen, errichten	↗ 8: aedificium
errāre	(sich) irren, sich täuschen	e.: error
imperāre	befehlen, gebieten, herrschen	
importāre	einführen	e.: to import, Import
exportāre	ausführen	e.: to export, Export

v. placāre	beruhigen, besänftigen, versöhnen	
studēre *(mit Dat.)*	sich bemühen *(um)*	e.: student Student
p. certē	sicher(lich), gewiß	e.: certainly
velut	wie; wie zum Beispiel	

14.

n. dīligentia, -ae	Sorgfalt, Gewissenhaftigkeit	e.: diligence
annus, -ī	Jahr	Annalen
bellum, -ī	Krieg	
initium, -ī	Anfang, Beginn	Initiator
clausus, -a, -um	geschlossen	e.: to close, clause
v. disputāre	diskutieren, erörtern	e.: to dispute
dērīdēre	verlachen, verspotten	
habēre	haben, halten	
p. mox	bald, demnächst	
et ... et	sowohl ... als auch	

Präpositionen mit Ablativ

ā/ab	von (... her), von ... an
cum	mit, in Begleitung von
dē	von (... herab), über
ē/ex	aus, aus ... heraus, von ... aus, von ... an, seit
in	in, an, auf *(Frage:* **wo?***)*
prō	für, an Stelle von, vor
sine	ohne

15.

n. contumēlia, -ae	Beleidigung, Schmach, Kränkung	
fābula, -ae	Geschichte, Märchen, Theaterstück	Fabel
iocus, -ī	Scherz, Spaß	Jux e.: joker
tímidus, -a, -um	ängstlich, furchtsam	e.: timid

v.	vacāre *(mit Abl.)*	frei sein *(von)*	e.: vacancy, vacation Vakuum, vakant
	violāre	verletzen, kränken	e.: to violate
	timēre	(sich) fürchten	↗ 15: timidus
	estis	ihr seid	↗ 10: es
	possunt	sie können	↗ 7: possum
P.	simul	gleichzeitig, zugleich	simultan

16.

N.	callidus, -a, -um	schlau	
	hūmānus, -a, -um	menschlich, menschenfreundlich	e.: human human
	rīdiculus, -a, -um	lächerlich	
	sevērus, -a, -um	streng, ernst	e.: severe

Personal-Pronomina

ego	ich	**nōs**	wir
mihi	mir	nōbīs	uns *(Dat.)*
mē	mich	nōs	uns *(Akk.)*
ā mē	von mir	ā nōbīs	von uns
tū	du	**vōs**	ihr
tibi	dir	vōbīs	euch *(Dat.)*
tē	dich	vōs	euch *(Akk.)*
ā tē	von dir	ā vōbīs	von euch
sē *(reflexiv)*	sich *(Akk.)*	**sē** *(reflexiv)*	sich *(Akk.)*

---

v.	vituperāre	tadeln	
	carēre *(mit Abl.)*	*(etwas)* entbehren, nicht haben	
	sumus	wir sind	↗ 9: sum
P.	semper	immer	
J.	pariter atque/ac	ebenso wie, gleich wie	paritätisch

17.

N.	**ager, agrī**	Acker, Feld, Gebiet	
	līberī, līberōrum	die Kinder *(eigtl.:* die Freigeborenen)	↗ 17: līber
	puer, puerī	Bub, Bursche, Junge	
	vir, virī	Mann	*Werwolf*

N. ínteger/íntegra/íntegrum	unbescholten, untadelig, anständig	Integration
pulcher/pulchra/pulchrum	schön, hübsch	
asper/aspera/asperum	rauh, bitter, herb	
liber/lībera/līberum	frei, ungebunden	liberal
miser/misera/miserum	elend, unglücklich, kläglich, arm	e.: miserable miserabel
nihil *(Nom./Akk.)*	nichts	Nihilist
vīta, -ae	Leben	vital
V. ēducāre	erziehen, aufziehen	e.: education
fugāre	verjagen, vertreiben	
implēre	füllen, anfüllen	
pārēre	gehorchen, sich richten *(nach)*	parieren
valēre	gesund sein, wert sein, vermögen, Einfluß haben	e.: value
póssumus	wir können	↗ 7: possum
P. nisi	wenn nicht, außer	

18.

N. meus / mea / meum	mein	
tuus / tua / tuum	dein	
noster / nostra / nostrum	unser	
vester / vestra / vestrum	euer	
oppidum, -ī	Stadt, Festung	
intentus, -a, -um	aufmerksam, gespannt	intensiv
nōnnūllī, -ae, -a	einige	
V. dissimulāre	verbergen, verheimlichen	simulieren
negāre	bestreiten, leugnen, verneinen, verweigern	e.: negative Negation
occupāre	besetzen, in Besitz nehmen	e.: to occupy
coërcēre	in Schranken halten, zügeln	
manēre	(bestehen) bleiben, warten *(auf)*	e.: to remain
esse *(Inf.)*	sein	
es!	sei!	
este!	seid!	
P. vix	kaum	
priusquam	ehe, bevor	

19.

N. vīcus, -ī	Dorf	
vīculus, -ī	Dörflein, „Nest"	
quiētus, -a, -um	ruhig, gefaßt	e.: quiet
suus, -a, -um *(reflexiv)*	sein, ihr	
V. iuvāre *(mit Akk.)*	unterstützen, helfen, erfreuen	↗ 6: iuvat
adiuvāre *(mit Akk.)*	unterstützen, helfen	
cavēre *(mit Akk.)*	sich in acht nehmen *(vor)*, sich hüten *(vor)*	

20.

N. bēstia, -ae	*(wildes)* Tier	e.: beast
formīdulōsus, -a, -um	fürchterlich, furchterregend, entsetzlich	e.: formidable
V. pōtāre	trinken	
terrēre	*(jemanden)* erschrecken	e.: terrible
P. autem *(nachgestellt)*	aber	

22.

N. Athēnae, -ārum	Athen	e.: Athens
colonia, -ae	Kolonie, Niederlassung	e.: colony
tyrannus, -ī	Tyrann, Gewaltherrscher	tyrannisieren
commercium, -ī	Handel	Kommerzbank
imperium, -ī	Befehl, Macht, Reich, Herrschaft	e.: empire Imperialismus
saeculum, -ī	Jahrhundert, Zeitalter	
bárbarus, -a, -um	ausländisch, barbarisch, ungebildet	e.: barbarous
bárbarus, -ī	Barbar, Wilder	
alius/alia/aliud	ein anderer	Alibi
aliī ... aliī	die einen ... die anderen	
V. habitāre	wohnen, bewohnen	e.: to inhabit
putāre	glauben, meinen, halten für	
rēgnāre	herrschen, König sein	e.: to reign
obtinēre	festhalten, innehaben, behaupten	e.: to obtain
P. ubīque	überall	
tantum *(nachgestellt)*	nur	Plurale tantum
tamen	dennoch, trotzdem	
vel	oder	

23.

N. concordia, -ae	Eintracht, Einigkeit	fr.: concorde
cōpiae, -arum	Truppen, Streitkräfte	
Persae, -arum *m*	die Perser	
praeda, -ae	Beute, Raub	
pūgna, -ae	Kampf, Schlacht	↗ 2: pūgnāre
victōria, -ae	Sieg	e.: victory
fīrmus, -a, -um	stark, fest	e.: firm
quīntus, -a, -um	der fünfte	Quint
V. dēbilitāre	schwächen	debil
superāre	besiegen, überwinden	
fuit	er/sie/es ist gewesen	↗ 1: est
P. posteā	nachher, später	
postquam	nachdem	
quamquam	obwohl, obgleich	

24.

N. adversārius, -ī	Gegner, Feind	
dominus, -ī	Herr, Gebieter	dominieren
domina, -ae	Herrin	
V. spoliāre	plündern, berauben	
temperāre *(mit Dat.)*	schonen, mäßigen	
trānsportāre	hinüberschaffen, -bringen	e.: to transport
vāstāre	verwüsten	
J. nē . . . quidem	nicht einmal . . .	

25.

N. ēloquentia, -ae	Beredsamkeit	
industria, -ae	Fleiß, Betriebsamkeit	e.: industry
lingua, -ae	Zunge, Sprache	e.: language
prosper/prospera/ prosperum	glücklich, günstig, gedeihlich	e.: prosperous, prosperity
quis?/quid?	wer?/was?	
V. ēmīgrāre	auswandern	e.: to emigrate
restāre	übrig sein, übrig bleiben	↗ 1: stāre Rest
docēre	lehren, unterrichten	Dozent
placēre	gefallen, zusagen	e.: please
P. haud	nicht	
rārō	selten	e.: rarely
prīmō	anfangs, zuerst	
immō; immō vērō	vielmehr, im Gegenteil	

26.

N. avāritia, -ae	Habsucht, Geiz	
cōnstantia, -ae	Standhaftigkeit, Festigkeit	e.: constant konstant
disciplīna, -ae	Zucht, Erziehung, Ordnung	e.: discipline Disziplin
lūxuria, -ae	Luxus, Verschwendung, Verschwendungssucht	e.: luxury
modestia, -ae	Mäßigung, Bescheidenheit, Besonnenheit	e.: modesty
perīculum, -ī	Gefahr	
parātus, -a, -um	bereit, vorbereitet	parat
V. accūsāre	anklagen, beschuldigen	e.: to accuse
P. atque/ac	und	*aber* ↗ 16:
(atque/ac *kennzeichnet eine besonders enge Verbindung*)		pariter atque/ac
J. iterum atque iterum	immer wieder	

27.

N. philosophia, -ae	Philosophie	e.: philosophy
philosophus, -ī	Philosoph	e.: philosopher
sapientia, -ae	Weisheit, Verstand, Einsicht	
superbia, -ae	Hochmut, Stolz, Übermut	
vitium, -ī	schlechte Eigenschaft, Laster, Fehler	
perīculōsus, -a, -um	gefährlich	↗ 26: perīculum
perniciōsus, -a, -um	verderblich, schädlich	
V. **monēre (monuī, mónitum)**	(er-)mahnen, warnen	Monitor
nocēre (nocuī)	schaden	
sustinēre (sustinuī)	aushalten, ertragen	
P. numquam	niemals, nie	
igitur	daher, also	

28.

N. misericordia, -ae	Mitleid, Erbarmen	↗ 17: miser
Poenī, -ōrum	Punier	
alterī, -ae, -a ..., ... alterī, -ae, -a	die einen ..., die anderen (*von zwei Gruppen*)	Alternative
nātus, -a, -um	geboren	e.: native

v. dēspērāre	verzweifeln, die Hoffnung aufgeben	e.: to despair, desperate
cēnsēre (cēnsuī)	meinen, der Ansicht sein, *(für etwas)* stimmen	zensieren
potestis	ihr könnt	↗11: potes
P. cēterum	übrigens, im übrigen	

Präpositionen mit Akkusativ

ad	zu, an, bei
ante	vor *(örtlich und zeitlich)*
apud	bei *(vor allem bei Personen)*
contrā	gegen
in	in, nach, auf *(Frage:* **wohin?***)*
post	nach, hinter
prope	nahe bei
propter	wegen

J. ante Chrīstum nātum vor Christi Geburt
post Chrīstum nātum nach Christi Geburt

29.

N. **cōnsul, cōnsulis** *m*	Konsul	
dictātor, -is *m*	Diktator	Diktatur
imperātor, -is *m*	Feldherr, Herrscher *(auch:* Kaiser)	↗22: imperium e.: emperor
victor, -is *m*	Sieger	↗23: victōria
socius, -ī	Gefährte, (Bundes-)Genosse	sozial, Soziussitz
auxilium, -ī	Hilfe	e.: auxiliary
auxilia, -ōrum	Hilfstruppen	
paucī, -ae, -a	wenige	
v. nūntiāre	melden, mitteilen	e.: to announce Nuntius
postulāre	fordern, verlangen	Postulat
P. satis	genug, genügend	
-que (*-que verbindet zwei eng zusammengehörige Begriffe*)	und	
J. Rōmānī sociīque	die Römer und ihre Verbündeten	
imperātor Augustus	Kaiser Augustus	

30.

N. **auctor, -is** *m*	Urheber, Verfasser, Schriftsteller	e.: author Autor
dolor, -is *m*	Schmerz	
mercātor, -is *m*	Kaufmann	e.: merchant
senātor, -is *m*	Senator	Senat
terror, -is *m*	Schrecken, Angst	Terror
honōs, honōris *m*	Ehre	e.: honour
mōs, mōris *m*	Sitte, Brauch	e.: moral
mōrēs, mōrum *m*	Charakter	Moral
pater, patris *m*	Vater	↗ 11: patria
comes, comitis { *m* / *f* }	Begleiter, Gefährte Begleiterin, Gefährtin	
mīles, mīlitis *m*	Soldat, Krieger	e.: military
dux, ducis { *m* / *f* }	Führer, Anführer Führerin, Anführerin	e.: duke Doge
glōria, -ae	Ruhm	e.: glory; fr.: gloire
arma, -ōrum	Waffen	e.: arms, army
varius, -a, -um	verschieden, bunt, mannigfach, wandlungsfähig	e.: various, variety
V. **nāvigāre**	segeln, *(zur See)* fahren	e.: navigation
P. **postrēmō**	zuletzt, schließlich	

31.

N. **frāter, frātris** *m*	Bruder	
V. **servāre**	bewahren, retten	
poterō	ich werde können	↗ 7: potest
P. **quotiēns?**	wie oft?	Quotient
nōndum	noch nicht	

32.

N. **custōs, custōdis** *m*	Wächter, Wärter, Beschützer	Küster
hiems, hiemis *f*	Winter, Kälte	
nex, necis *f*	Tod, Mord	↗ 4: necāre
senex, senis *m*	alter Mann	senil
labor, -is *m*	Mühe, Anstrengung, Arbeit	e.: labour
via, -ae	Weg, Straße	
animus, -ī	Geist, Sinn, Verstand; Mut; Seele	animieren
summus, -a, -um	der höchste, oberste, bedeutendste	e.: sum, summary Summe

v.	dolēre (doluī)	Schmerz empfinden, bedauern	↗ 30: dolor
p.	-ne	*Fragepartikel*	
	iuvátne?	macht es Spaß?	

34.

n.	condiciō, condiciōnis *f*	Bedingung, Übereinkunft, Lage	e.: condition
	legiō, legiōnis *f*	Legion *(5000–6000 Mann)*	e.: legion
	regiō, regiōnis *f*	Gebiet, Gegend, Landschaft	e.: region
	fortitūdō, fortitūdinis *f*	Tapferkeit	
	homō, hominis *m*	Mensch	↗ 16: hūmānus
	multitūdō, multitūdinis *f*	Menge, Vielzahl	↗ 9: multus
	pāx, pācis *f*	Friede	e.: peace
	prōvincia, -ae	Provinz, Verwaltungsbezirk	e.: province
	triumphus, -ī	Triumph(zug), Siegesfeier	triumphieren
	situs, -a, -um	gelegen	e.: site Situation
v.	īgnōrāre	nicht wissen, nicht kennen	e.: to ignore
p.	circā *(Präp. m. Akk.)*	um ... herum, rings um	zirka

35.

n.	agmen, agminis *n*	(Heeres-)Zug, Schar, Trupp	
	carmen, carminis *n*	Lied, Gesang, Gedicht	
	discrīmen, discrīminis *n*	Gefahr, gefährliche Lage, Entscheidung	e.: discrimination
	lūmen, lūminis *n*	Licht, Leuchten, Glanz	illuminieren
	nōmen, nōminis *n*	Name, Benennung	e.: noun
	ōmen, ōminis *n*	Vorzeichen, Vorbedeutung	Omen
	corpus, corporis *n*	Körper, Rumpf, Leiche	Corps
	decus, decoris *n*	Zierde, Schmuck, Ruhm	e.: to decorate
	tempus, temporis *n*	Zeit, Zeitpunkt	e.: tense das Tempus
	robur, roboris *n*	*(körperliche)* Kraft, Elite	robust
	māgnitūdō, māgnitūdinis *f*	Größe, Erhabenheit	↗ 9: māgnus
	ōtium, -ī	Muße, Ruhe, Freizeit	
	prīmus, -a, -um	der erste	e.: Prime Minister
	quantus, -a, -um?	wie groß?	ein Quantum
j.	agmen prīmum	Vorhut	

36.

N. memoria, -ae	Gedächtnis, Erinnerung	e.: memory
poēta, -ae *m*	Dichter	Poët
aequitās, aequitātis *f*	Gleichheit, Unparteilichkeit	e.: equal
auctōritās, auctōritātis *f*	Ansehen, Einfluß	↗30: auctor
calamitās, calamitātis *f*	Unheil, Schaden, Verlust	
cīvitās, cīvitātis *f*	Bürgerschaft, Staat, Gemeinde	e.: city
crūdēlitās, crūdēlitātis *f*	Grausamkeit, Brutalität	e.: cruelty
difficultās, difficultātis *f*	Schwierigkeit, Beschwerlichkeit	e.: difficulty
lībertās, lībertātis *f*	Freiheit, Unabhängigkeit	e.: liberty
pietās, pietātis *f*	Frömmigkeit	e.: piety Pietät
servitūs, servitūtis *f*	Sklaverei, Knechtschaft	↗5: servus
virtūs, virtūtis *f*	Tüchtigkeit, Tugend, Mannhaftigkeit, Vorzug	↗17: vir e.: virtue
foedus, foederis *n*	Bündnis, Vertrag	e.: federal
V. dedī *(Perf.)*	ich habe gegeben	↗9: dare
imminēre	drohen, bevorstehen	e.: imminent
tenēre (tenuī)	halten, behalten	
J. multum valēre (apud m. Akk.)	großen Einfluß haben *(bei)*	

37.

N. avus, -ī	Großvater	
māter, mātris *f*	Mutter	
geminus, -a, -um	doppelt, zugleich geboren	
geminī, -ōrum	Zwillinge, Zwillings-	
is/ea/id	dieser/diese/dieses; er/sie/es	
V. poteram	ich konnte	↗31: poterō
P. inter *(Präp. m. Akk.)*	zwischen, unter, während	inter-national
aliquandō	(irgend-)einmal, einst	
frūstrā	vergebens, umsonst	frustrieren
J. dē vītā migrāre	sterben	↗5: migrāre

38.

N. hērēs, hērēdis { *m* / *f*	Erbe / Erbin	
mulier, mulieris *f*	(Ehe-)Frau, Weib	
uxor, uxōris *f*	Gattin, Ehefrau	
amplus, -a, -um	weit, umfangreich, ansehnlich	e.: ample
mortuus, -a, -um	gestorben, tot	
(mortuus est)	(er ist gestorben)	
sibi	sich *(Dativ)*	↗16: sē

39.

N. terra, -ae   Land, Erde   e.: territory
    alter/altera/alterum   der/die/das andere   ↗ 28: alterī
       Gen.: alterīus, *Dat.:* alterī   *(von zweien)*   e.: to alter
P. per *(Präp. m. Akk.)*   durch, hindurch
    anteā   vorher   ↗ 23: posteā
    tandem   endlich

40.

N. audācia, -ae   Wagemut, Kühnheit, Frechheit

    hōra, -ae   Stunde, Jahreszeit   e.: hour
    peregrīnus, -a, -um   fremd
      peregrīnus, -ī   der Fremde   Pilger
    flāgitium, -ī   Schande, Niederträchtigkeit; „Schandbild"

    verbum, -ī   Wort, Ausdruck   e.: verb
    mīrīficus, -a, -um   erstaunlich, wunderbar, komisch

    ūnus, -a, -um   ein(er), eine, ein(es)   Union
      Gen.: ūnīus, *Dat.:* ūnī
V. līberāre   befreien   ↗ 17: līber
               e.: to liberate
    audēre   wagen   ↗ 40: audācia
    movēre   bewegen, erregen, rühren   e.: to move
    iūvī *(Perf.)*   ich habe geholfen, erfreut   ↗ 19: iuvāre
    adiūvī *(Perf.)*   ich habe geholfen   ↗ 19: adiuvāre
    cāvī *(Perf.)*   ich habe mich gehütet, in acht genommen   ↗ 19: cavēre

    mōvī *(Perf.)*   ich habe bewegt, erregt, gerührt

    sēdī *(Perf.)*   ich bin gesessen   ↗ 2: sedēre
    vīdī *(Perf.)*   ich habe gesehen   ↗ 1: vidēre

41.

N. imāgō, imāginis *f*   Bild, Abbild, Ebenbild   e.: image
    mēcum   mit mir   ↗16: ā mē
V. appellāre   anreden, benennen   e.: to appeal
            Appell
    salvē!   sei gegrüßt!   ↗ 1: salūtāre

42.

N. gemma, -ae	Edelstein	Gemme
gaudium, -ī	Freude, Vergnügen, Fröhlichkeit	↗ 1: gaudēre
pretium, -ī	Preis, Wert, Belohnung	e.: prize, price
falsus, -a, -um	falsch, unecht	e.: false
quī/quae/quod	der/die/das; welcher/welche/welches (*Relativ-Pronomen*)	
V. ēmī *(Perf.)*	ich habe gekauft	

43.

N. dolus, -ī	List, Betrug	
carcer, -eris *m*	Gefängnis	Kerker
vōx, vōcis *f*	Stimme, Laut, Rede	↗ 1: vocāre e.: voice
avārus, -a, -um	habsüchtig, geizig	↗ 26: avāritia
cārus, -a, -um	teuer, wertvoll, lieb	
V. damnāre	verurteilen	verdammen
posse *(Inf.)*	können	↗ 7: possum
potuī *(Perf.)*	ich habe gekonnt	
P. statim	sogleich, sofort, alsbald	

44.

N. leō, leōnis *m*	Löwe	e.: lion
tantus, -a, -um	so groß	↗ 35: quantus
V. lacerāre	zerreißen	
P. crās	morgen	
neque	und nicht, auch nicht	
neque ... neque	weder ... noch	

45.

N. arēna, -ae	Sand, Sandbahn, Arena	
clēmentia, -ae	Milde	
fuga, -ae	Flucht	↗ 17: fugāre

N. lēgātus, -ī   Gesandter *(Diplomat)*;
                             Legat *(militär. Dienstgrad)*
   fundāmentum, -ī   Grundlage, Fundament
   sīgnum, -ī   Zeichen, Merkmal,   e.: sign, signal
                             Feldzeichen

   clāmor, clāmōris *m*   Geschrei, Lärm   ↗ 2: clāmāre
   caput, capitis *n*   Kopf, Haupt, Hauptstadt   e.: capital
   facinus, facinoris *n*   Tat, Untat, Übeltat
   ōrātiō, -ōnis *f*   Rede
   certus, -a, -um   sicher, gewiß   ↗ 12: certē
                                                          e.: certain

V. dissipāre   zerstreuen, vergeuden
   implōrāre   anflehen   e.: to implore
   stetī *(Perf.)*   ich bin gestanden   ↗ 1: stāre
P. ita   so *(beim Verbum)*
   postrīdiē   am folgenden Tag   ↗ 1: ho-diē
   cum *(mit Konj.)*   als, nachdem   ↗ 10: mit Ind.
   ut *(mit Konj.)*   daß, damit, so daß
   nē *(mit Konj.)*   daß nicht, damit nicht

47.

N. hospes, hospitis *m*   Gast, Gastfreund,   e.: hospital
                             Fremdling
   hospitium, -ī   Gastfreundschaft
   iūs, iūris *n*   Recht   ↗ 9: iūstus
                                                          Jurist

   sermō, sermōnis *m*   Rede, Gespräch,   e.: sermon
                             Unterredung

   nōtus, -a, -um   bekannt   e.: notice
V. nōmināre   nennen   ↗ 35: nōmen
                                                          e.: to nominate
   admonēre (admonuī,   mahnen, erinnern, warnen   ↗ 27: monēre
       admonitus)
P. brevī   in kurzem, bald
   quōmodo?   auf welche Weise? wie?
   sīc   so *(beim Verbum)*,   ↗45: ita
                             auf solche Weise
   utrum   *Partikel der Wahlfrage*
   an   oder, oder etwa
                                 (in Wahlfragen)
J. utrum ... an   (ob) ... oder *(Wahlfrage)*

48.

N. causa, -ae	Grund	e.: cause
error, -ōris *m*	Irrtum, Irrfahrt	↗ 12: errāre
īgnōtus, -a, -um	unbekannt	↗ 47: nōtus
V. dēmōnstrāre	zeigen, nachweisen, beweisen	e.: to demonstrate
mūtāre	ändern, vertauschen	
fēcī *(Perf.)* (factum)	ich habe gemacht, getan (gemacht, getan)	↗ 45: facinus Faktum
P. at	aber, jedoch, hingegen	
enim *(nachgestellt)*	nämlich, denn	

49.

N. **animal, animālis** *n*	Lebewesen, Tier	e.: animal
mare, maris *n*	Meer, Ozean, die See	Marine
sitis, sitis *f*	Durst	
turris, -is *f*	Turm	e.: tower
virgō, virginis *f*	Mädchen, Jungfrau	e.: Virginia
īnsula, -ae	Insel	e.: isle
ventus, -ī	Wind, Sturm	Ventilator
V. perturbāre	verwirren, beunruhigen, stören	
tolerāre	ertragen, aushalten	e.: to tolerate
audīvī *(Perf.)*	ich habe gehört	Auditorium
respondī *(Perf.)*	ich habe geantwortet	↗ 4: respondet
P. dēnique	schließlich	
J. prīmum ... deïnde ... tum	zuerst ... dann ... darauf *(in Aufzählungen)*	

50.

N. factum, -ī	Tat, Tatsache, Ereignis	e.: fact
malum, -ī	Übel, Leid, Fehler	↗ 9: malus
aetās, aetātis *f*	Zeit, Zeitalter, Epoche	
opus, operis *n*	Arbeit, Werk *(auch:* literarisches Werk*)*	operieren
diuturnus, -a, -um	lange, langdauernd	↗ 1: diū
mīrus, -a, -um	wunderbar, erstaunlich	↗ 40: mīrificus
hic/haec/hoc	dieser/diese/dieses	
ille/illa/illud	jener/jene/jenes	
V. comparāre	zusammenstellen, vergleichen	e.: to compare
expūgnāre	erobern	↗ 2: pūgnāre
adhibēre	anwenden, dazunehmen	↗ 14: habēre

51.

N. gēns, gentis *f*	Geschlecht, Sippe, Stamm	e.: gentleman
mēns, mentis *f*	Geist, Sinn, Verstand	
mors, mortis *f*	Tod	↗ 38: mortuus
sors, sortis *f*	Schicksal, Los	sortieren
nox, noctis *f*	Nacht	
faucēs, faucium *f*	Rachen, Schlund, Eingang	
flamma, -ae	Flamme, Feuer	e.: flame
fōrma, -ae	Form, Gestalt	e.: form
umbra, -ae	Schatten, Geist eines Toten	e.: umbrella
locus, -ī	Platz, Ort, Stelle	Lokal
morbus, -ī	Krankheit	
mōnstrum, -ī	Ungeheuer	↗ 5: mōnstrare
		e.: monster
pius, -a, -um	fromm, gewissenhaft	e.: pious
V. armāre	bewaffnen	↗ 30: arma
vēnī *(Perf.)*	ich bin gekommen	
ait	er sagt, er sagte	
P. ut *(mit Ind.)*	wie	↗ 45: *mit Konj.*

52.

N. nāvis, -is *f*	Schiff	↗ 30: nāvigare
famēs, -is *f*	Hunger	
vātēs, -is { *m* / *f* }	Seher, Prophet / Seherin, Prophetin	
canis, -is *m*	Hund	Kanarische Inseln
iuvenis, -is *m*	(junger) Mann	
sēdēs, -is *f*	Sitz, Wohnsitz	↗ 2: sedēre
cinis, -eris *m*	Asche	Cinderella
pulvis, -eris *m*	Staub	Pulver
sanguis, -inis *m*	Blut	
cohors, cohortis *f*	Schar, Kohorte *(10. Teil einer Legion)*	
crīmen, crīminis *n*	Verbrechen, Vergehen, Vorwurf, Anklage, Schuld	kriminell
anima, -ae	Seele	↗ 49: animal
vānus, -a, -um	eitel, nichtig, leer	e.: in vain
vīvus, -a, -um	lebend, lebendig	↗ 17: vīta
V. sēdāre	stillen *(Hunger oder Durst)*	
volāre	fliegen, eilen	Volière
dēbēre (dēbuī)	schulden, verdanken, müssen	e.: debt
P. etiamsī	wenn auch, auch wenn	

54.

N.	poena, -ae	Strafe	e.: to punish
	arx, arcis *f*	Burg, Burghügel	
	flūmen, flūminis *n*	Fluß, Strom	Flut
	īgnis, -is *m*	Feuer	
	moenia, moenium *n*	(Stadt-)Mauer	
	scelus, sceleris *n*	Verbrechen	
	verbera, -um *n*	Schläge	
	lātus, -a, -um	breit, weit	
	quī?/quae?/quod?	welcher?/welche?/welches? *(adj. Frage-Pronomen)*	
V.	circúmdare (circúmdedī, circúmdatum)	umgeben	
	illūstrāre	erleuchten, erhellen	illustrieren
	vindicāre	rächen, bestrafen, befreien, schützen, einschreiten *(gegen)*	

55.

N.	culpa, -ae	Schuld, Vergehen	
	saxum, -ī	Felsen, Steinbrocken	
	avis, -is *f*	Vogel	
	genus, generis *n*	Geschlecht, Art	e.: gender
	mōns, montis *m*	Berg; *Pl.* Gebirge	e.: mount; fr.: mont
	ācer/ācris/ācre	spitz, scharf, heftig	
	celer/celeris/celere	schnell	
	caelestis/caeleste	himmlisch, göttlich	
	caelestēs, -ium *m*	die (himmlischen) Götter	
	crūdēlis/crūdēle	grausam	↗36: crūdēlitās e.: cruel
	immānis/immāne	ungeheuer, schrecklich, entsetzlich	
	mortālis/mortāle	sterblich	↗51: mors
	immortālis/immortāle	unsterblich	
	omnis/omne	all, ganz, jeder	Omnibus
	terribilis/terribile	schrecklich, furchterregend	↗20: terrēre
	turpis/turpe	schändlich, häßlich	
V.	vexāre	quälen	Vexierbild
	licet (licuit)	es ist erlaubt	e.: licence
	dūxī *(Perf.)* (ductum)	ich habe geführt (geführt)	↗30: dux

56.

N. fātum, -ī	Schicksal, Geschick, Götterspruch	e.: fate
ars, artis *f*	Kunst, Kunstfertigkeit	e.: art
rēx, rēgis *m*	König	↗ 22: rēgnāre
urbs, urbis *f*	Stadt *(insbesondere Rom)*	e.: suburb
atrōx, atrōcis	schrecklich, furchtbar	
audāx, audācis	kühn, verwegen	↗ 40: audācia
fēlīx, fēlīcis	glücklich, erfolgreich	
clēmēns, clēmentis	mild, sanft, gnädig	↗ 45: clēmentia
ingēns, ingentis	ungeheuer, riesig	
prūdēns, prūdentis	klug	e.: prudent
sapiēns, sapientis	weise	↗ 27: sapientia
fortis, -e	tapfer, mutig	↗ 34: fortitūdō e.: fort, force
beātus, -a, -um	glückselig, glücklich	Beate
V. cantāre	singen	Kantate
ōrnāre	schmücken, verschönern	Ornament
relīquī *(Perf.)* (relictum)	ich habe verlassen, (zurückgelassen)	Reliquie
P. inde	von da, von dort; von da an	

58.

N. vīs, vim *(Akk.)*, vī *(Abl.) f*	Gewalt, Kraft, Menge	↗ 15: vi-olāre
vīres, vīrium *f*	Kräfte, Streitkräfte	
iter, itineris *n*	Weg, Reise, Marsch	
pānis, -is *m*	Brot	
tempestās, -ātis *f*	Sturm, Unwetter, Wetter	e.: tempest
aqua, -ae	Wasser	Aquarium
aliēnus, -a, -um	fremd, ausländisch, unpassend	e.: alien
medius, -a, -um	der mittlere, mitten	e.: medium
gravis, -e	schwer, drückend, lästig	
V. recreāre	erfrischen, wiederherstellen	
revertī *(Perf.)*	ich bin zurückgekehrt	
P. quandō?	wann?	

59.

N. cūra, -ae	Sorge, Sorgfalt	↗ 8: cūrāre
longus, -a, -um	lang, ausgedehnt	e.: long
molestus, -a, -um	lästig, unangenehm, beschwerlich	e.: to molest
cēterī, -ae, -a	die übrigen	et cetera
vehemēns, vehementis	heftig, stürmisch	e.: vehement
V. iactāre	werfen, schleudern, schütteln	
P. profectō	in der Tat, auf alle Fälle	↗ 50: factum
quam	als *(beim Komparativ)*	

60.

N. ferrum, -ī	Eisen, Schwert	ital.: ferrovía
instrūmentum, -ī	Werkzeug, Gerät, Instrument	e.: instrument
salūs, salūtis *f*	Wohlergehen, Heil, Rettung	↗ 41: salvē!
altus, -a, -um	hoch, tief	Altstimme
ferreus, -a, -um	eisern, aus Eisen	↗ 60: ferrum
supplex, supplicis	demütig, (bitt-)flehend	
P. trāns *(Präp. mit Akk.)*	über ... hinüber, über ... hinaus, jenseits	↗ 24: trāns-portāre

62.

N. nauta, -ae *m*	Matrose, Seemann	Astronaut
modus, -ī	Maß, Art, Weise; Melodie	↗ 26: modestia
lītus, lītoris *n*	Küste, Meeresufer, Gestade	
opēs, opum *f*	Mittel, Macht, Reichtum	↗ 9: opulentus
dīves, dīvitis	reich	↗ 6: dīvitiae
pauper, pauperis	arm, unbemittelt	e.: poor
vetus, veteris	alt, ehemalig	Veteran
dulcis, -e	süß, lieblich, angenehm	ital.: dolce vita
tūtus, -a, -um	sicher, geschützt	Tutor
V. invidēre *(m. Dat.)* (invīdī)	beneiden	↗ 1: vidēre
prohibēre (prohibuī)	abhalten, hindern	e.: to prohibit
inquit *(in die wörtliche Rede eingeschoben)*	sagt er, sagte er	
nōvī *(Perf.)*	ich habe kennengelernt, ich kenne	↗ 47: nōtus

63.

N. unda, -ae	Welle, Woge	Undine
venia, -ae	Verzeihung, Nachsicht, Erlaubnis	
dorsum, -ī	Rücken *(eines Tieres)*	
timor, timōris *m*	Furcht, Schrecken	↗ 15: timēre
ultimus, -a, -um	der letzte, äußerste	Ultimatum
cōnstāns, cōnstantis	standhaft, fest	↗ 26: cōnstantia
V. ōrāre	bitten, flehen, beten	↗ 45: ōrātiō
praecipitāre	*(kopfüber)* stürzen; übereilen	↗ 45: caput
flēre (flēvī)	weinen, beklagen	flennen
P. adhūc	bis jetzt, noch immer	

64.

N. grātia, -ae	Gunst, Dank, Anmut	↗ 10: grātus
oculus, -ī	Auge	Okular
auris, -is *f*	Ohr	
pars, partis *f*	Teil, Rolle, Richtung (*Pl.*: Partei)	e.: part, party
V. observāre	beobachten, einhalten	e.: to observe
praebēre (praebuī)	darreichen, gewähren, zeigen	
P. nōnnumquam	manchmal	↗ 27: numquam
J. aurēs praebēre	Gehör schenken	

65.

N. equus, -ī	Pferd	
numerus, -ī	Zahl	↗ 11: ēnumerāre e.: number
frōns, frontis *f*	Stirn, Vorderseite, Front	e.: front
crīnis, crīnis *m*	Haar	
orbis, orbis *m*	Kreis, Scheibe	e.: orbit

ūnus/ūna/ūnum	einer/eine/ein	↗ 40
duo/duae/duo	zwei	
trēs/tria	drei	
quattuor	vier	
quīnque	fünf	
sex	sechs	
septem	sieben	
octō	acht	
novem	neun	
decem	zehn	

N.	dēnsus, -a, -um	dicht gehäuft, gedrängt	e.: dense
	ferōx, ferōcis	wild, trotzig	
P.	secundum *(Präp. m. Akk.)*	entlang, längs, gemäß	
	aut	oder	
	aut ... aut	entweder ... oder	
J.	orbis terrārum	Erdkreis	
	eius modī	derartig	↗ 62: modus

66.

N. caelum, -ī　　　　　　　Himmel, Wetter, Klima　　↗ 55: caelestis
　　　　　　　　　　　　　　　　　　　　　　　　　　　　e.: ceiling
　　amor, amōris *m*　　　　Liebe　　　　　　　　　　↗ 8: amāre
　　arbor, arboris *f*　　　　Baum
　　fīnis, fīnis *m*　　　　　Ende, Grenze, Ziel　　　e.: finish, final
　　fīnēs, -ium *m*　　　　　Gebiet　　　　　　　　　Finale
　　interpres, -etis *m*　　　Dolmetscher　　　　　　Interpret
　　sōl, sōlis *m*　　　　　　Sonne
　　vēritās, vēritātis *f*　　　Wahrheit　　　　　　　↗ 12: vērus
　　māximus, -a, -um　　　der größte, sehr groß　　Maximum
　　　māior/māius　　　　größer　　　　　　　　　e.: major, mayor
　　minimus, -a, -um　　　der kleinste, sehr klein　minimal
　　　minor/minus　　　　kleiner　　　　　　　　　e.: minor
　　optimus, -a, -um　　　der beste, sehr gut　　　Optimist
　　　melior/melius　　　besser
　　pessimus, -a, -um　　der schlechteste, sehr schlecht　Pessimist
　　　pēior/pēius　　　　schlechter
　　plūrimī, -ae, -a　　　die meisten, sehr viele
　　　plūs, plūris *(Sg.)*　mehr *(Sg.)*
　　　plūrēs/plūra *(Pl.)*　mehr *(Pl.)*　　　　　　e.: plural

67.

N. **domus, domūs** *f*　　　Haus, Behausung, Wohnsitz　Dom
　　exemplum, -ī　　　　　　Beispiel, Vorbild　　　　　　e.: example
　　marítimus, -a, -um　　　　am Meer liegend, Seemanns-　e.: maritime
　　facilis, -e　　　　　　　　leicht *(zu tun)*　　　　　　↗ 48: fēcī
　　frequēns, frequentis　　　zahlreich, häufig, viel besucht,　e.: frequent
　　　　　　　　　　　　　　　volkreich

　　complūrēs, -ium *(m/f)*　⎫
　　complūra, -ium *(n)*　　 ⎬　mehrere, ziemlich viele
　　　　　　　　　　　　　　 ⎭

68.

N. fenestra, -ae	Fenster	
mēnsa, -ae	Tisch	Mensa
lectus, -ī	Bett, Speisesofa	
studium, -ī	Eifer, Vorliebe, Bemühung, wissenschaftliche Betätigung	↗ 12: studēre e.: study
adulēscēns, adulēscentis *m*	junger Mann	
assiduus, -a, -um	beständig, beharrlich, unablässig	e.: assiduous
commūnis, -e	gemeinsam, allgemein	e.: common, community
vēlōx, vēlōcis	schnell, rasch	
V. arcēre (arcuī)	abhalten, abwehren	↗ 54: arx
P. ergō	also, folglich, deshalb	

69.

N. vigilia, -ae	Wache, Nachtwache	
vigilēs, -um *m*	Polizisten, Wächter	
moderātus, -a, -um	mäßig, maßvoll, besonnen	e.: moderate
tardus, -a, -um	langsam, träge	
V. avē!	sei gegrüßt!	Ave Maria
rīdēre (rīsī)	lachen	↗ 14: dērīdēre
convēnī *(Perf.)*	ich bin zusammengekommen	↗ 51: vēnī

70.

N. certāmen, certāminis *n*	(Wett-)Kampf, sportlicher Wettbewerb	
domī	zu Hause, daheim	
domum	nach Hause, heim	
domō	von zu Hause, von daheim	
V. fēstīnāre	eilen, sich beeilen	
P. modo *(Adv.)*	eben, nur	

71.

N. opera, -ae	Mühe, Arbeit	↗ 50: opus
admīrātiō, -ōnis *f*	Bewunderung	↗ 40: mīrificus; ↗ 50: mīrus
nōbilis, -e	vornehm, edel, berühmt	e.: noble, nobility
V. certāre	kämpfen, streiten, wetteifern	↗ 70: certāmen
vidērī (vīsus sum) *(nur passive Formen!)*	scheinen, erscheinen als	↗ 1: vidēre

72.

N. fāma, -ae	Gerücht, Gerede, Sage	e.: fame, famous
fossa, -ae	Graben	Fossilien
rēgnum, -ī	Königreich, Königsherrschaft	↗ 22: rēgnāre e.: reign
cupiditās, cupiditātis *f*	Begierde, Leidenschaft, Verlangen	↗ 11: cupidus
pēs, pedis *m*	Fuß *(auch als Längenmaß)*	Pedal
plēbs, plēbis *f*	Volk, Pöbel	Plebiszit
testis, -is { *m* / *f* }	Zeuge / Zeugin	e.: test
centum *(indekl.)*	hundert	e.: cent, century Zentner
V. saltāre	springen, tanzen	Salto
ārdēre (ārsī)	brennen *(intr.!)*, glühen	e.: ardent
augēre (auxī)	vermehren, erweitern, fördern	↗ 29: auxilium
P. cum *(mit Konj.)*	da, weil	↗ 45

73.

N. negōtium, -ī	Geschäft, Beschäftigung	↗ 35: ōtium e.: negotiation
lūx, lūcis *f*	Licht, Tageslicht, Helligkeit	
religiō, religiōnis *f*	Gewissenhaftigkeit, fromme Scheu, abergläubische Bedenken, Aberglaube	e.: religion
fās *(indekl.) n*	*(göttliches)* Recht, heilige Ordnung	
nefās *(indekl.) n*	Frevel, Unrecht, Sünde	
fātālis, -e	verhängnisvoll, Schicksals-	e.: fatal
quālis, -e?	wie beschaffen?	e.: quality
P. adeō	so sehr	

74.

N. incendium, -ī	Brand, Feuer, Brandstiftung	
praeceptum, -ī	Vorschrift, Rat, Lehre, Regel	
līmen, līminis *n*	Schwelle	
nūmen, nūminis *n*	Gottheit, göttliches Wesen	

N. sacerdōs, sacerdōtis { *m* / *f* } Priester, Opferpriester / Priesterin
   sacer/sacra/sacrum   heilig, ehrwürdig   e.: sacred
   sacrum, -ī   Heiligtum, Opferfeier   sakral
   niger/nigra/nigrum   schwarz, düster; unheilvoll   e.: negro, nigger
V. crepāre (crepuī)   klirren, knarren, einen Laut geben   ↗ 3: crepat

   mactāre   schlachten, opfern   Matador
   sollicitāre   heftig erregen, aufregen, beunruhigen

   suādēre (suāsī)   raten, zureden
   scrīpsī *(Perf.)*   ich habe geschrieben   e.: script
   (scrīptum)   (geschrieben)   Skriptum
P. ferē *(nachgestellt)*   ungefähr, fast

75.

N. diēs, diēī { *m* / *f* } Tag / Termin, Zeitpunkt   e.: diary
   fidēs, fideī *f*   Glaube, Treue, Vertrauen   ↗ 10: fīdus
   rēs, reī *f*   Sache, Ding, Gegenstand, Ereignis, Angelegenheit   e.: real
   spēs, speī *f*   Hoffnung, Erwartung   ↗ 28: dēspērāre
   silva, -ae   Wald
   beneficium, -ī   Wohltat, Auszeichnung   ↗ 7: bene
   ōs, ōris *n*   Mund, Mündung, Antlitz   e.: oral
   dūrus, -a, -um   hart, hartherzig
   perītus, -a, -um *(m.Gen.)*   erfahren, kundig
   tōtus/tōta/tōtum   ganz   e.: total
   (Dekl. wie ūnus ↗ 40*)*
V. ostentāre   zeigen, in Aussicht stellen, zur Schau stellen   ostentativ
P. quidem   zwar, wenigstens, gewiß
J. rēs adversae   Unglück (adversus: widrig)   ↗24: adversārius
   rēs pūblica   Staat   e.: republic

76.

N. mora, -ae   Verzögerung, Aufenthalt
   stultitia, -ae   Dummheit, Torheit   ↗ 10: stultus
   mūrus, -ī   Mauer
   aries, -etis *m*   Widder, (Ramm-)Bock
   conclāve, conclāvis *n*   Zimmer, Raum

parēns, parentis { m / f	Vater / Mutter	
parentēs, -ium m	Eltern	e.: parents
pariēs, parietis m	Wand	
faciēs, faciēī f	Gesicht, Anblick, Gestalt	e.: face
dīversus, -a, -um	verschieden, abweichend	e.: diverse
ēgregius, -a, -um	herausragend, ausgezeichnet	
incrēdibilis, -e	unglaublich, unglaubwürdig	e.: incredible
v. miscēre (miscuī, mixtum)	mischen, vermischen, durcheinanderbringen	e.: to mix / Mixer
P. vērō	aber (wirklich)	↗12: vērus; ↗66: vēritās

77.

N. sententia, -ae	Meinung, Satz, Sinn	e.: sentence
magister, magistrī	Meister, Lehrer	e.: master
laus, laudis f	Lob, Anerkennung, Ruhm	↗9: laudāre
lēx, lēgis f	Gesetz, Regel, Vorschrift	e.: legal
cottidiānus, -a, -um	täglich, alltäglich	
dīgnus, -a, -um *(mit Abl.)*	würdig, wert	e.: dignity
īrātus, -a, -um	zornig, erzürnt	↗12: īra
praeclārus, -a, -um	ausgezeichnet, berühmt	↗11: clārus
tranquillus, -a, -um	ruhig, friedlich	e.: tranquil
v. mandāre	anvertrauen, auftragen	Mandat

78.

N. castellum, -ī	Kastell, Fort, Schloß	
castra, -ōrum	Lager	e.: -chester, -cester, -caster *(in Ortsnamen)*
potestās, potestātis f	Macht, Amtsgewalt, Möglichkeit	↗43: posse
praetor, -is m	Prätor *(Verwaltungsbeamter)*	
merīdiēs, merīdiēī m	Mittag, Süden	↗58: medius
fīnitimus, -a, -um	benachbart, angrenzend	↗66: fīnis
lapídeus, -a, -um	steinern, aus Stein	lapidar
māgnificus, -a, -um	großartig, prächtig	↗9: māgnus
prīmus, -a, -um	der erste	↗35
secundus, -a, -um	der zweite, folgende, nächste	e.: second
tertius, -a, -um	der dritte	Terz
quārtus, -a, -um	der vierte	e.: quarter
quīntus -a, -um	der fünfte	↗23

N.	**sextus, -a, -um**	der sechste	↗ 65: sex
	septimus, -a, -um	der siebte	↗ 65: septem
	octāvus, -a, -um	der achte	↗ 65: octō
	nōnus, -a, -um	der neunte	↗ 65: novem
	decimus, -a, -um	der zehnte	↗ 65: decem
	vīgintī *(indekl.)*	zwanzig	
V.	collocāre	aufstellen, anlegen	
	cōnservāre	erhalten, bewahren	↗ 31: servāre
P.	ūsque ad *(Präp. m. Akk.)*	bis zu, bis (an)	

79.

N.	angulus, -ī	Ecke, Winkel	Angel
	officium, -ī	Pflicht, Pflichtgefühl	e.: office, officer
	praesidium, -ī	Besatzung, Schutz, Posten	
	tēlum, -ī	(Wurf-)Geschoß, Waffe	
	coniūrātiō, -ōnis *f*	Verschwörung	
	factiō, -ōnis *f*	politische Umtriebe, Parteiung	
	hostis, -is *m*	Feind, Gegner	e.: hostile
	sēditiō, -ōnis *f*	Aufstand, Aufruhr	
	aciēs, aciēī *f*	Schärfe, Schlachtordnung, Front	↗ 55: ācer
	obscūrus, -a, -um	dunkel, finster, versteckt	e.: obscure
	réliquus, -a, -um	übrig, künftig	↗ 56: relīquī
V.	praestāre (praestitī)	leisten, erweisen	↗ 1: stāre
P.	diūtius	länger	↗ 1: diū
J.	officium praestāre	seine Pflicht erfüllen	

80.

N.	familia, -ae	Familie	e.: family
	rīpa, -ae	Ufer	
	fūmus, -ī	Rauch, Dampf	e.: fume
	līmes, līmitis *m*	Grenze, Grenzbefestigung	e.: limit
	invītus, -a, -um	ungern, wider Willen	
	iūcundus, -a, -um	angenehm, willkommen, erfreulich	↗ 6: iuvat
	plērīque, plēraeque, plēraque	die meisten	
V.	mīlitāre	Kriegsdienst leisten, Soldat sein	↗ 30: mīles
	pertinēre (pertinuī)	sich erstrecken, gehören zu	↗ 36: tenēre
P.	procul	fern von, weit weg von	

EIGENNAMENVERZEICHNIS

Abúsina, -ae f: Abusina; römisches Kastell an der Donau bei Eining. Mit „Abusinenses" wird in 79 die Besatzung von Abusina bezeichnet.

Acheron, Acherontis m: Acheron; Fluß in der Unterwelt.

Achilles, Achillis: Achilles, Achill; griech. Achilleus; größter Held unter den Griechen, die Troja belagerten. Die Eroberung der Stadt erlebte er allerdings nicht: er fiel einem Pfeil zum Opfer, der ihn an seiner einzig verwundbaren Stelle traf, an der Ferse („Achillesferse").

Aenéas, Aenéae m: Aeneas; trojanischer Held, Sohn des Anchises und der Aphrodite (↗Venus), verläßt auf Befehl der Götter nach der Eroberung Trojas die brennende Stadt, wobei er seinen alten Vater ↗Anchises auf den Schultern trägt und auch die Hausgötter (Penaten) rettet. Mit anderen Flüchtlingen zusammen gelangt er nach zahlreichen Irrfahrten an die Küste Afrikas, wo ihn Dido, die Königin von ↗Carthago, aufnimmt. Jupiter selbst veranlaßt Aeneas, der gerne geblieben wäre, heimlich weiterzusegeln. Die verlassene Dido tötet sich selbst. Endlich erreicht Aeneas Italien, wo er den Seinen eine neue Heimat schaffen soll. Die ↗Sibylle von Cumae (nahe Neapel) führt ihn in die Unterwelt, wo ihm der Schatten seines Vaters die Zukunft offenbart. Nach dreijährigem Kampf gewinnt Aeneas die Herrschaft in Latium und wird unter die Unsterblichen versetzt.

Aesculapius, -i: Äskulap, griech. Asklepios; Gott der Heilkunst.

Africa, -ae: Afrika; für die Römer vor allem der Norden des Erdteils bis zur Sahara, der in der Antike sehr fruchtbar und wesentlich wildreicher (Nashörner, Elefanten, Strauße, Löwen, Leoparden, Gazellen) war als heute.

Africanus, -i: „Der Afrikasieger"; Beiname ↗Scipios, vom Senat nach dem Sieg über ↗Hannibal verliehen.

Agamemno(n), Agamémnonis: Agamemnon; König von Mykene in Griechenland und Oberbefehlshaber der Griechen, die gegen Troja zogen, um Helena, die geraubte Gattin seines Bruders Menelaus, zurückzuholen.
Da Agamemnon die Göttin ↗Diana gekränkt hatte, hinderte Windstille die Ausfahrt der Flotte, bis Agamemnon die erzürnte Gottheit durch die Opferung seiner Tochter Iphigenie versöhnt hatte.
Wegen dieser Tat wurde er nach seiner Rückkehr aus dem Krieg von seiner Gattin ↗Clytaemestra im Bad erschlagen.

Alexander, Alexandri: Alexander; Sohn König ↗Philipps von Makedonien, 356–323 v. Chr., eroberte das Perserreich einschließlich Ägypten, drang bis über den Indus vor, gründete zahlreiche Städte (Alexandria!) und suchte Griechen und Perser miteinander zu verschmelzen. Bevor er seine teilweise phantastischen Pläne hatte verwirklichen können, starb er an der Malaria in Babylon.

Alpes, Alpium f: die Alpen.

Anchises, Anchisis: Anchises; Vater des ↗Aeneas.

Ario(n), Arionis: Arion; sagenhafter Sänger, ↗62 und 63.

Asia, -ae: Asien; für die Römer hauptsächlich Kleinasien, die Provinz Asia.

Athenae, -arum: Athen; das kulturelle Zentrum des antiken Griechenland mit der Akropolis und zahlreichen Tempeln, die Heimat bedeutender Dichter, Künstler, Philosophen und Politiker.

Augustus, -i: Gaius Iulius Caesar Octavianus Augustus („der Erhabene"), 63 v. Chr. bis 14 n. Chr., wurde nach Siegen über die Mörder seines Adoptivvaters ↗Caesar und über seinen zeitweiligen Verbündeten Marcus Antonius erster römischer Kaiser (imperator). Schon vor seinem Tod wurde er in den Provinzen als Gott verehrt; seine Nachfolger errichteten ihm und seiner Gattin Livia auch in Rom Tempel.

Bacchus, -i: Bacchus; griech. Dionysos; Gott des Weins.

Barbatus, -i: Barbatus („der Bärtige"); Eigenname.

Cannae, -arum: ↗Hannibal.

Caesar, Cáesaris m: Gaius Iulius Caesar, 100–44 v. Chr., bedeutender römischer Politiker, Heerführer und Schriftsteller, eroberte das heutige Frankreich, kämpfte erfolgreich mit den Germanen und unternahm zwei Flottenexpeditionen nach England. Im Bürgerkrieg siegte er über Pompeius und errang die Alleinherrschaft. Da er nach der Königskrone strebte, wurde er an den Iden des März (15. März) 44 v. Chr. ermordet. Seine Parteigänger behaupteten bald darnach, er sei unter die Götter aufgenommen worden.

Carbo, Carbonis: Carbo („Kohle"); römischer Beiname.

Carthago, Carthaginis f: Karthago; Handelsstadt an der Küste des heutigen Tunesien, um 800 v. Chr. von Phöniziern (↗Poeni) gegründet, führte drei erbitterte Kriege mit Rom und wurde 146 v. Chr. zerstört.

Carthaginienses, -ium: die Einwohner von Karthago, die Karthager.

Castra Régina (Castrorum Reginorum) n: das heutige Regensburg.

Cato, Catonis: Marcus Porcius Cato, 234–149 v. Chr., trug durch seine unversöhnliche Haltung viel zum dritten Krieg mit Karthago bei.

In dem Bemühen, altrömische Eigenart zu bewahren, bekämpfte Cato den griechischen Einfluß in Rom.

Cérberus, -i: Cerberus; dreiköpfiger, ungeheuer großer Hund, der den Eingang zur Unterwelt bewacht.

Charon, Charóntis: Charon; Fährmann, der die Schatten der beerdigten Toten in der Unterwelt über den Fluß Styx brachte, wofür er eine kleine Münze (Obolos) erhielt, die man den Verstorbenen in den Mund legte. Lebende mußten ihm einen goldenen Zweig zeigen.

Chimáera, -ae f: Chimäre; nach der griechischen Sage ein feuerspeiendes Ungeheuer mit dem Kopf eines Löwen, dem Leib einer Ziege und dem Schwanz eines Drachen.

Circe, Circes f: Circe, griech. Kirke; eine mächtige Zauberin, die die Gefährten des Odysseus in Schweine verwandelte. Mit göttlicher Hilfe widerstand Odysseus selbst ihrer Kunst und stimmte sich Circe günstig.

Claudius, -i: Claudius; verbreiteter römischer Familienname (*f:* Claudia, -ae)

divus Claudius: römischer Kaiser, unter dessen Regierung der Süden Englands römisch wurde.

Clytaemestra, -ae: Klytaemestra; Gattin des ↗Agamemnon, die ihren Mann erschlug und deshalb selbst von ihrem Sohn Orestes getötet wurde.

Colosseum, -i n: das Colosseum; auch amphitheatrum Flavium genannt (nach dem Kaiser Titus Flavius Vespasianus, der es 80 n. Chr. vollendete), 50 m hoher Rundbau, der etwa 50000 Menschen Platz bot. Im Colosseum fanden Tierhetzen, Gladiatorenkämpfe und – da man die Arena auch überfluten konnte – sogar Seeschlachten statt. Der Name Colosseum stammt von einer Kolossalstatue Kaiser Neros, die einst in der Nähe des Amphitheaters stand.

Concordia, -ae: Concordia; Göttin der Eintracht.

Corinthus, -i f: Korinth; bedeutende Handelsstadt auf der nach ihr benannten griechischen Landenge, 146 v. Chr. von den Römern geplündert und zerstört.

Cornelia, -ae: Cornelia; während Männer in Rom in der Regel drei Namen hatten (Vorname, Familienname, Beiname), führten Frauen meist nur den Familiennamen ihres Vaters mit weiblicher Endung. Cornelia hießen somit sämtliche Töchter eines Cornelius. Auch freigelassene Sklaven nahmen den Familiennamen ihres ehemaligen Herrn an.

Cornelius, -i: Cornelius; verbreiteter römischer Familienname, vgl. Lucius Cornelius ↗Sulla, ↗Scipio.

Croesus, -i: Croesus; griech. Kroisos; König der kleinasiatischen Lyder, sprichwörtlich wegen seines Reichtums.

Cyclópes, -um m: die Zyklopen, griech. Kyklopes; einäugige Riesen.

Cyrus, -i: Cyrus, griech. Kyros; Gründer des Perserreichs.

Daedalus, -i: Daedalus, griech. Daidalos; sagenhafter Erfinder aus Athen; erbaute auf Kreta dem ↗Minotaurus das Labyrinth.

Danuvius, -i m: die obere Donau.

Daréus, -i: Darius, griech. Dareios; Perserkönig, der ein Heer gegen Griechenland führte und 490 v. Chr. von den Athenern bei Marathon geschlagen wurde.

Davus, -i: Davus; Eigenname, verbreitet bei einfachen Leuten.

Demarátus, -i: Demarat, griech. Demáratos; Eigenname.

Diána, -ae: Diana, griech. Artemis; Göttin der Jagd.

Dionýsius, -i: Dionys(ios); Name zweier Tyrannen von ↗Syrakus; vgl. Schillers Ballade „Die Bürgschaft".

Elysium, -i n: Elysium, die „Gefilde der Seligen", eine Art Paradies, in das nach Ansicht der griechischen Dichter die besonderen Günstlinge der Götter versetzt wurden.

Ennius, -i: Ennius; römischer Dichter, 239–169 v. Chr., stellte in seinen „Annalen" die römische Geschichte von der sagenhaften Vorzeit an dar und übertrug zahlreiche griechische Vorbilder ins Lateinische.

Epichármus, -i: Epicharm, griech. Epícharmos; Eigenname.

Epírus, -i f: Epirus, griech. Épeiros („Festland"); Landschaft in Nordwestgriechenland.

Europa, -ae: Europa; phönizische Königstochter, die Zeus über das Meer in Gestalt eines Stiers entführte. Nach ihr soll der Erdteil, in den sie gelangte, benannt sein.

Fabius, -i: Quintus Fabius Maximus mit dem Beinamen Cunctator („der Zauderer") suchte im Hannibalkrieg seinen Gegner durch eine hinhaltende Taktik zu zermürben.

Fortúna, -ae: Fortuna; römische Glücksgöttin.

Furia, -ae: Furie, Rachegöttin; den römischen Furien entsprachen die griechischen Erinnyen oder Eumeniden; vgl. Schillers Ballade „Die Kraniche des Ibykus".

Gaius, -i: häufiger römischer Vorname (abgekürzt: C.).

Galba, -ae m: Galba; römischer Beiname („Schmerbauch").

Gallia, -ae: Gallien; das heutige Frankreich, von ↗Caesar zur römischen Provinz gemacht.

Galli, -orum: die Gallier (Bewohner Galliens), zusammenfassende Bezeichnung zahlreicher keltischer Stämme.

Gallienus, -i: Gallienus; römischer Kaiser (260–268 n. Chr).

Gallus, -i: männlicher Personenname („der Kelte").

Germania, -ae: Germanien; Germania nannten die Römer sowohl zwei Provinzen am linken Rheinufer wie auch das Wohngebiet freier Germanenstämme.

Germani, -orum: die Germanen (Bewohner Germaniens); Adj.: Germanus, -a, -um.

Glaucus, -i: männlicher Personenname (griech.: „der Helläugige").

Gnaeus, -i: Gnaeus; römischer Vorname (abgekürzt: Cn.).

Gorilla, -ae f: Gorilla; so wurden nach dem Reisebericht des ↗Hanno von Negern, die ihn begleiteten, jene „behaarten, auf Bäume kletternden wilden Menschen" genannt.

Graeci, -orum: die Griechen; Adj. Graecus, -a, -um.

Graecia, -ae: Griechenland.

Graeculi, -orum: „die verdammten Griechen" (herabsetzende Bezeichnung der Griechen in Rom).

Hamílcar, Hamílcaris m: Hamilcar; Vater ↗Hannibals, leistete im ersten Krieg Karthagos gegen die Römer auf Sizilien erfolgreich Widerstand und eroberte später den Karthagern Spanien.

Hánnibal, Hanníbalis m: Hannibal; karthagischer Heerführer, drang von Spanien aus über Südfrankreich und die Alpen nach Italien ein und siegte über die Römer an den Flüssen Ticinus und Trebia in der Po-Ebene, am Trasimenersee (lacus Trasumenus) in Mittelitalien und in einer für Rom außerordentlich verlustreichen Umfassungsschlacht bei dem Dorf Cannae in Apulien.

Seine Streitkräfte reichten aber nicht aus, Rom zu nehmen. Nach der Niederlage und dem Tod seines Bruders Hasdrubal am Fluß Metaurus in Umbrien sowie römischen Erfolgen in Spanien und auf Sizilien wurde Hannibal nach Afrika zurückgerufen, wo er 202 v. Chr. ↗Scipio bei Zama unterlag. Auf Betreiben der Römer aus Karthago verbannt, suchte Hannibal in Kleinasien und Syrien Feinde Roms zu unterstützen und endete durch Selbstmord, als ein König, bei dem er Zuflucht gesucht hatte, ihn an die Römer ausliefern wollte.

Hanno, Hannónis: Hanno; karthagischer Admiral; ↗Information „Kranichköpfe und Cyclopen".

Hécate, -es f: Hekate; dreigestaltige Göttin der Jagd, der Wegkreuzungen und der Hexen, die Spukgestalten aus der Unterwelt heraufsendet und Zauberkünste lehrt.

Hector, Héctoris: Hektor; tapferer Verteidiger seiner Vaterstadt im trojanischen Krieg, von ↗Achilles getötet.

Hispania, -ae: Spanien.

Homérus, -i: Homer; sagenhafter griechischer Dichter des 8. Jahrhunderts v. Chr., dem die Ilias und die ↗Odyssee als Hauptwerke zugeschrieben werden.
Die Ilias behandelt einen Ausschnitt aus dem trojanischen Krieg, beginnend mit der Beleidigung des ↗Achilles durch ↗Agamemnon und endend mit dem Tod ↗Hektors.

Ianus, -i: Janus; römischer Gott des Anfangs und Endes, doppelgesichtig in die Vergangenheit und Zukunft blickend. Der Januar ist nach ihm benannt.
Sein „Tempel" auf dem Forum war ein Torbogen, der in Kriegszeiten geöffnet im Frieden geschlossen war.

Ícarus, -i: Ikarus; Sohn des ↗Daedalus, entfloh zusammen mit seinem Vater mit Hilfe von Flügeln der Gefangenschaft auf Kreta und stürzte ins Meer. Nach der Sage war er der Sonne zu nahe gekommen, so daß das Wachs schmolz, das die Federn seiner Schwingen verband.

Italia, -ae: Italien.

Iulius, -i: Julius; römischer Familienname, ↗Caesar.

Iuppiter, Iovis: Jupiter; höchster römischer Gott, griech. Zeus; häufig wird der Gott als Optimus Maximus bezeichnet.

Latinus, -a, -um: lateinisch.

Latium, -i n: Landschaft in Mittelitalien.

Livia, -ae: Livia; Gattin des ↗Augustus.

Longinus, -i: männlicher Personenname („langer Kerl").

Lydia, -ae: Lydia („die Lyderin" aus Lydien in Kleinasien); Name einer Sklavin oder Freigelassenen.

Magna Dea, Magnae Deae: auch Magna Mater (Große Mutter) genannt, griech. Kybele oder Kybebe, aus Kleinasien während des Kampfes mit Karthago nach Rom eingeführte Gottheit. Die Bräuche in ihrem Kult waren fremdartig, teilweise abstoßend.

Mahárbal, Mahárbalis m: Maharbal; Reiterführer ↗Hannibals.

Marcus, -i: Marcus; römischer Vorname (abgekürzt: M.).

Maximus, -i: ↗Fabius, ↗Iuppiter.

Menaechmi, -orum: „Die beiden Menaechmus"; Titel einer Komödie des ↗Plautus, in der Zwillingsbrüder zufällig auch noch die gleichen Namen tragen, was zu zahlreichen Verwechslungen Anlaß gibt.

Metaurus, -i: ↗Hannibal.

Micio, Micionis: Micio; Männername.

Milo, Milonis: Milo; römischer Beiname.

Minerva, -ae: Minerva; römische Göttin der Wissenschaft und des Kriegs, der griechischen Athene entsprechend.

Minotaurus, -i: Minotaurus („Minosstier"); ein sagenhaftes Ungeheuer, das auf einem Menschenleib einen Stierkopf trug. ↗Daedalus.

Moenus, -i m: der Main.

Morbi, -orum m: die Krankheiten als Dämonen; es entsprach dem römischen Hang zur Personifikation, den Tod, das Alter, das Fieber ebenso wie die Treue, die Eintracht usw. als unsterbliche Wesen vorzustellen.

Mors, Mortis f: der Tod; ↗Morbi.

Moschus: Moschus (sprich: Mos-chus), griech. Moschos; Vater der ↗Menaechmi.

Níoba, -ae: Niobe; sagenhafte Königin von Theben in Mittelgriechenland, die voll Stolz auf ihre sieben Söhne und sieben Töchter die Göttin Latona beleidigte. Deren Kinder Apollo und Artemis (Diana) töteten sämtliche Söhne und Töchter der Niobe; sie selbst wurde in Stein verwandelt.

Nox, Noctis: Personifikation der Nacht; Gestalt der Unterwelt.

Numa Pompilius, Numae Pompilii: Numa Pompilius; der zweite – sagenhafte – König Roms.

Odysséa, -ae: die Odyssee; dem ↗Homer zugeschriebene Dichtung in 24 Gesängen, in der die Irrfahrten des Odysseus (lat. Ulixes) und seine Heimkehr nach Ithaka beschrieben werden. Mit Hilfe weniger Getreuer mußte Odysseus sich erst die vielen jungen Leute vom Halse schaffen, die während seiner Abwesenheit um seine Gattin Penelope geworben hatten, bevor er ihr von Scylla und Charybdis, von den Rindern des Sonnengottes, von ↗Polyphem, den ↗Sirenen und vielen weiteren Abenteuern erzählen konnte.

Orcus, -i: der Orcus, die Unterwelt; Gesamtbezeichnung im Gegensatz zum ↗Tartarus, dem Ort der Verdammten.

Orpheus, Orphéi: Orpheus; Sänger, der nach der Sage durch seine Lieder wilde Tiere besänftigte und sogar die Götter der Unterwelt rührte, so daß sie ihm seine verstorbene Gattin Eurydike unter der Bedingung zurückgaben, er dürfe sie nicht anblicken, bevor er den Orcus verlassen habe. Aus Liebe zu Eurydike übertrat Orpheus das Gebot und verlor seine Gemahlin für immer.

Ostia, -ae: Ostia; Hafenstadt Roms an der Tibermündung.

Papirius, -i: Papirius; römischer Geschlechtsname.

Persae, -arum m: die Perser; ihr von ↗Cyrus gegründetes Reich umfaßte zur Zeit seiner größten Ausdehnung Kleinasien, Ägypten, Syrien, das Zweistromland und das Indusgebiet. Eroberungskriege der Perserkönige ↗Dareus und ↗Xerxes gegen Griechenland scheiterten.

Philippus, -i: Philipp („der Pferdefreund"), griechischer Eigenname; König Philipp von Makedonien, Vater ↗Alexanders, unterwarf die griechischen Stadtstaaten seiner Herrschaft. Bevor er einen Kriegszug gegen das Perserreich beginnen konnte, wurde er von einem persönlichen Feind ermordet.

Pisistratus, -i: Peisistratos; „Tyrann" (Alleinherrscher) von Athen, sorgte besonders für die ärmeren Bevölkerungsschichten durch Errichtung von Wasserleitungen und großzügige Bauvorhaben, bei denen viele Menschen Arbeit fanden.

Plautus, -i: Plautus („der Plattfuß"); um 250–184 v. Chr., schuf in freier Bearbeitung griechischer Vorlagen eine große Anzahl höchst wirkungsvoller Komödien, denen eingelegte Gesangspartien eine gewisse Ähnlichkeit mit Operetten verliehen. Plautus' Sprache ist allerdings deftiger; schließlich schätzte sein Publikum Schimpf- und Prügelszenen besonders.

Pluto, Plutonis: Pluto, griech. Hades; der Gott der Unterwelt.

Poeni, -orum: die Punier, Karthager, griech. Phoínikes; römische Bezeichnung der Einwohner von Karthago.

Polyphémus, -i: Polyphem; einer der ↗Cyclopen, in dessen Höhle Odysseus auf seinen Irrfahrten geriet. Der einäugige Riese, der sich nicht um Götter und Gastrecht kümmerte, fraß sechs Begleiter des Odysseus auf, der ihn mit Wein betrunken machte und behauptete, er heiße „Niemand". Mit einem glühenden Pfahl brannten die Griechen das einzige Auge des Riesen aus, der in seinem Schmerz immer wieder brüllte, Niemand trachte ihm nach dem Leben. Deshalb hielten die anderen Cyclopen Polyphem für verrückt und kamen ihm nicht zu Hilfe.

Pompilius: ↗Numa.

Porcius: ↗Cato.

(porta) Praetoria, -ae: die „Porta Praetoria", ein teilweise noch erhaltenes römisches Lagertor in Regensburg.

Quintus, -i: Quintus („der Fünfte"); römischer Vorname.

Rhenus, -i m: der Rhein.

Rhodus, -i f: Rhodos; Insel vor der Südwestküste der heutigen Türkei.

Roma, -ae: Rom; der Sage nach 753 v. Chr. von ↗Romulus gegründet.

Romani, -orum: die Römer (sowohl die Bürger der Stadt wie des römischen Reichs); Adj. Romanus, -a, -um.

Rómulus, -i : Romulus; Sohn einer Vestapriesterin und des Kriegsgotts Mars. Zusammen mit seinem Bruder Remus in einem Körbchen im Tiber ausgesetzt, wurde er von einer Wölfin gerettet und wuchs bei einem Hirten auf, der ihn in der Wolfshöhle fand. Als er daran ging, eine Stadt zu gründen und nach seinem Namen zu benennen, machte sich sein Bruder über ihn lustig, indem er über die niedere Mauer sprang. Deswegen tötete ihn Romulus. Um die neue Stadt mit Menschen zu füllen, nahm Romulus auch Verbrecher auf; Frauen verschaffte er seinen Untertanen durch einen großangelegten Raub. Nach seinem Tod erzählte man, er sei unter die Götter versetzt worden.

Rufus, -i : Rufus („der Rothaarige"); Eigenname, oft bei Sklaven.

Saturnus, -i : Saturnus; altrömischer Gott der Saaten, des Ackerbaus; später mit dem griechischen Kronos, dem Vater des Zeus, gleichgesetzt.

Scipio, Scipionis : Publius Cornelius Scipio Africanus Maior; römischer Heerführer und Sieger über ↗Hannibal.

Sibylla, -ae : die Sibylle; eine Prophetin, die ↗Aeneas in die Unterwelt begleitet.

Sicilia, -ae : Sizilien.

Sirénes, Sirénum f : die Sirenen („Verlockerinnen"); Mischwesen, halb Mädchen, halb Vogel, die durch ihren wunderbaren Gesang Seefahrer auf ihre Insel lockten, um sie zu töten. Da ihnen das bei Odysseus und seinen Gefährten nicht gelang (↗49), stürzten sie sich ins Meer und wurden in Klippen verwandelt.

Sísyphus, -i : Sisyphus (-os); verschlagener und gewalttätiger König von Korinth, der nach der Sage sogar die Götter betrog. In der Unterwelt muß er zur Strafe einen Felsblock, der immer wieder herabrollt, auf einen hohen Berg wälzen.

Sósicles, Sosiclis : Sosicles; griech. Eigenname, ↗37.

Sulla, -ae m : Lucius Cornelius Sulla; römischer Feldherr und Politiker, berüchtigt wegen seiner Skrupellosigkeit und der grausamen Verfolgung seiner Gegner.

Syracusae, -arum : Syrakus; griechische Großstadt an der Ostküste Siziliens mit eindrucksvollen Befestigungen und Hafenanlagen.

Syracusani, -orum : die Syrakusaner, Einwohner von ↗Syrakus.

Syrus, -i : Syrus („der Syrer", f. Syra, ae); Herkunftsbezeichnungen als Namen sind vor allem bei Sklaven häufig. ↗Lydia.

Tántalus, -i : Tantalus (-os); sagenhafter kleinasiatischer König, Liebling und Gast der Götter. Voll Übermut wegen dieser Auszeichnung lud er selbst die Götter zum Mahl und setzte ihnen, um ihre Allwissenheit zu prüfen, seinen eigenen Sohn vor. Zur Strafe in den Tartarus gestürzt, erduldet er dort ewigen Hunger und Durst, obwohl er bis zum Hals im Wasser steht und fruchtbeladene Zweige über ihm hängen. Aber sooft er trinken will, weicht das Wasser zurück, und sooft er die Hand nach den Zweigen ausstreckt, schnellen sie in die Höhe.

Tarentum, -i n : Tarent; Stadt in Unteritalien.

Tártarus, -i : der Tartarus (-os); durch eherne Pforten verschlossener ungeheurer Abgrund, in dem die Verdammten ewige Qualen erdulden.

Ticínus, -i m : ↗Hannibal.

Tisíphone, -es f : Tisiphone; eine der ↗Furien, die Rächerin des Mordes; vampirartig mit blutunterlaufenen Augen und Krallen an den Händen, in einen bluttriefenden Mantel gehüllt und mit einer Geißel aus lebenden Schlangen, bewacht sie den Eingang zum Tartarus.

Titus, -i : Titus; römischer Vorname (abgekürzt: T.).

Títyus, -i : Tityus (-os); ein Riese, der versuchte, der Göttin Latona Gewalt anzutun und dafür im Tartarus von Geiern gequält wird, die seine immer nachwachsende Leber, „in der gewaltigen Höhle seines Leibes nistend", zerfleischen.

Trasumenus, -i m : ↗Hannibal.

Trebia, -ae m : ↗Hannibal.

Troia, -ae : Troja; Stadt an der Nordwestküste der heutigen Türkei, von den Griechen unter ↗Agamemnon der Sage nach zehn Jahre lang belagert, bis sie es dank einer List des

Odysseus (hölzernes Pferd) eroberten und zerstörten. Es ist höchst erstaunlich, daß Heinrich Schliemann, nur auf die Berichte ↗Homers gestützt, das antike Troja und einen beträchtlichen Goldschatz entdeckte. Allerdings besteht heute noch keine volle Einigkeit zwischen den Gelehrten, welche der zahlreichen übereinanderliegenden Schuttschichten die des „homerischen" Troja sei.

Troiani, -orum: die Trojaner, Einwohner von ↗Troia; Adj. Troius, -a, -um.

Tullius, -i: Tullius; römischer Geschlechtsname; am bekanntesten ist Marcus Tullius Cicero (106–43 v. Chr.), der als Staatsmann, Anwalt, Redner und Schriftsteller hervortrat, als Konsul eine Verschwörung aufdeckte und als begeisterter Griechenfreund vor allem die griechische Philosophie in lateinischer Sprache darstellte.

Ulixes, Ulixis m: ↗Odyssea.

Venus, Véneris f: Venus, griech. Aphrodite; die Göttin der Liebe, Mutter des ↗Aeneas.

Vergilius, -i: Vergil; bedeutender römischer Dichter (70–19 v. Chr.), Verfasser der Aeneis, in der er nach dem Vorbild ↗Homers die Taten des ↗Aeneas darstellt.

Vespasianus, -i: Vespasian; römischer Kaiser (69–79 n. Chr.).

Vesta, -ae: Vesta; römische Göttin des Herdfeuers. In ihrem Rundtempel auf dem Forum bewahrten die sechs Vestalinnen, die ein Ehelosigkeitsgelübde abgelegt hatten, die heilige Flamme.

Xerxes, Xerxis: Xerxes; Perserkönig, Sohn des ↗Dareus, führte 480 v. Chr. ein großes Heer nach Griechenland, vernichtete am Thermopylenpaß ein spartanisches Kontingent unter Leonidas, zerstörte das von der Bevölkerung geräumte Athen und erlitt in der Seeschlacht von Salamis eine empfindliche Niederlage, weil seine Flotte sich in der Meerenge zwischen der Insel Salamis und dem Festland nicht entfalten konnte. Sein Landheer wurde 479 bei Plataä geschlagen.

Zama, -ae f: ↗Hannibal.

LATEINISCH-DEUTSCHES WÖRTERVERZEICHNIS

Die Ziffern geben an, in welchem Kapitel die lateinischen Wörter erstmals erscheinen; dort finden sie sich natürlich auch im Wortspeicher. (Für die 3. Deklination ist immer, für die übrigen Deklinationen nur bei Ausnahmen das Genus angegeben!)

A

a, ab (Präp. mit Abl.) von, von ... her, von ... an, seit 14
ac und *(enge Verbindung)* 26
accusare anklagen, beschuldigen 26
acer/acris/acre scharf, spitz, heftig 55
acies, aciei f Schärfe, Schlachtordnung (Front) 79
ad (Präp. mit Akk.) zu, an, bei 28
adeo so sehr 73
adhibere anwenden, dazunehmen 50
adhuc bis jetzt, noch immer 63
adiuvare helfen, unterstützen 19
admiratio, -onis f Bewunderung 71
admonere ermahnen, warnen, erinnern 47
adulescens, -ntis m Jüngling, junger Mann 68
adversarius, -i Gegner, Feind 24
aedificare bauen, erbauen, errichten 12
aedificium, -i Bauwerk, Gebäude 8
aequitas, -atis f Gleichheit, Billigkeit, Unparteilichkeit 36
aetas, -atis f (Lebens-)Alter, Zeit(alter), Epoche 50
ager, agri Acker, Feld, Gebiet 17
agitare jagen, hetzen, treiben 7
agmen, agminis n (Heeres-)Zug, Schar, Trupp 35
– *primum* Vorhut 35
ait er sagt, er sagte 51
alienus, -a, -um fremd, ausländisch, unpassend 58
alii – alii die einen – die anderen 22
aliquando (irgend-)einmal, einst 37
alius, -a, -ud ein anderer 22
alter, -a, -um der eine/der andere (von zweien) 39
alteri – alteri die einen – die anderen (von zweien) 28
altus, -a, -um hoch, tief 60

amare lieben, gernhaben, mögen 8
amica, -ae Freundin 5
amicus, -i Freund 5
amor, -oris m Liebe 66
amplus, -a, -um umfangreich, ansehnlich, geräumig, weit 38
an oder, oder etwa *(in Wahlfragen)* 47
angulus, -i Ecke, Winkel 79
anima, -ae Seele 52
animal, -alis n Lebewesen, Tier 49
animus, -i Geist, Sinn, Verstand, Mut 32
annus, -i Jahr 14
ante (Präp. m. Akk.) vor (örtlich u. zeitlich) 28
  ante Christum natum (a.Chr.n.) vor Christi Geburt 28
antea vorher 39
antiquus, -a, -um alt, altertümlich 10
appellare anreden, (be-)nennen 41
apud (Präp. m. Akk.) bei (haupts. von Personen) 28
aqua, -ae Wasser 58
arbor, -oris f Baum 66
arcere abhalten, abwehren 68
ardere brennen, glühen 72
arena, -ae Sand, Sandbahn, Arena 45
argentum, -i Silber 8
aries, -etis m Widder, Rammbock 76
arma, -orum Waffen 30
armare bewaffnen 51
ars, artis f Kunst, Kunstfertigkeit 56
arx, arcis f Burg, Burghügel 54
asper/aspera/asperum rauh, herb, bitter 17
assiduus, -a, -um beständig, beharrlich, unablässig 68
at aber, jedoch, hingegen 48
atque, und *(enge Verbindung)* 26
atrox, atrocis schrecklich, furchtbar 56
auctor, -oris m Urheber, Verfasser, Schriftsteller 30

auctoritas, -atis f Einfluß, Ansehen 36
audacia, -ae Wagemut, Kühnheit, Frechheit 40
audax, audacis kühn, verwegen 56
audere wagen 40
audivi (Perf.) ich habe gehört 49
augere vermehren, fördern, erweitern 72
auris, auris f Ohr 64
   aures praebere Gehör schenken 64
aurum, -i Gold 8
aut oder 65
   aut ... aut entweder ... oder 65
autem (nachgestellt) aber 20
auxilium, -i Hilfe 29
   auxilia, -orum Hilfstruppen 29
avaritia, -ae Habsucht, Geiz 26
avarus, -a, -um habgierig, geizig 43
ave! sei gegrüßt! 69
avis, avis f Vogel 55
avus, -i Großvater 37

B

barbarus, -a, -um ausländisch, ungebildet, barbarisch 22
   barbarus, -i Barbar, Wilder 22
beatus, -a, -um glücklich, glückselig 56
bellum, -i Krieg 14
bene (Adv.) gut 7
beneficium, -i Wohltat, Auszeichnung 75
bestia, -ae (wildes) Tier 20
bonus, -a, -um gut, tüchtig 9
brevi (Adv.) in kurzem, bald 47

C

caelestis, -e himmlisch, göttlich 55
   caelestes, -ium die himmlischen Götter 55
caelum, -i Himmel, Klima, Wetter 66
calamitas, -atis f Unheil, Schaden, Verlust 36
callidus, -a, -um schlau 16
canis, -is m Hund 52
cantare singen 56
caput, capitis n Kopf, Haupt, Hauptstadt 45
carcer, -eris m Gefängnis 43
carere entbehren, nicht haben 16
carmen, carminis n Lied, Gesang, Gedicht 35
carus, -a, -um teuer, wertvoll, lieb 43

castellum, -i Kastell, Fort, Schloß 78
castra, -orum (Kriegs-)Lager 78
causa, -ae Grund, Ursache 48
cavere sich in acht nehmen, sich hüten vor 19
   cavi (Perf. zu *cavere*) 40
celer/celeris/celere schnell, rasch 55
cena, -ae Essen, Mahl, Mahlzeit 5
censere meinen, schätzen, der Ansicht sein 28
centum (indekl.) hundert 72
certamen, -inis n (Wett-)Kampf, sportlicher Wettbewerb 70
certare kämpfen, streiten, wetteifern 71
certe sicher, gewiß 12
certus, -a, -um sicher, gewiß 45
ceteri, -ae, -a die übrigen 59
ceterum übrigens, im übrigen 28
cinis, cineris m Asche 52
circa (Präp. m. Akk.) um ... herum, rings ... um 34
circumdare umgeben, umringen 54
civitas, civitatis f Bürgerschaft, Staat, Gemeinde 36
clamare schreien, rufen 2
clamor, -oris m Geschrei, Lärm 45
clarus, -a, -um berühmt, hell, glänzend, klar 11
clausus, -a, -um geschlossen 14
clemens, clementis mild, sanft, gnädig 56
clementia, -ae Milde 45
coërcēre zügeln, in Schranken halten 18
cogitare denken, bedenken, beabsichtigen 6
cohors, cohortis f Schar, Kohorte 52
collocare aufstellen, anlegen 78
colonia, -ae Kolonie, Niederlassung 22
comes, comitis m/f Begleiter(in), Gefährte/Gefährtin 30
commercium, -i Handel 22
communis, -e gemeinsam, allgemein 68
comparare vergleichen, zusammenstellen 50
complures, -a mehrere, ziemlich viele 67
conclave, conclavis n Zimmer, Raum 76
concordia, -ae Eintracht, Einigkeit 23
condicio, -onis f Bedingung, Übereinkunft, Lage 34
coniuratio, -onis f Verschwörung 79
conservare erhalten, bewahren 78
constans, constantis standhaft, fest 63
constantia, -ae Festigkeit, Standhaftigkeit 26
consul, consulis m Konsul 29
contentus, -a, -um zufrieden 10
contra (Präp. m. Akk.) gegen 28

contumelia, -ae Schmach, Beleidigung, Kränkung 15
convēni (Perf.) ich bin zusammengekommen 69
copiae, -arum Truppen, Streitkräfte 23
corpus, corporis n Körper, Rumpf, Leiche 35
cottidianus, -a, -um täglich, alltäglich 77
cras morgen 44
crepare klirren, knarren, einen Laut geben 3, 74
crimen, criminis n Verbrechen, Vergehen, Vorwurf, Schuld 52
crinis, crinis m Haar 65
crudelis, -e grausam 55
crudelitas, crudelitatis f Grausamkeit, Brutalität 36
cui wem 12
culpa, -ae Schuld, Vergehen 55
cum (Präp. m. Abl.) mit, in Begleitung von 14
cum (m. Ind.) (dann) wenn, jedesmal wenn, damals als 10
cum (m. Konj.) als, nachdem 45; da, weil 72
cunctus, -a, -um ganz, gesamt, sämtlich *cuncti, -ae, -a* alle 11
cupiditas, cupiditatis f Begierde, Leidenschaft, Verlangen 72
cupidus, -a, -um (m. Gen.) (be)gierig (nach) 11
cur warum 3
cura, -ae Sorge, Sorgfalt 59
curare (m. Akk.) sorgen für, sich kümmern um 8
custos, custodis m Wächter, Wärter, Beschützer 32

D

damnare verdammen, verurteilen 43
dare geben 9
de (Präp. m. Abl.) von (herab), über 14
dea, -ae Göttin 11
debere schulden, verdanken, müssen 52
debilitare schwächen 23
decem (indekl.) zehn 65
decimus, -a, -um der zehnte 78
declinare sich beugen, ausweichen 3
decus, decoris n Zierde, Schmuck, Ruhm 35
dedi (Perf. zu dare) 36
deinde dann (in Aufzählungen) 49
delectare erfreuen, Freude (Spaß) machen 3

deliberare überlegen, erwägen 11
demonstrare zeigen, beweisen, nachweisen 48
denique schließlich *(in Aufzählungen)* 49
densus, -a, -um dicht, gedrängt, zahlreich 65
deridere verlachen, verspotten 14
desperare verzweifeln, die Hoffnung aufgeben 28
deus, -i Gott, Gottheit 11
dictator, -oris m Diktator 29
dies, diei m Tag 75
dies, diei f Termin, Zeitpunkt 75
difficultas, -atis f Schwierigkeit, Beschwerlichkeit 36
dignus, -a, -um würdig, wert 77
diligentia, -ae Sorgfalt, Gewissenhaftigkeit 14
disciplina, -ae Zucht, Erziehung, Ordnung, Disziplin 26
discrimen, -inis n Gefahr, gefährliche Lage, Entscheidung 35
disputare diskutieren, erörtern 14
dissimulare verheimlichen, verbergen 18
dissipare vergeuden, zerstreuen 45
diu lange, lange Zeit 1
diutius länger 79
diuturnus, -a, -um lange, langdauernd 50
diversus, -a, -um verschieden, abweichend 76
dives, -itis reich 62
divitiae, -arum Reichtum 6
divus, -a, -um göttlich, vergöttlicht 11
docere lehren, unterrichten 25
doctus, -a, -um gebildet, verständig, gelehrt 10
dolere bedauern, Schmerz empfinden 32
dolor, -oris m Schmerz 30
dolus, -i List, Betrug 43
domi zu Hause 70
domina, -ae Herrin 24
dominus, -i Herr, Gebieter 24
domo von zu Hause 70
domum nach Hause 70
domus, domūs f Haus, Behausung Wohnsitz, 67
donum, -i Geschenk, Gabe 8
dorsum, -i Rücken 63
dubitare zögern 6
dulcis, -e süß, lieblich, angenehm 62
dum während 5
duo/duae/duo zwei, die beiden 65
durus, -a, -um hart, hartherzig 75
dux, ducis m/f Führer(in), Anführer(in) 30
duxi (Perf.) ich habe geführt 55

E

e (Präp. m. Abl.) aus, aus ... heraus, von ... aus 14
ecce! schau! sieh da! 2
educare erziehen, aufziehen 17
ego ich 16
egregius, -a, -um herausragend, ausgezeichnet 76
eius modi derartig 65
eloquentia, -ae Beredsamkeit 25
emi (Perf.) ich habe gekauft 42
emigrare auswandern 25
enim (nachgestellt) nämlich, denn 48
enumerare aufzählen 11
equus, -i Pferd 65
ergo also, folglich, deshalb 68
errare (sich) irren, sich täuschen 12
error, -oris m Irrtum, Irrfahrt 48
es du bist 10
esse (Infinitiv) sein 18
est er/sie/es ist 1
estis ihr seid 15
et und, auch 1
et ... et sowohl ... als auch 14
etiam auch, sogar 4
etiamsi wenn auch, auch wenn 52
ex (Präp. mit Abl.) aus, aus ... heraus, von ... aus 14
exemplum, -i Beispiel, Vorbild 67
explicare erklären 7
exportare ausführen (Waren) 12
expugnare erobern 50
exspectare erwarten, warten, Ausschau halten 1
exsultare jubeln, johlen 4

F

fabula, -ae Geschichte, Märchen, Theaterstück 15
facies, faciei f Gesicht, Anblick, Gestalt 76
facilis, -e leicht (zu tun) 67
facinus, -oris n Tat, Untat, Übeltat 45
factio, -onis f politische Umtriebe, Parteiung 79
factum, -i Tat, Handlung, Ereignis, Tatsache 50
falsus, -a, -um falsch, unecht 42
fama, -ae Gerücht, Gerede, Sage 72
fames, -is f Hunger 52
familia, -ae Familie 80
fas n *(indekl.)* (göttliches) Recht, heilige Ordnung 73
fatalis, -e verhängnisvoll, vom Geschick bestimmt 73

fatum, -i Schicksal, Geschick, Götterspruch 56
fauces, faucium f Hals, Schlund, Engpaß, Eingang 51
feci (Perf.) ich habe gemacht, ich habe getan 48
felix, felicis glücklich, erfolgreich 56
femina, -ae Frau 8
fenestra, -ae Fenster 68
fere (nachgestellt) ungefähr, fast 74
ferox, ferocis wild, trotzig 65
ferreus, -a, -um eisern, aus Eisen 60
ferrum, -i Eisen, Schwert 60
festinare eilen, sich beeilen 70
fides, fidei f Glaube, Treue, Vertrauen 75
fidus, -a, -um treu, zuverlässig 10
filia, -ae Tochter 7
filius, -i Sohn 7
finis, finis **m** Grenze, Ende, Ziel
fines, finium **m** Gebiet 66
finitimus, -a, -um angrenzend, benachbart 78
firmus, -a, -um stark, fest 23
flagitium, -i Schande, Niederträchtigkeit, Schandbild 40
flamma, -ae Flamme, Feuer 51
flere weinen, beklagen 63
flumen, fluminis n Fluß, Strom 54
foedus, foederis n Vertrag, Bündnis 36
forma, -ae Form, Gestalt 51
formidulosus, -a, -um fürchterlich, entsetzlich, furchterregend 20
fortasse vielleicht 7
fortis, -e tapfer, mutig 56
fortitudo, -inis f Tapferkeit 34
fortuna, -ae Glück, Schicksal 8
forum, -i Marktplatz, Forum 8
fossa, -ae Graben 72
frater, fratris m Bruder 31
frequens, frequentis zahlreich, häufig, vielbesucht, volkreich 67
frons, frontis f Stirn, Vorderseite, Front 65
frustra vergebens, umsonst 37
fuga, -ae Flucht 45
fugare verjagen, vertreiben 17
fuit er/sie/es ist gewesen 23
fumus, -i Rauch, Dampf 80
fundamentum, -i Grundlage, Fundament 45

G

gaudere sich freuen 1
gaudium, -i Freude, Vergnügen, Fröhlichkeit 42

gemini, -orum Zwillinge, Zwillings- 37
  geminus, -a, -um doppelt, zugleich geboren 37
gemma, -ae Edelstein 42
gens, gentis f Geschlecht, Sippe, Stamm 51
genus, generis n Geschlecht, Art 55
gladius, -i Schwert 3
gloria, -ae Ruhm 30
gratia, -ae Dank, Gunst, Anmut 64
gratus, -a, -um dankbar, angenehm, willkommen 10
gravis, -e schwer, drückend, lästig 58

H

habere haben, halten 14
habitare wohnen, bewohnen 22
haud nicht 25
heres, heredis m/f Erbe/Erbin 38
hic (Adv.) hier 7
hic/haec/hoc dieser/diese/dieses 50
hiems, hiemis f Winter, Kälte 32
hodie heute, heutzutage 1
– *quoque* heute noch, auch heute 5
homo, hominis m Mensch 34
honos, honoris m Ehre 30
hora, -ae Stunde, Jahreszeit 40
hortus, -i Garten 5
hospes, hospitis m Gast, Gastfreund, Fremdling 47
hospitium, -i Gastfreundschaft 47
hostis, hostis m Feind (im Krieg), Gegner 79
humanus, -a, -um menschlich, menschenfreundlich 16

I

iacere (am Boden) liegen, (tot) daliegen 4
iactare werfen, schleudern, schütteln 59
iam schon, bereits 2
ibi da, dort 1
igitur daher, also 27
ignis, ignis **m** Feuer 54
ignorare nicht wissen, nicht kennen 34
ignotus, -a, -um unbekannt 48
ille/illa/illud jener/jene/jenes 50
illustrare erhellen, erleuchten 54
imago, imaginis f Bild, Abbild, Ebenbild 41
immanis, -e ungeheuer, schrecklich, entsetzlich 55

imminere drohen, (drohend) bevorstehen 36
immo (vero) vielmehr, im Gegenteil 25
immortalis, -e unsterblich 55
imperare befehlen, gebieten, herrschen 12
imperator, -oris m Feldherr, Kaiser, Herrscher 29
imperium, -i Befehl, Macht, Reich, Herrschaft 22
implere (m. Abl.) (an-)füllen (mit etwas) 17
implorare anflehen 45
importare einführen (Waren) 12
imprimis besonders, vor allem 11
in (Präp. m. Akk.) in, nach, auf (Frage: wohin?) 28
in (Präp. m. Abl.) in, auf, an (Frage: wo?) 14
incendium, -i Brand, Brandstiftung, Feuer 74
incredibilis, -e unglaublich, unglaubwürdig 76
inde von da, von dort, von da an 56
industria, -ae Fleiß, Betriebsamkeit 25
ingens, ingentis ungeheuer, riesig 56
ingratus, -a, -um undankbar, unangenehm 10
inimicus, -i Feind 9
  inimicus, -a, -um feindselig, feindlich, nachteilig 9
initium, -i Anfang, Beginn 14
iniustus, -a, -um ungerecht 9
inquit sagt er, sagte er 62
instrumentum, -i Werkzeug, Gerät, Instrument 60
insula, -ae Insel 49
integer, -gra, -grum unbescholten, untadelig, anständig 17
intentus, -a, -um angespannt, aufmerksam 18
inter (Präp. m. Akk.) zwischen, unter, während 37
interdum manchmal, bisweilen, gelegentlich 8
interpres, -etis m Dolmetscher 66
intrare eintreten, betreten 2
invidere (m. Dat.) beneiden 62
invitare einladen, anziehen, Anziehungskraft ausüben 5
invitus, -a, -um ungern, wider Willen 80
iocus, -i Spaß, Scherz 15
ira, -ae Zorn, Wut 12
iratus, -a, -um zornig, erzürnt 77
is/ea/id dieser/diese/dieses; er/sie/es 37
ita (bei Verben) so 45
itaque daher, deshalb 5

iter, itineris **n** Weg, Reise, Marsch 58
iterum wiederum, zum zweiten Mal 4
– *atque iterum* immer wieder 26
iucundus, -a, -um angenehm, willkommen, erfreulich 80
ius, iuris **n** Recht 47
iustus, -a, -um gerecht 9
iuvare unterstützen, helfen, erfreuen 19
iuvat es erfreut, es macht Spaß 6
iuvenis, -is m (junger) Mann 52

L

labor, -oris m Mühe, Anstrengung, Arbeit 32
lacerare zerreißen 44
laetus, -a, -um froh, fröhlich 10
lapideus, -a, -um steinern, aus Stein 78
latus, -a, -um breit, weit 54
laudare loben, gutheißen, preisen 9
laus, laudis f Lob, Anerkennung, Ruhm 77
lectus, -i Bett, (Speise-) Sofa 68
legatus, -i Legat, Gesandter 45
legio, -onis f Legion (5000–6000 Soldaten) 34
leo, leonis **m** Löwe 44
lex, legis f Gesetz, Regel, Vorschrift 77
libenter gerne, mit Vergnügen 6
liber/libera/liberum frei, ungebunden 17
liberare befreien 40
liberi, -orum Kinder 17
libertas, -atis f Freiheit, Unabhängigkeit 36
licet es ist erlaubt 55
limen, -inis n Schwelle 74
limes, limitis **m** Grenze, Grenzrain, Grenzbefestigung 80
lingua, -ae Sprache, Zunge 25
littera, -ae Buchstabe 12
litterae, -arum Brief, Wissenschaft(en) 12
litus, litoris n Küste, Gestade, Meeresufer 62
locus, -i Ort, Platz, Stelle; *Pl.: loca, -orum* 51
longus, -a, -um lang, ausgedehnt 59
ludus, -i Spiel, Schauspiel, Schule 3
lumen, -inis n Licht, Leuchte, Glanz 35
lux, lucis f Licht, Tageslicht, Helligkeit 73
luxuria, -ae Luxus, Verschwendung, Verschwendungssucht 26

M

mactare schlachten, opfern 74
maestus, -a, -um traurig, betrübt 9
magister, magistri Lehrer, Meister 77
magnificus, -a, -um großartig, prächtig 78
magnitudo, -inis f Größe, Erhabenheit 35
magnus, -a, -um groß 9
maior/maius größer 66
malum, -i Übel, Leid, Fehler 50
malus, -a, -um schlecht, böse, schlimm 9
mandare anvertrauen, auftragen 77
manere (bestehen) bleiben, warten (auf) 18
mare, maris n Meer, die See, Ozean 49
maritimus, -a, -um am Meer liegend, Seemanns- 67
mater, matris f Mutter 37
maximus, -a, -um der größte, sehr groß 66
me (Akk.) mich 16
 mecum mit mir 41
medicus, -i Arzt 12
medius, -a, -um der mittlere, mitten 58
melior/melius besser 66
memoria, -ae Gedächtnis, Erinnerung 36
mens, mentis f Geist, Sinn, Verstand 51
mensa, -ae Tisch 68
mercator, -oris m Kaufmann 30
meridies, meridiei **m** Mittag, Süden 78
meus, -a, -um mein 18
migrare wandern, übersiedeln, weggehen 5
 de vita migrare sterben 37
mihi (Dat.) mir 16
miles, militis m Soldat, Krieger 30
militare Kriegsdienst leisten, Soldat sein 80
minimus, -a, -um der kleinste, sehr klein 66
minor/minus kleiner 66
mirificus, -a, -um erstaunlich, wunderbar, komisch 40
mirus, -a, -um wunderbar, erstaunlich 50
miscere (ver)mischen, durcheinanderbringen 76
miser/misera/miserum unglücklich, elend, kläglich, arm 17
misericordia, -ae Mitleid, Barmherzigkeit, Erbarmen 28
moderatus, -a, -um mäßig, maßvoll, besonnen 69
modestia, -ae Mäßigung, Bescheidenheit, Besonnenheit 26
modo (Adv.) eben, nur 70

modus, -i Maß, Grenze; Art, Weise; Melodie 62
　eius modi derartig 65
moenia, -ium n (Stadt-)Mauer 54
molestus, -a, -um lästig, unangenehm, beschwerlich 59
monere (er-)mahnen, warnen 27
mons, montis m Berg 55
montes, -ium m Gebirge 55
monstrare zeigen 5
monstrum, -i Ungeheuer 51
monumentum, -i Denkmal, Monument 8
mora, -ae Verzögerung, Aufenthalt 76
morbus, -i Krankheit 51
mors, mortis f Tod 51
mortalis, -e sterblich 55
mortuus, -a, -um gestorben, tot 38
mos, moris m Sitte, Brauch 30
mores, morum m Charakter 30
movere bewegen, erregen, rühren 40
mox bald, demnächst 14
mulier, mulieris f Weib (Ehefrau) 38
multitudo, -inis f Menge, Vielzahl 34
multum valere großen Einfluß haben 36
multus, -a, -um viel 9
murus, -i Mauer 76
mutare ändern, vertauschen 48

N

nam denn, nämlich 3
narrare erzählen, berichten 2
natus, -a, -um geboren 28
nauta, -ae m Matrose, Seemann 62
navigare segeln, (zur See) fahren 30
navis, navis f Schiff 52
-ne (Fragepartikel) 32
ne (m. Konj.) daß nicht, damit nicht 45 (*in Aufforderungen:* nicht ↗73.G4)
ne ... quidem nicht einmal 24
necare töten 4
necessarius, -a, -um notwendig, nötig, unentbehrlich 9
nefas n *(indekl.)* Frevel, Unrecht, Sünde 73
negare bestreiten, leugnen, verneinen, verweigern 18
negotium, -i Geschäft, Beschäftigung 73
neque und nicht, auch nicht 44
neque ... neque weder ... noch 44
nex, necis f (gewaltsamer) Tod, Mord 32
niger/nigra/nigrum schwarz, düster, unheilvoll 74
nihil (Nom. u. Akk.) nichts 17
nisi wenn nicht, außer 17

nobilis, -e vornehm, edel, berühmt 71
nobis (Dat.) uns 16
nocere schaden 27
nomen, nominis n Name, Benennung 35
nominare (be-)nennen 47
non nicht 3
– *iam* nicht mehr 4
– *solum ... sed etiam* nicht nur ... sondern auch 6
nondum noch nicht 31
nonne (Fragepartikel) (etwa) nicht? 10
nonnulli, -ae, -a einige 18
nonnumquam manchmal 64
nonus, -a, -um der neunte 78
nos (Nom./Akk.) wir/uns 16
noster/nostra/nostrum unser 18
notus, -a, -um bekannt 47
novem (indekl.) neun 65
novi (Perf.) ich habe kennengelernt, ich kenne 62
novus, -a, -um neu 12
nox, noctis f Nacht 51
num (Fragepartikel) etwa?, etwa gar? 8
numen, numinis n Gottheit, göttliches Wesen 74
numerus, -i Zahl, Nummer 65
numquam niemals, nie 27
nunc jetzt, nun 2
nuntiare melden, mitteilen 29

O

obscurus, -a, -um dunkel, finster, versteckt 79
observare beobachten, einhalten 64
obtinere festhalten, innehaben, behaupten 22
occupare besetzen, an sich reißen, in Besitz nehmen 18
octavus, -a, -um der achte 78
octo (indekl.) acht 65
oculus, -i Auge 64
officium, -i Pflicht, Pflichtgefühl 79
omen, ominis n Vorzeichen, Vorbedeutung 35
omnis/omne all, jeder, ganz 55
opera, -ae Mühe, Arbeit 71
opes, opum f (Geld-)Mittel, Macht, Reichtum 62
oppidum, -i Stadt, Festung 18
optimus, -a, -um der beste, sehr gut 66
opulentus, -a, -um wohlhabend, reich, mächtig 9
opus, operis n Werk, Arbeit 50
orare bitten, flehen, beten 63

oratio, -onis f Rede 45
orbis, orbis m Kreis, Scheibe 65
 orbis terrarum Erdkreis, Welt 65
ornare schmücken, verschönern 56
os, oris n Mund, Mündung, Antlitz 75
ostentare zeigen, in Aussicht stellen, zur Schau stellen 75
otium, -i Muße, Ruhe, Freizeit 35

P

panis, -is m Brot 58
parare bereiten, (sich) vorbereiten, sich anschicken 5
paratus, -a, -um bereit, vorbereitet 26
parens, parentis m/f Vater/Mutter 76
 parentes, -um Eltern 76
parere gehorchen, sich richten nach 17
paries, parietis m Wand 76
pariter atque/ac gleich wie, ebenso wie 16
parricidia, -ae m Vater-(Mutter-)mörder, Hochverräter 7
pars, partis f Teil, Rolle, Richtung 64
partes, -ium f Partei 64
parvus, -a, -um klein, gering 9
pater, patris m Vater 30
patere offenstehen, offen sein 2
patria, -ae Heimat, Vaterland 11
pauci, -ae, -a wenige 29
pauper, pauperis arm, unbemittelt 62
pax, pacis f Friede 34
pecunia, -ae Geld 9
peior/peius schlechter 66
per (Präp. m. Akk.) durch, hindurch 39
peregrinus, -a, -um fremd; *Subst.:* der Fremde 40
periculosus, -a, -um gefährlich 27
periculum, -i Gefahr 26
peritus, -a, -um (m. Gen.) erfahren, kundig 75
perniciosus, -a, -um verderblich, schädlich 27
pertinere sich erstrecken, gehören zu 80
perturbare verwirren, beunruhigen, stören 49
pes, pedis m Fuß 72
pessimus, -a, -um der schlechteste, sehr schlecht 66
philosophia, -ae Philosophie 27
philosophus, -i Philosoph 27
pietas, -atis f Frömmigkeit 36
pius, -a, -um fromm, gewissenhaft 51
placare beschwichtigen, besänftigen, versöhnen 12
placere gefallen, zusagen 25
plebs, plebis f Volk, Pöbel 72

plerique, -aeque, -aque die meisten 80
plures/plura mehr *(Pl.)* 66
plurimi, -ae, -a die meisten, sehr viele 66
plus, pluris mehr *(Sg.)* 66
poena, -ae Strafe 54
poëta, -ae m Dichter 36
populus, -i Volk, Publikum 2
porta, -ae Tor, Tür, Pforte 2
portare tragen 7
posse können 43
possidere besitzen 5
possum ich kann 7
possumus wir können 17
possunt sie können 15
post (Präp. m. Akk.) hinter, nach 28
– *Christum natum (p. Chr. n.)* nach Christi Geburt 28
postea nachher, später 23
postquam nachdem 23
postremo schließlich, zuletzt 30
postridie am folgenden Tag 45
postulare fordern, verlangen 29
potare trinken 69
poteram ich konnte 37
potero ich werde können 31
potes du kannst 11
potest er kann 7
potestas, -atis f Macht, Amtsgewalt, Möglichkeit 78
potestis ihr könnt 28
potui (Perf.) ich habe gekonnt 43
praebere darreichen, gewähren, zeigen 64
praeceptum, -i Vorschrift, Lehre, Regel, Rat 74
praecipitare (kopfüber) stürzen, übereilen 63
praeclarus, -a, -um ausgezeichnet, berühmt 77
praeda, -ae Beute, Raub 23
praesidium, -i Besatzung, Schutz, Posten 79
praestare leisten, erweisen 79
praetor, -oris m Prätor (Verwaltungsbeamter) 78
pretium, -i Preis, Wert, Belohnung 42
primo (Adv.) anfangs, zuerst 25
primum ... deinde zuerst ... dann 49
primus, -a, -um der erste 35
priusquam ehe, bevor 18
pro (Präp. m. Abl.) für, an Stelle von, vor 14
procul fern von, weit weg von 80
profecto in der Tat, wirklich 59
prohibere abhalten, hindern 62
prope (Präp. m. Akk.) nahe bei 28
properare eilen, sich beeilen 6

propter (Präp. m. Akk.) wegen 28
prosper/prospera/prosperum günstig, glücklich, gedeihlich 25
provincia, -ae Provinz, Verwaltungsbezirk 34
prudens, prudentis klug 56
puer, pueri Bursche, Junge, Bub 17
pugna, -ae Kampf, Schlacht 23
pugnare kämpfen 2
pulcher/pulchra/pulchrum schön, hübsch 17
pulvis, pulveris m Staub 52
putare glauben, meinen, halten für 22

Q

qualis, -e wie beschaffen 73
quam wie 9
– *(beim Komparativ)* als 59
quamquam obwohl, obgleich 23
quando wann 58
quantus, -a, -um wie groß 35
quartus, -a, -um der vierte 78
quattuor (indekl.) vier 65
-que (angehängt) und 29
qui/quae/quod welcher/welche/welches *(Rel.-Pron.)* der/die/das 42
qui/quae/quod welcher/welche/welches *(adjekt. Interrogativ-Pronomen)* 54
quidem zwar, wenigstens, gewiß 75
quietus, -a, -um ruhig, gefaßt 19
quinque (indekl.) fünf 65
quintus, -a, -um der fünfte 23
quis/quid wer/was 25
quod (Konjunktion) weil, daß 6
quomodo auf welche Weise, wie 47
quoque auch 5
quot wie viele 7
quotiens wie oft 31

R

raro (Adv.) selten 25
rarus, -a, -um selten 12
recreare erfrischen, wiederherstellen 58
regio, -onis f Gebiet, Gegend, Landschaft 34
regnare herrschen, König sein 22
regnum, -i Königreich, Königsherrschaft 72
religio, -onis f religiöses Gefühl, fromme Scheu, Aberglaube, abergläubische Bedenken, Gewissenhaftigkeit 73

reliqui (Perf.) ich habe verlassen, zurückgelassen 56
reliquus, -a, -um übrig, künftig 79
res, rei f Sache, Ding, Gegenstand, Ereignis, Angelegenheit 75
– *adversae (Pl.)* Unglück 75
– *publica* Staat 75
respondere antworten, erwidern 4
respondi (Perf.) ich habe geantwortet 49
restare übrig sein, übrig bleiben 25
reverti (Perf.) ich bin zurückgekehrt 58
rex, regis m König 56
ridere lachen 69
ridiculus, -a, -um lächerlich 16
ripa, -ae Ufer 80
robur, roboris n (körperliche) Kraft, Elite 35
rogare fragen, bitten, fordern 3

S

sacer/sacra/sacrum heilig, ehrwürdig 74
sacerdos, -otis m/f (Opfer-)Priester/Priesterin 74
sacrum, -i Heiligtum, Opferfeier 74
saeculum, -i Jahrhundert, Zeitalter 22
saepe oft 5
saltare springen, tanzen 72
salus, -utis f Wohlergehen, Heil, Rettung 60
salutare grüßen, begrüßen 1
salve! sei gegrüßt! 41
sanguis, sanguinis m Blut 52
sapiens, sapientis weise 56
sapientia, -ae Weisheit, Verstand, Einsicht 27
satis genug, genügend 29
saxum, -i Fels, Felsen, Steinbrocken 55
scelus, sceleris n Verbrechen 54
scientia, -ae Wissen, Kenntnis 11
scripsi (Perf.) ich habe geschrieben 74
se (Refl.-Pron.) sich *(Akk.)* 16
secundum (Präp. m. Akk.) längs, entlang, gemäß 65
secundus, -a, -um der zweite, folgende, nächste 78
sed aber, sondern, (je-)doch 1
sedare stillen (Hunger und Durst) 52
sedere sitzen 2
sedes, sedis f Sitz, Wohnsitz 52
seditio, -onis f Aufstand, Aufruhr 79
semper immer 16
senator, -oris m Senator 30
senex, senis m alter Mann 32
sententia, -ae Meinung, Satz, Sinn 77

septem (indekl.) sieben 65
septimus, -a, -um der siebte 78
sermo, -onis **m** Gespräch, Unterredung, Rede 47
serva, -ae Sklavin, Dienerin 5
servare retten, bewahren 31
servitus, -utis f Sklaverei, Knechtschaft 36
servus, -i Sklave, Diener 5
severus, -a, -um streng, ernst 16
sex (indekl.) sechs 65
sextus, -a, -um der sechste 78
si wenn, falls 10
sibi sich *(Dativ)* 38
sic so, auf solche Weise 47
signum, -i Zeichen, Merkmal, Feldzeichen 45
silva, -ae Wald 75
simul gleichzeitig, zugleich 15
simulacrum, -i Götterbild 8
sine (Präp. m. Abl.) ohne 14
sitis, sitis f Durst 49
situs, -a, -um gelegen 34
socius, -i Gefährte, (Bundes-)Genosse, Verbündeter 29
sol, solis **m** Sonne 66
sollicitare heftig erregen, aufregen, beunruhigen 74
sonare (er-)tönen, (er-)klingen 2
sors, sortis f Los, Schicksal 51
spectare betrachten, anschauen 6
spes, spei f Hoffnung, Erwartung 75
splendere glänzen, leuchten 3
spoliare plündern, berauben 24
stare stehen 1
statim sogleich, sofort, alsbald 43
statua, -ae Standbild, Statue 6
studere sich bemühen 12
studium, -i Eifer, Vorliebe, Bemühung, wissenschaftliche Betätigung 68
stultitia, -ae Dummheit, Torheit 76
stultus, -a, -um töricht, dumm 10
suadere raten, zureden 74
subito plötzlich 1
sum ich bin 9
summus, -a, -um der oberste, höchste, bedeutendste 32
sumus wir sind 16
sunt sie sind 8
superare besiegen, überwinden 23
superbia, -ae Hochmut, Stolz, Übermut 27
supplex, supplicis demütig, (bitt-)flehend 60
sustinere aushalten, ertragen 27
suus/sua/suum (refl.) sein/ihr/sein 19

T

tabula, -ae Tafel, Gemälde 6
tacere schweigen 3
tam (bei Adj. u. Adv.) so 9
– *tam ... quam* so ... wie 9
tamen dennoch, trotzdem 22
tandem endlich 39
tantum (Adv.) nur 22
tantus, -a, -um so groß 44
tardus, -a, -um langsam, träge 69
taurus, -i Stier 7
te (Akk.) dich 3, 16
telum, -i (Wurf-)Geschoß, Waffe 79
temperare (Dat.) schonen, mäßigen 24
tempestas, -atis f Sturm, Unwetter, Wetter 58
templum, -i Tempel, Heiligtum 8
temptare angreifen, einen Versuch unternehmen 3
tempus, temporis n Zeit, Zeitpunkt 35
tenere (be-)halten, festhalten 36
terra, -ae Land, Erde 39
terrere erschrecken (jemanden) 20
terribilis, -e schrecklich, furchterregend 55
terror, -oris m Schrecken, Angst 30
tertius, -a, -um der dritte 78
testis, testis m Zeuge 72
theatrum, -i Theater 10
tibi (Dat.) dir 16
timere (sich) fürchten 15
timidus, -a, -um ängstlich, furchtsam 15
timor, -oris m Furcht, Angst 63
tolerare ertragen, aushalten 49
tot (indekl.) so viele 8
totus, -a, -um ganz 75
tranquillus, -a, -um ruhig, friedlich 77
trans (Präp. m. Akk.) über ... hinüber, jenseits 60
transportare hinüberschaffen, (-bringen) 24
trepidare zittern, sich ängstigen 4
tres/tria drei 65
triumphus, -i Triumph, Triumphzug, Siegesfeier 34
tu du 16
tuba, -ae Tuba, Trompete 2
tum da, dann, darauf, damals 5
turpis, -e schändlich, häßlich 55
turris, -is f Turm 49
tutus, -a, -um sicher, geschützt 62
tuus, -a, -um dein 18
tyrannus, -i Tyrann, Gewaltherrscher 22

U

ubi wo 1
ubique überall 22
ultimus, -a, -um der letzte, der äußerste 63
umbra, -ae Schatten 51
unda, -ae Welle, Woge 63
unus/una/unum einer/eine/eines 40
urbs, urbis f Stadt 56
usque ad (Präp. m. Akk.) bis zu, bis (an) 78
ut wie 51
– *(m. Konj.)* daß, damit, so daß 45
utrum ... an (ob) ... oder *(Fragepartikeln der Wahlfrage)* 47
uxor, -oris f Gattin, Ehefrau 38

V

vacare (m. Abl.) frei sein (von) 15
valde sehr 6
valere Einfluß haben, vermögen, gesund sein, wert sein 17
–, *multum* großen Einfluß haben 36
vanus, -a, -um eitel, nichtig, leer 52
varius, -a, -um bunt, verschieden, mannigfach, wandlungsfähig 30
vastare verwüsten 24
vates, -is m/f Seher(in), Prophet(in) 52
vehemens, vehementis heftig, stürmisch 59
vel oder 22
velox, velocis schnell, rasch 68
velut wie, wie zum Beispiel 12
vēni (Perf.) ich bin gekommen 51
venia, -ae Verzeihung, Nachsicht, Erlaubnis 63
ventus, -i Wind, Sturm 49
verbera, -um n Schläge 54
verbum, -i Wort, Ausdruck 40
vero wirklich, aber 76
veritas, -atis f Wahrheit 66
verus, -a, -um wahr, wirklich, aufrichtig, echt 12
vester/vestra/vestrum euer 18
vetus, veteris alt, ehemalig 62
vexare quälen 55
via, -ae Weg, Straße 32
victor, -oris m Sieger 29
victoria, -ae Sieg 23
vicus, -i Dorf 19
viculus, -i Dörfchen, „Nest" 19
videre sehen, erblicken 1
videri scheinen, erscheinen als 71
vigilia, -ae Wache, Nachtwache 69
vigiles, -um m Polizisten, Wächter 69
viginti (indekl.) zwanzig 78
villa, -ae Landhaus, Villa 5
vindicare bestrafen, strafen, rächen, schützen, befreien, einschreiten (gegen) 54
vinum, -i Wein 12
violare verletzen, kränken 15
vir, viri Mann 17
vires, virium f Kräfte, Streitkräfte 58
virgo, virginis f Mädchen, Jungfrau 49
virtus, -utis f Tüchtigkeit, Mannhaftigkeit, Tugend, Vorzug 36
vis (vim, vi) f Gewalt, Kraft, Menge 58
vita, -ae Leben 17
vitare meiden, vermeiden, entgehen 8
vitium, -i Fehler, Laster, schlechte Eigenschaft 27
vituperare tadeln 16
vivus, -a, -um lebend, lebendig 52
vix kaum 18
vobis euch *(Dativ)* 16
vocare rufen, nennen, bezeichnen 1
volare fliegen, eilen 52
vos ihr/euch *(Akk.)* 15
vox, vocis f Stimme, Laut, Rede 43
vulnerare verletzen, verwunden 4

Zu diesem vorliegenden Band ist im Rahmen der MEDIOTHEK das

ARBEITSHEFT I
— bearbeitet von Kurt Benedicter und Dr. Gerhard Fink —

mit folgenden Inhalten erschienen:

- Arbeitsmaterial zu dem in den Grammatikübungen dieses Bandes anfallenden Stoff

- Variable, zum Teil neuartige Übungen zur Festigung des Wortschatzes: Wortfeldübungen, Bildbeschreibungen, Ausfüllen von Sprechblasen, Unterschriften zu Skizzen (die ein dreizehnjähriger Schüler beisteuert!!), Rätsel, Zuordnungen und vieles andere

- Genau abgewogene Tests, die für Lehrer und Eltern eine zuverlässige Kontrolle des Kenntnisstandes beim Schüler ermöglichen

- Muster-Texte, die nach Stoffzuschnitt, Schwierigkeitsgrad, Umfang und Arbeitszeit einer Schulaufgabe etwa entsprechen

Das ARBEITSHEFT I zum CURSUS LATINUS ist sowohl für die Ergänzung des Unterrichts in der Schule als auch für zusätzliche Arbeit des Schülers im Elternhaus geeignet.

DEUTSCH-LATEINISCHES WÖRTERVERZEICHNIS

Aufgeführt sind nur die deutschen Bedeutungen, die in den deutsch-lateinischen Übersetzungen vorkommen.

A

aber *sed (vorangestellt)*;
  autem (nachgestellt) ↗20.G1
Aberglaube, abergläubische Bedenken *religio, -onis* f
abhalten *prohibere (prohibui)*; *arcere (arcui)*
all (ganz, jeder) *omnis/omne*
alle *cuncti, -ae, -a*; *omnes/omnia*
  vor allem *imprimis*
als *cum (m. Konj.)*
also *ergo*; *igitur*
alt *antiquus, -a, -um*; *vetus, veteris (Adj.)*
alter Mann *senex, senis* m
Amtsgewalt *potestas, -atis* f
an *in (m. Abl.)*; *ad (m. Akk.)*
anderer *alius, -a, -ud*;
  ↗ der eine — der andere
anfangs *primo*
anflehen *implorare*
anfüllen *implere (implevi)*
angenehm *gratus, -a, -um*
angreifen *temptare*
ängstigen (sich) *trepidare*
anklagen *accusare*
anreden *appellare*
anschicken (sich) *parare*
Ansehen *auctoritas, -atis* f
anständig *integer/integra/integrum*
Anstrengung *labor, -oris* m
antworten *respondere (respondi)*
Anweisung *praeceptum, -i* n
anwenden *adhibere (adhibui)*
Arbeit *labor, -oris* m
Arena *arena, -ae*
arm (elend) *miser/misera/miserum*
— (unbemittelt) *pauper, -eris*
Art *genus, generis* n
auch *et*; *etiam (vorausgestellt)*; *quoque (nachgestellt)*
auf *in (m. Akk.: wohin?; m. Abl.: wo?)*
aufmerksam *intentus, -a, -um*
aufzählen *enumerare*
Auge *oculus, -i* m
aus *e/ex (m. Abl.)*
ausführen (Waren) *exportare*
auswandern *emigrare*

B

bald *mox*
Barbar *barbarus, -i* m
bedauern *dolere (dolui) (m. Akk./Abl.)*
Bedingung *condicio, -onis* f
beeilen (sich) *properare*
Befehl *imperium, -i* n
befehlen *imperare*
befreien *liberare*
begierig (nach) *cupidus, -a, -um (m. Gen.)*
begrüßen *salutare*
behalten *tenere (tenui)*
behaupten *obtinere (obtinui)*
bei *ad (m. Akk.; örtlich)*; *apud (m. Akk.; bei Personen)*
Beispiel: wie zum B. *velut*
bekannt *notus, -a, -um*
beklagen *accusare*
Beleidigung *contumelia, -ae* f
bemühen (sich) *studere (studui)*
berauben *spoliare*
Beredsamkeit *eloquentia, -ae* f
bereit *paratus, -a, -um*
bereiten *parare*
bereits *iam*
Berg *mons, montis* m
berichten *narrare*
berühmt *clarus, -a, -um*
besänftigen *placare*
Bescheidenheit *modestia, -ae* f
beschwerlich *molestus, -a, -um*
besetzen *occupare*
besiegen *superare*
Besitz: in B. nehmen *occupare*
besitzen *possidere (possedi)*

besonders *imprimis*
besser *melior/melius*
bester, der beste *optimus, -a, -um*
betrachten *spectare*
betreten *intrare*
Beute *praeda, -ae* f
bewegen *movere (movi)*
bewegt *motus, -a, -um*
Bild *tabula, -ae* f; *imago, -inis* f
bis zu *usque ad (m. Akk.)*
bisweilen *interdum*
bitten *orare*
bitter *asper/aspera/asperum*
bleiben *manere (mansi)*
böse *malus, -a, -um*
Brand *incendium, -i* n
breit *latus, -a, -um*
Bruder *frater, fratris* m
Burg *arx, arcis* f
Bürgerschaft *civitas, -atis* f
Bursche *puer, pueri* m

C

Charakter *mores, morum* m

D

da (weil) *cum (m. Konj.)*
daher *itaque*
daliegen *iacere (iacui)*
damals *tum*
damit *ut (m. Konj.)*
damit nicht *ne (m. Konj.)*
dankbar *gratus, -a, -um*
dann *tum; (in Aufzählungen) deinde*
darauf *tum*
daß (weil) *quod*
– (damit) *ut (m. Konj.)*;
   damit nicht, daß nicht: *ne (m. Konj.)*
– (so daß) *ut (m. Konj.)*;
   so daß nicht, daß nicht: *ut non (m. Konj.)*
dein *tuus, -a, -um*
demütig *supplex, supplicis (Adj.)*
denken *cogitare*
Denkmal *monumentum, -i* n
denn *nam*
dennoch *tamen*
der/die/das (Relativ-Pronomen) *qui/quae/quod*
derartig *eius modi*
derjenige *is (ea/id)*
deshalb *itaque*
dich *te*

Diener *servus, -i* m
Dienerin *serva, -ae* f
dieser *is (ea/id); hic (haec/hoc)*
Diktator *dictator, -oris* m
Ding *res, rei* f
dir *tibi*
diskutieren *disputare*
Disziplin *disciplina, -ae* f
doch *sed (vorangestellt)*
Dorf *vicus, -i* m
dort *ibi*
drei *tres/tria* ↗65. G2
dritter, der dritte *tertius, -a, -um*
drohen *imminere (imminui)*
du *tu*
durch (hindurch) *per (m. Akk.)*
Durst *sitis, -is* f

E

echt *verus, -a, -um*
Edelstein *gemma, -ae*
ehe (bevor) *priusquam*
Ehre *honos, -oris* m
eilen *properare*
(der) eine–(der) andere *alius–alius(-a,-ud)*
   (der) eine – (der) andere (von zweien)
   alter (altera/alterum) – alter (-a, -um)
Einfluß haben *valere (valui)*
   großen Einfluß haben *multum valere*
einführen (Waren) *importare*
einige *nonnulli, -ae, -a*
einladen *invitare*
einmal ↗nicht einmal
Eintracht *concordia, -ae* f
eintreten *intrare*
elend *miser/misera/miserum*
entbehren (nicht haben) *carere (carui)*
   (m. Abl.)
er (sie/es) *is (ea/id)*
Erbarmen *misericordia, -ae* f
erbauen *aedificare*
Erdkreis *orbis (-is) terrarum* m
erfreuen *delectare; iuvare (iuvi)*
erfrischen *recreare*
erfüllen *implere (implevi)*
erhalten *conservare*
erlaubt (es ist) *licet (licuit)*
ermahnen *monere (monui)*
erobern *expugnare*
erschrecken (jemanden) *terrere (terrui)*
erster, der erste *primus, -a, -um*
erstaunlich *mirus, -a, -um*
ertragen *tolerare; sustinere (sustinui)*
erwarten *exspectare*

erwidern *respondere (respondi)*
erzählen *narrare*
erziehen *educare*
etwa *num*
euch *vobis (Dat.) ; vos (Akk.)*
euer *vester/vestra/vestrum*
exportieren *exportare*

F

falsch *falsus, -a, -um*
Fehler *vitium, -i* n
Feind (persönlicher F.) *inimicus, -i* m
– (Gegner) *adversarius, -i* m
– (Staatsfeind) *hostis, -is* m
Feldherr *imperator, -oris* m
Felsen *saxum, -i* n
fest *constans, constantis*
festhalten *tenere (tenui)*
Feuer *ignis, -is* m; *flamma, -ae*
Flamme *flamma, -ae* f
Fluß *flumen, fluminis* n
fordern *postulare*
Forum *forum, -i* n
fragen *rogare*
Frau *femina, -ae* f;
– (Ehefrau) *uxor, -oris* f;
– (Weib) *mulier, -ieris* f
frei *liber/libera/liberum*
frei sein (von) *vacare (m. Abl.)*
fremd *alienus, -a, -um*
Fremder, Fremdling *hospes, hospitis* m
Freude *gaudium, -i* n
Freude machen *delectare; iuvare*
freuen (sich) *gaudere*
Freund *amicus, -i* m
Freundin *amica, -ae* f
Frieden *pax, pacis* f
froh, fröhlich *laetus, -a, -um*
Frömmigkeit *pietas, -atis* f
Führer *dux, ducis* m (f: Führerin)
fünf *quinque*
fünfter, der fünfte *quintus, -a, -um*
für *pro (m. Abl.)*
Furcht *timor, timoris* m
furchtbar *atrox, atrocis (Adj.)*
fürchten *timere (timui)*
furchterregend *formidulosus, -a, -um*
furchtsam *timidus, -a, -um*

G

ganz (bei Adj. und Adv.): *Wiedergabe mit dem Superlativ*
– (bei Subst.): *omnis, -e; totus, -a, -um*

Garten *hortus, -i* m
Gast *hospes, hospitis* m
Gastrecht *ius (iuris) hospitii* n
Gattin *uxor, -oris* f
Gebäude *aedificium, -i* n
geben *dare (dedi, datum)*
  es gibt *est/sunt*
Gebiet *regio, -onis* f
Gedächtnis *memoria, -ae* f
Gefahr *periculum, -i* n
gefährlich *periculosus, -a, -um*
– ~ Lage *discrimen, discriminis* n
Gefährte *comes, comitis* m (f: Gefährtin)
Gefängnis *carcer, -eris,* m
gegen *contra (m. Akk.)*
Gegner *adversarius, -i* m
Gehör schenken *aures praebere (praebui)*
gehorchen *parere (parui)*
Geist *animus, -i* m;
– (eines Toten) *umbra, -ae* f
Geld *pecunia, -ae* f
Gemälde *tabula, -ae* f
genug *satis*
Gerät *instrumentum, -i* n
gern haben *amare*
gerne *libenter*
Gesang *carmen, carminis* n
Geschenk *donum, -i* n
Geschichte *fabula, -ae* f
geschlossen *clausus, -a, -um*
geschützt *tutus, -a, -um*
Gespräch *sermo, -onis* m
Gestade *litus, litoris* n
gestorben *mortuus, -a, -um*
Gewalt *vis (vim, vi)* f
gewiß *certe*
gierig (nach) *cupidus, -a, -um (m. Gen.)*
glänzend *clarus, -a, -um;*
  praeclarus, -a, -um
Glück *fortuna, -ae* f
glücklich *felix, felicis*
glückselig *beatus, -a, -um*
gnädig *clemens, clementis*
Gold *aurum, -i* n
Gott, Gottheit *deus, -i* m *(Nom. Pl.: di, Dat./Abl. Pl.: dis)*
Göttin *dea, -ae* f
Götterbild *simulacrum, -i* n
göttlich *divus, -a, -um*
Graben *fossa, -ae* f
Grausamkeit *crudelitas, -atis* f
Griechen *Graeci, -orum* m
Griechenland *Graecia, -ae* f
griechisch *Graecus, -a, -um*
groß *magnus, -a, -um*
– so groß *tantus, -a, -um*

– wie groß *quantus, -a, -um*
größter, der größte *maximus, -a, -um*
Großvater *avus, -i* m
grüßen *salutare*
Grund *causa, -ae* f
günstig *prosper/prospera/prosperum*
gut *bonus, -a, -um;* (Adv.) *bene*
gutheißen *laudare*

H

haben *habere (habui);* (Umschreibung mit sum ↗16.G2)
habgierig *avarus, -a, -um*
Habsucht *avaritia, -ae* f
halten *tenere (tenui)*
– (für etwas) *putare (m. doppeltem Akk.)*
hart *durus, -a, -um*
Haus *domus, domūs* f (↗67.G1)
– zu Hause *domi*
heftig *acer/acris/acre; vehemens, vehementis*
Heimat *patria, -ae* f
heißen ↗gutheißen
Herr *dominus, -i* m
Herrschaft *imperium, -i* n
herrschen *regnare*
hetzen *agitare*
heute *hodie*
hier *hic*
Hilfe *auxilium, -i* n
Hilfstruppen *auxilia, -orum* n
himmlisch *caelestis, -e;*
 die Himmlischen *caelestes, -ium* m
hinüberschaffen *transportare*
Hochmut *superbia, -ae* f
höchster, der höchste *summus, -a, -um*
hören: ich habe gehört *audivi*
Hunger *fames, famis* f
hüten (sich) *cavere (cavi)*
– – (vor) *cavere (cavi) (m. Akk.)*

I

ich *ego*
ihr *vos*
ihr/ihre (reflexives Personal-Pronomen) *suus/sua/suum*
immer *semper*
immer wieder *iterum atque iterum*
in *in (mit Akk.:* wohin?; *mit Abl.:* wo?)
irren (sich) *errare*
Italien *Italia, -ae* f

J

jagen *agitare*
Jahr *annus, -i* m
Jahrhundert *saeculum, -i* n
jeder *omnis/omne*
jener *ille (illa/illud)*
jenseits *trans (m. Akk.)*
jetzt *nunc*
johlen *exsultare*
jubeln *exsultare*
junger Mann *adulescens, -entis* m; *iuvenis, -is* m

K

Kaiser *imperator, -oris* m
Kampf *pugna, -ae* f
kämpfen *pugnare*
kaufen: ich habe gekauft *emi*
Kaufmann *mercator, -oris* m
kaum *vix*
kennen *novisse* (ich kenne: *novi*)
 nicht kennen *ignorare*
Kinder *liberi, -orum* m
klein *parvus, -a, -um*
klirren *crepare (crepui)*
klug *prudens, prudentis* (Adj.)
knarren *crepare (crepui)*
Kolonie *colonia, -ae* f
kommen: ich bin gekommen *veni*
König *rex, regis* m
können *posse (potui)*
Konsul *consul, consulis* m
Körper *corpus, corporis* n
Körperkraft *robur, roboris* n
Kraft (Gewalt) *vis (vim, vi)* f; Pl. *vires, virium* f
kränken *violare*
Krankheit *morbus, -i* m
Krieg *bellum, -i* n
Kühnheit *audacia, -ae* f
kümmern (sich) *curare*
– – (um) *curare (m. Akk.)*
Küste *litus, litoris* n

L

lachen *ridere (risi)*
Lage (gefährliche) *discrimen, discriminis* n
Lager *castra, -orum* n
Land *terra, -ae* f
Landhaus *villa, -ae* f

lange (Adv.) *diu*
lange Zeit (Adj.) *diuturnus, -a, -um*
langsam *tardus, -a, -um*
lassen: laßt uns ... *(Wiedergabe durch Konjunktiv Präsens)*
Leben *vita, -ae* f
Lebewesen *animal, -alis* n
Legat *legatus, -i* m
Legion *legio, -onis* f
lehren *docere (docui)*
leicht (zu tun) *facilis, -e*
lieben *amare*
lieblich *dulcis, -e*
Lied *carmen, carminis* n
liegen (am Boden) *iacere (iacui)*
List *dolus, -i* m
Löwe *leo, leonis* m
Luxus *luxuria, -ae* f

M

machen: ich habe gemacht *feci*
– (Freude, Spaß) *delectare*
– es macht Spaß *iuvat (iuvit)*
Macht (Herrschaft) *imperium, -i* n
– (Gewalt, Kraft) *vis (vim, vi)* f
– (Machtmittel, Schätze) *opes, opum* f;
– (Amtsgewalt) *potestas, -atis* f
mahnen *monere (monui)*
Mal (zum zweiten) *iterum*
manchmal *interdum*
Mann *vir, viri* m
– junger Mann *adulescens, -entis* m; *iuvenis, -is* m
– alter Mann *senex, senis* m
Märchen *fabula, -ae* f
mäßig, maßvoll *moderatus, -a, -um*
Matrose *nauta, -ae* m
Mauer *murus, -i*
Mauern *moenia, moenium* n
Meer *mare, maris* n
mehr ↗nicht mehr
mehrere *complures/complura*
mein *meus/mea/meum*
melden *nuntiare*
Melodie *modus, -i* m
Menge *multitudo, -inis* f
Mensch *homo, -inis* m
mich *me*
Milde *clementia, -ae* f
mir *mihi*
mit *cum (m. Abl.)* ↗15.G2
Mitleid *misericordia, -ae* f
Monument *monumentum, -i* n
Mühe *labor, -oris* m
müssen *debere (debui)*

Mut *fortitudo, -inis* f; *animus, -i* m
guten Mutes sein *bono animo esse*
Mutter *mater, matris* f

N

nach *in (m. Akk. – wohin?); post (m. Akk. – wann?)*
nachdem *postquam (m. Ind. Perf.)*
Nachsicht *venia, -ae* f
Nacht *nox, noctis* f
nahe (bei) *prope (m. Akk.)*
Name *nomen, nominis* n
nämlich *nam (am Satzanfang); enim (nachgestellt)*
nehmen (in Besitz) *occupare*
nennen *nominare; vocare; appellare*
neu *novus, -a, -um*
nicht *non;*
 (in Aufforderungen: ne m. Konj.)
– einmal *ne ... quidem*
– kennen *ignorare*
– mehr *non iam*
– nur ..., sondern auch *non solum ..., sed etiam*
– selten *haud raro*
nichtig *vanus, -a, -um*
nie(mals) *numquam*
noch ↗weder – noch
– nicht *nondum*
notwendig *necessarius, -a, -um*
nur *tantum*

O

obwohl *quamquam*
oder *aut; vel*
Odysseus *Ulixes, Ulixis* m
offen sein, offen stehen *patere (patui)*
oft *saepe*
ohne *sine (m. Abl.)*
Ort *locus, -i* m *(Plural: loca, -orum* n*)*

P/Q

pfeilschnell ↗60.G3
Philosoph *philosophus, -i* m
Philosophie *philosophia, -ae* f
plötzlich *subito*
Polizisten *vigiles, vigilum* m
Prätor *praetor, -oris* m
preisen *laudare*
Priester/in *sacerdos, -dotis* m/f
Publikum *populus, -i* m

quälen *vexare*

R

Rachen *fauces, faucium* f
rauh *asper/aspera/asperum*
reich *dives, divitis (Abl. Sg. -e,*
   Gen. Pl. -um)
Reich *imperium, -i* n
Reichtum *divitiae, -arum* f; *opes, -um* f
Reise *iter, itineris* n
retten *servare*
Rom *Roma, -ae* f
Römer *Romani, -orum* m
römisch *Romanus, -a, -um*
rufen *vocare*
ruhig *quietus, -a, -um*
Ruhm *gloria, -ae* f

S

schaffen ↗hinüberschaffen
Schandbild *flagitium, -i* n
Schar *agmen, agminis* n
Schatten *umbra, -ae* f
schau! *ecce!*
scheinen *videri (visus sum)*
schenken ↗Gehör schenken
Schicksal *fortuna, -ae* f; *sors, sortis* f
Schiff *navis, -is* f
Schimpfwort *contumelia, -ae* f
Schlacht *pugna, -ae* f
schlecht *malus, -a, -um*
schließlich *postremo;*
   (in Aufzählungen) denique
schlimm *malus, -a, -um*
Schlund *fauces, faucium* f
Schmerz *dolor, -oris* m
schnell *celer/celeris/celere; velox, velocis*
schön *pulcher/pulchra/pulchrum*
schon *iam*
schonen *temperare (m. Dat.)*
Schrecken *terror, -oris* m
schrecklich *atrox, atrocis; terribilis, -e*
Schrei *clamor, -oris* m
schreien *clamare*
Schriftsteller *auctor, -oris* m
schweigen *tacere (tacui)*
Schwert *gladius, -i* m
sechs *sex*
Seemann *nauta, -ae* m
segeln *navigare*
sehen *videre (vidi, visum)*
Seher *vates, -is* m (f: Seherin)
sehr *valde*
– (bei Adj. und Adv.: *Wiedergabe durch*
   Superlativ)
– viele *plurimi, -ae -a*

sein (Refl.-Pron.) *suus/sua/suum* – ↗38.G2
– (= dessen) *eius*
– (Infinitiv) *esse*
selten *raro (Adv.)*
   nicht selten *haud raro*
Senator *senator, -oris* m
sich *sibi (Dat.); se (Akk.)*
sicher *certus, -a, -um*
sicher(lich) *certe (Adv.)*
Sieg *victoria, -ae* f
Sieger *victor, -oris* m
Silber *argentum, -i* n
singen *cantare*
Sinn *animus, -i* m
Sitte *mos, moris* m
sitzen *sedere (sedi)*
Sklave *servus, -i* m
Sklaverei *servitus, servitutis* f
so *tam (bei Adj. und Adv.)*
– groß *tantus, -a, -um*
– viele *tot*
Sofa *lectus, -i* m
sofort *statim*
sogar *etiam*
Sohn *filius, -i* m
Soldat *miles, militis* m
sondern *sed*
Spaß machen *delectare; iuvare (iuvi)*
Spiel *ludus, -i* m
Stadt *oppidum, -i* n; *urbs, urbis* f
Stadtmauer(n) *moenia, moenium* n
Stamm *gens, gentis* f
Standbild *statua, -ae* f
standhaft *constans, constantis*
Standhaftigkeit *constantia, -ae* f
stark *firmus, -a, -um*
Stätte *locus, -i* m *(Pl.: loca, locorum* n)
Statue *statua, -ae* f
stehen *stare (steti)*
sterben *de vita migrare*
   gestorben *mortuus, -a, -um*
stillen *sedare*
Stimme *vox, vocis* f
Strafe *poena, -ae* f
Straße *via, viae* f
Streitkräfte *copiae, -arum* f
streng *severus, -a, -um*
Stück (Theater-) *fabula, -ae* f
Stunde *hora, -ae* f
Sturm *tempestas, -atis* f

T

tadeln *vituperare*
Tag *dies, diei* m
tapfer *fortis, -e*

Tapferkeit *fortitudo, -inis* f
Tat *factum, -i* n; *facinus, facinoris* n
  in der Tat *profecto*
Tempel *templum, -i* n
Termin *dies, diei* f
Theater *theatrum, -i* n
Theaterstück *fabula, -ae* f
Tier (wildes) *bestia, -ae* f
Tisch *mensa, -ae* f
Tochter *filia, -ae* f
Tod *mors, mortis* f;
 – (gewaltsamer) *nex, necis* f
tönen *sonare (sonui)*
Tor *porta, -ae* f
töricht *stultus, -a, -um*
tot *mortuus, -a, -um*
 – daliegen *iacere (iacui)*
töten *necare*
tragen *portare*
traurig *maestus, -a, -um*
treu *fidus, -a, -um*
trinken *potare*
Triumph(zug) *triumphus, -i* m
Trojaner *Troiani, -orum* m
Trompete *tuba, -ae* f
Truppen *copiae, -arum* f
Türe *porta, -ae* f
Turm *turris, turris* f
Tyrann *tyrannus, -i* m

U

Übeltat *facinus, facinoris* n
über (hinüber) *trans (m. Akk.)*
– (von) *de (m. Abl,)*
überall *ubique*
überaus *(bei Adj.: Wiedergabe mit dem Superlativ)*
überlegen *deliberare*
überwinden *superare*
um ... zu ↗51.G3
unablässig *assiduus, -a, -um*
unbekannt *ignotus, -a, -um*
und *et; atque; -que*
– nicht *neque*
undankbar *ingratus, -a, -um*
Ungeheuer *monstrum, -i* n
ungeheuer *ingens, ingentis*
ungerecht *iniustus, -a, -um*
unglücklich *miser/misera/miserum*
Unheil *calamitas, -atis* f
uns *nobis (Dativ); nos (Akk.)*
unser *noster/nostra/nostrum*
unterstützen *adiuvare (adiuvi)*
Urheber *auctor, -oris* m
Ursache *causa, -ae* f

V

Vater *pater, patris* m
Vaterland *patria, -ae* f
Verbrechen *scelus, sceleris* n
Verbündeter *socius, -i* m
verderblich *perniciosus, -a, -um*
Verfasser *auctor, -oris* m
vergebens, vergeblich *frustra*
vergleichen *comparare*
vergöttlicht *divus, -a, -um*
verhängnisvoll *fatalis, -e*
verjagen *fugare; agitare*
verlachen *deridere (derisi)*
verlassen: ich habe verlassen *reliqui*
verletzen (kränken) *violare*
– (verwunden) *vulnerare*
vermögen *valere (valui)*
verschieden *diversus, -a, -um*
Verschwendungssucht *luxuria, -ae* f
verspotten *deridere (derisi)*
Verstand *sapientia, -ae* f
verständig *doctus, -a, -um*
verurteilen *damnare*
verwegen *audax, audacis*
verweigern *negare*
verwunden *vulnerare*
verwüsten *vastare*
verzweifeln *desperare*
viel *multum; multa*
  viele *multi, -ae, -a*
  sehr viele *plurimi, -ae, -a*
  so viele *tot*
  wie viele *quot*
vielleicht *fortasse*
vier *quattuor*
vierter, der vierte *quartus, -a, -um*
Vogel *avis, avis* f
Volk *populus, -i* m
volkreich *frequens, frequentis*
von (-her, -weg) *a/ab (m. Abl.)*
– (über) *de (m. Abl.)*
vor *ante (m. Akk.)*
– allem *imprimis*
vorbereiten *parare*
Vorschrift *praeceptum, -i* n
Vorzeichen *omen, ominis* n

W

Wächter *custos, custodis* m
während *dum (m. Ind. Präs.)*
wahr *verus, -a, -um*
Wald *silva, -ae* f
wandern *migrare*

warnen *monere (monui)*
warten *exspectare*
Wärter *custos, custodis* m
warum *cur*
was *quid (Interrogativ-Pronomen)*
– *quod (Relativ-Pronomen)*
weder... noch *neque... neque*
Weg *via, -ae* f
Weib *mulier, mulieris* f
weil *quod*
Wein *vinum, -i* n
weinen *flere (flevi)*
Weise *modus, -i* m
– auf welche Weise *quomodo*
weise *sapiens, sapientis*
Weisheit *sapientia, -ae* f
welcher *qui (quae/quod)*
  ↗42.G1 *(relativ)*, 54.G1 *(fragend)*
wenige *pauci, -ae, -a*
wenn (falls) *si*
– (jedesmal, dann wenn) *cum (m. Ind.)*
– nicht (falls nicht) *nisi*
wer *quis (Interrogativ-Pronomen)*
– *qui (Relativ-Pronomen)*
Werk *opus, operis* n
Wettkampf *certamen, certaminis* n
wie *ut*
– (auf welche Weise) *quomodo*
– groß *quantus, -a, -um*
– viele *quot*
– zum Beispiel *velut*
wieder ↗immer wieder
wiederum *iterum*
Wind *ventus, -i* m
wild *barbarus, -a, -um*
– (wildes) Tier *bestia, -ae* f
wir *nos*
Wissenschaft(en) *litterae, -arum* f

wissensdurstig *scientiae cupidus, -a, -um*
wo *ubi*
wohnen *habitare*
Wohnsitz *sedes, -is* f
wollen wir..! *(Wiedergabe m. Konj. Präs.)*
  ↗71.G3
Wort *verbum, -i* n
wunderbar *mirus, -a, -um*
wunderschön *pulcherrimus, -a, -um*

Z

Zeichen *signum, -i* n
zeigen *monstrare*
Zeit *tempus, temporis* n
Zeitalter *aetas, -atis* f
zerstören *vastare*
zittern *trepidare*
zögern *dubitare*
Zorn *ira, -ae* f
zu *ad (m. Akk.)*
– Hause *domi*
Zucht *disciplina, ae* f
zuerst *primo;* (in Aufzählungen) *primum*
zufrieden (mit) *contentus, -a, -um (m. Abl.)*
zügeln *coercere (coercui)*
zugleich *simul*
zuletzt *postremo;*
  (in Aufzählungen) *denique*
zurückkehren: ich bin zurückgekehrt
  reverti
zwei *duo/duae/duo* ↗65.G1
zum zweiten Mal *iterum*
zweiter, der zweite *secundus, -a, -um*
Zwilling *geminus, -i* m;
Zwillings- *geminus, -a, -um*
zwischen *inter (m. Akk.)*

CIRCUS HADRIANI
MAUSOLEUM HADRIANI
MAUSOLEUM AUGUSTI
VIA FLAMINIA
COLUMNA M. AURELII
PORTICUS VIPSANIA
COLUMNA TRAIANI
TEMPLU QUIRIN
CIRCUS NERONIANUS
VIA TRIUMPHALIS
THERMAE NERONIANAE
STADIUM DOMITIANI
NAVALIA
PANTHEON
SAEPTA IULIA ET DIRIBITORIUM
CURIA POMPEI
CIRCUS FLAMINIUS
CAPITOLIUM FORUM
THEATRUM BALBI
THEATRUM MARCELLI
M. Capitolinus
Mons Palatinus
ARC CON
VIA AURELIA
TIBERIS (TIBER)
CIRCUS MAXIMUS
EMPORIUM
THERMAE DECIANAE
VIA OSTIENSIS
Mons Aventinus
PORTA OSTIENSIS